Cahiers du Genre

hors-série 2016

Analyse critique et féminismes matérialistes

Coordonné par Annie Bidet-Mordrel,
Elsa Galerand et Danièle Kergoat

Revue soutenue par :

- l'Institut des sciences humaines et sociales du CNRS
- le Centre de recherches sociologiques et politiques de Paris (CRESPPA), équipe Genre, travail, mobilités (GTM, CNRS – universités Paris 8 et Paris 10)
- le Centre national du livre

Abonnements et ventes
Voir conditions à la rubrique « Abonnements » en fin de volume

5, rue de l'École Polytechnique, 75005 Paris
ISBN : 978-2-343-10007-4
EAN : 9782343100074
ISSN : 1165-3558

Photographie de couverture © Joan Bobkoff
Women in Black, Bay Area, États-Unis

http://cahiers_du_genre.pouchet.cnrs.fr/
http://www.cairn.info/revue-cahiers-du-genre.htm

Sommaire

Dossier Analyse critique et féminismes matérialistes

Analyse critique et féminismes matérialistes. Travail, sexualité(s), culture

Centré sur les féminismes matérialistes, leurs développements, leurs différences et leurs formes de renouvellements, ce numéro voudrait contribuer à mettre au jour quelques-unes des tensions qui marquent actuellement la réflexion sur le genre ou sur les rapports sociaux de sexe et les relations qu'ils entretiennent aux autres rapports de pouvoir (de classe, de race, de colonialité, de sexualité) ; tensions qui participent aussi du questionnement sur l'émancipation.

La revendication d'un féminisme matérialiste apparaît pour la première fois, en 1975, sous la plume de Christine Delphy dans « Pour un féminisme matérialiste » [1] (Delphy 1998 [1975]), avant d'être collectivement reprise [2] et, par là-même, constituée en tant que courant théorique et politique de la pensée féministe. C'est à ce courant, auquel sont le plus souvent associés les travaux de Guillaumin (1978a, 1978b), Mathieu (1991, 2014), Delphy (1998, 2001), Tabet (1998, 2004) et Wittig (2001 [1992]), qu'il est couramment fait référence lorsqu'il est question du féminisme matérialiste au singulier. En dépit de ses différences et débats internes, et bien que ses frontières, clôtures ou exclusions puissent être matière à discussion, l'ensemble désigné par cet usage au singulier ('le' féminisme matérialiste) peut se lire comme un travail collectif de théorisation des catégories de sexe : en termes

[1] « L'ennemi principal » (Delphy 1970) donnait cependant déjà « des bases pour une analyse matérialiste de l'oppression des femmes ».

[2] Notamment dans le cadre des revues *Questions féministes* puis *Nouvelles questions féministes.*

de classes [3] et des rapports les unissant, suivant les principes de l'unité des contraires et du matérialisme ; en termes de rapports sociaux y compris d'exploitation, de dépossession ou d'appropriation.

'Les féminismes matérialistes' [4] renvoient ici, plus largement, à l'ensemble des analyses qui empruntent des outils au cadrage marxien pour penser le genre et son intrication aux autres rapports sociaux [5]. Or il existe, *de facto*, bien des manières de se référer au matérialisme aujourd'hui, de le mobiliser et, partant, de le retravailler ; et cette multiplicité des démarches se réclamant du ou d'un matérialisme constitue, précisément, l'un des enjeux de ce numéro. En toile de fond, il faut d'ailleurs le situer dans le contexte, à nos yeux paradoxal, d'une marginalisation persistante du courant du féminisme matérialiste dans la théorie critique comme dans les études féministes ou de genre, alors même que nous assistons à une (re)montée en puissance des analyses qui se réclament, pourtant, du matérialisme.

Les redéfinitions féministes du travail et de l'exploitation, de l'économie comme de l'anatomie politiques, les conceptualisations du « *mode de production domestique* », du « *sexage* », du « *sexe social* », de l'« *idée de nature* » et de « *la pensée* straight » [6] sont, en effet, rarement convoquées par ou dans la « *nouvelle pensée critique* » [7], si bien que la critique féministe qui s'empare

---

[3] À noter qu'à ce jour, il n'existe aucun ouvrage en français proposant une synthèse de ce courant et c'est bien autrement que nous avons conçu ce numéro.

[4] Du côté de la littérature anglophone, il est parfois question de '*materialist feminism*' pour désigner les travaux qui, selon des approches diverses, se sont développés avec et contre le '*marxist feminism*' dans les années 1980 et 1990. Nous renvoyons sur ce point à Kuhn et Wolpe (1978), Landry et Maclean (1993), Vogel (1995), Hennessy et Ingraham (1997).

[5] Mais n'incluent pas le '*material feminism*' et le '*new materialism*', dont le matérialisme, plus 'ontologique' ou 'posthumaniste' que socio-historico-politique, nous semble renvoyer davantage à l'analyse du concept de matérialité, qui, en permettant de dépasser différents dualismes, est supposée ouvrir des perspectives éthiques, écologiques et politiques : Alaimo et Hekman (2008), Coole et Frost (2010), Van der Tuin et Dolphijn (2010, 2012), Möser (2016).

[6] Delphy (1998 [1975], 2001 [1998]), Guillaumin (1978a, 1978b), Mathieu (1991, 2014), Tabet (1998, 2004), Wittig (2001 [1992]).

[7] Voir Razmig Keucheyan (2010) qui convoque bien des théories du genre mais fait l'impasse sur les redéfinitions féministes des concepts de travail et

de ces outils semble se renouveler, sinon à contre-courant, du moins en marge des tendances dominantes. Ce premier constat ouvre sur la question des conditions de production, de circulation et de réception des théories critiques [8] (Juteau, ce numéro) comme sur celle des modalités selon lesquelles les débats et lignes de fractures se déplacent et se réorganisent depuis les années 1970. Avec la diffusion du questionnement postmoderne, le déclin tendanciel du référent de classe, le déploiement des théories politiques de la sexualité et l'accent mis sur les subjectivités et les identités, l'essor du paradigme de l'intersectionnalité, des points de vue postcolonial et décolonial et des critiques *queer* du sujet, les oppositions entre féminisme marxiste, matérialiste, différencialiste et culturaliste se sont recomposées.

Si la tension entre un féminisme matérialiste — historiquement construit 'avec et contre' Marx — et une tendance *queer* — souvent fondée sur le rejet des métarécits, incluant le récit marxien — continue de structurer le champ des recherches sur le genre, on voit aussi se profiler des tentatives d'articulation « queer *et matérialiste* » (Dorlin, 2007, 2013 ; Cervulle, Rees-Robert 2010 ; Chetcuti 2013 ; Noyé 2014) et se multiplier les analyses qui se revendiquent d'un « *matérialisme culturel* » (Cervulle, ce numéro). Sous cette notion, que l'on doit à Raymond Williams (2009 [1977]) [9], un certain nombre de chercheurs et de chercheuses ont initialement voulu souligner la matérialité de la culture et de l'idéologie. Ce fut alors pour en faire une étude matérialiste, c'est-à-dire 'articulée', bien que de manière complexe et non fonctionnaliste, aux rapports sociaux de production, aux pratiques et aux luttes. Suivant cette perspective, l'efficace propre des marqueurs, des mots de la langue et leur importance dans les luttes, leur autonomie relative, leurs effets de réalité, exigent une étude spécifique, excluant toute « *théorie du reflet* » (Hall

---

d'exploitation et les conséquences qui en résultent sur les conditions de l'émancipation.

[8] Pour une analyse des conditions de réception du féminisme matérialiste français dans la littérature anglophone, nous renvoyons tout particulièrement à Adkins et Leonard (1996).

[9] Il s'agit bien ici du sens particulier de l'appellation dans les *cultural studies*, et non de ses usages en anthropologie, dans le champ du « *cultural materialism* » (Harris 2006 [1979]).

2012 [1985]). La société est alors comprise comme un ensemble complexe, ouvert, que rien, ni l'économie ni la culture, ne détermine de manière simple et sans effets en retour.

Les références au « *matérialisme culturel* » se sont, toutefois, elles aussi diversifiées. Elles s'appuient tantôt sur une lecture renouvelée de la théorie marxiste à partir de Gramsci, Lukacs ou Althusser, tantôt visent à l'augmenter de, voire à lui substituer, la boîte à outils foucaldienne, ou bien encore proposent une théorie matérialiste de la culture fondée sur l'indissociabilité de la matière et de la pensée — ce que donneraient à théoriser les sciences contemporaines — permettant de dépasser les dualismes unissant, en dépit de leur opposition, modernité et postmodernité (Van der Tuin, Dolphijn 2010).

Avec ce mouvement de renouvellement, la question qui consiste à déterminer la manière de rattacher les acquis de la critique postmoderne à la théorie marxiste ou féministe marxiste constitue un enjeu d'actualité : certaines théoriciennes retravaillent le débat théorie duale/théorie unitaire (Vogel 2013 [1983] ; Arruzza 2015). D'autres redéploient la critique marxiste sur le terrain de la sexualité qu'elle avait tendanciellement délaissé (Hennessy 2000, 2002, 2006). D'autres encore s'efforcent de renouer la critique du désir à celle du profit, de la marchandisation et du capital (Floyd 2013 [2009]) ou encore le projet *queer* de subversion des identités sexuelles à la critique du capitalisme, compris comme totalité complexe dont les conditions de reproduction impliqueraient la famille, en même temps que la liaison non mécanique du culturel et de l'économique (Hennessy 1994 ; Butler 2001 [1997] ; Arruzza 2010). On parle d'un marxisme *queer*, d'une union *queer* entre féminisme et marxisme, d'un tournant marxiste de la théorie *queer* (Noyé 2014) ou encore d'une *queerisation* du matérialisme (Dorlin 2013). Tout se passe alors comme s'il s'agissait de faire un pas de côté vis-à-vis d'un certain féminisme matérialiste — comme s'il était inapte à se voir intégré à la théorie *queer*. Avec Stevi Jackson (2009), on peut pourtant se demander si ce pas de côté ne constitue pas une régression sur le plan théorique, s'il ne revient pas à passer tout droit au-dessus d'acquis décisifs : la théorisation des rapports sociaux de sexe en tant que rapports de production, d'exploitation et d'appropriation irréductibles au capital, d'une part

(Dunezat, Falquet, Juteau, ce numéro) ; aux différentes formes d'expropriation des désirs et de la sexualité, d'autre part (Jackson 1996, 2009, 2015 ; Wittig 2001 [1992] ; Juteau, Falquet, Collins, ce numéro).

En contrepoint, l'hégémonie qu'a pu exercer le féminisme postmoderne au cours des vingt dernières années (Epstein 2010) a aussi alimenté sa propre contradiction et le renouvellement d'un féminisme matérialiste pour lequel le genre est toujours déjà de l'économie politique, dont la prise en compte vient *de facto* redéfinir les pourtours du matérialisme. Plusieurs travaux plaident ainsi pour une (ré)actualisation des analyses en termes de classes de sexe ou de rapports sociaux (de sexe) au sens marxien [10]. Ces travaux montrent que toutes partielles, inachevées et imparfaites soient-elles, ces théorisations sont non seulement opératoires au regard des transformations en cours mais indispensables pour une compréhension non réductionniste de l'imbrication dynamique des différents rapports de pouvoir (Juteau 2010, ce numéro ; Kergoat 2012 ; Falquet 2014 ; Delphy 2015).

Finalement, il nous semble donc que le débat sur les contours et enjeux du féminisme matérialiste ou des féminismes qui se revendiquent d'un matérialisme (historique, culturel, marxiste, postmoderne, *queer* ou encore 'nouveau') est aujourd'hui rouvert et que différentes conceptions du matérialisme sont en passe de se redessiner.

C'est dans ce contexte, où l'expression même de féminisme matérialiste paraît de plus en plus ambiguë et revendiquée, qu'il nous semblait utile d'en questionner les usages, afin de mettre en perspective leurs tensions, généalogies, apports, développements et renouvellements : comment le travail de théorisation a-t-il évolué depuis les années 1970 ? Dans quelle mesure les concepts clés de rapport social, de travail, de classe, d'exploitation, d'appropriation, de systèmes de marque, de production et de reproduction ont-ils été réinvestis ou reformulés ? Comment conduisent-ils à appréhender les contradictions de

[10] Juteau (2015 [1999], 2010), Devreux (2004), Falquet (2009, 2014), Falquet, Moujoud (2010), Kergoat (2012), Caloz-Tschopp, Veloso Bermedo (2013), Scrinzi (2013), Amari (2015), Delphy (2015), Galerand (2015), Joseph (2015).

sexe, de race, de classe, de sexualité et à les mettre en rapport ? De quel(s) matérialisme(s) parle-t-on ? Quels en sont les objets de théorisation et contextes de production ? Quelle place fait-on au travail, à l'exploitation, aux corps, aux violences, à la sexualité, aux idées, à la *doxa*, aux subjectivités, à la culture et à la puissance d'agir dans les analyses qui s'en revendiquent ? Finalement, comment les (re)cadrages théoriques conduisent-ils à penser les transformations sociales et l'émancipation ?

Ce numéro ne saurait épuiser ces questions, d'autant qu'il compte bien des absentes. Chacun des textes rassemblés ici permet plutôt d'éclairer l'actualité de ces débats et leurs renouvellements. La lecture que nous en proposons s'articule autour de trois lignes de force.

Matérialismes, marxismes et postmodernismes

Nous ouvrons ce dossier sur la question des relations ambivalentes de la critique féministe au tournant culturel du matérialisme d'une part, aux critiques postmodernes et poststructuralistes du marxisme d'autre part.

Maxime Cervulle propose d'abord d'éclairer d'un jour nouveau la controverse qui opposa Barrett et McIntosh à Delphy, en vue de dépasser une lecture réductrice opposant trop rapidement le féminisme matérialiste aux positionnements postmodernes. L'entretien d'une confusion entre postmodernisme et idéalisme serait particulièrement contre-productif et porteur de malentendus sur la définition même du matérialisme. À contre-courant d'une « *interprétation erronée de la querelle qui renverrait négligemment les féministes poststructuralistes et* queer *du côté de l'idéalisme naïf* », Maxime Cervulle entend montrer que ce « *qui peut parfois être perçu comme une 'déviation' vis-à-vis du matérialisme n'est bien souvent que la manifestation de la crise d'un certain marxisme orthodoxe* ». Aussi, il existerait bien un matérialisme chez Butler. Attaché au tournant culturel du marxisme du groupe des *cultural studies de Birmingham* en particulier, il s'agirait d'un matérialisme augmenté et méconnu comme tel au sein du féminisme français, miné de l'intérieur par une compréhension réductrice du cadre marxiste. Maxime

Cervulle défend cet autre féminisme matérialiste, culturel celui-ci, dont il repère des traces dans les prises de positions de Barrett et McIntosh contre *L'ennemi principal* de Delphy. Si ce courant persiste à réserver le concept d'exploitation au seul rapport de classe et à rabattre l'oppression des femmes sur l'idéologie, il s'avère néanmoins important par la centralité qu'il accorde à la culture, au langage et à l'idéologie pour penser la constitution des sujets, thèmes trop largement délaissés, selon l'auteur, par le féminisme matérialiste à la française.

Ce texte invite ainsi à interroger les analyses matérialistes qui contournent la question des subjectivités, à en réfléchir les limites et ce qu'elles laissent échapper. En creux, il montre aussi qu'au travers des réinvestissements actuels du matérialisme et des manières concurrentes de s'en revendiquer, les frontières de l'idéalisme semblent se redessiner. À l'idéalisme 'naïf', Maxime Cervulle oppose un culturalisme raisonné qu'il appelle à réhabiliter pour contrer le réductionnisme économiciste.

Cependant, pour rompre avec ce réductionnisme où la culture et l'idéologie sont comprises comme de simples *reflets* d'une base économique, deux conceptions du matérialisme continuent de s'opposer. L'une le réduit à l'affirmation de la matérialité de la culture, des discours, de l'idéologie, et de leurs effets de réalité, insistant sur leur autonomie comprise comme indépendance. Elle fait ainsi l'impasse sur la production même de cette culture qui s'en trouve réifiée. L'autre [11] consiste précisément à penser la complexité de l'articulation, c'est-à-dire à mettre cette 'matérialité' reconnue des idées en rapport avec autre chose qu'elle-même : les rapports sociaux de production et l'histoire. Suivant cette deuxième conception, c'est en partie ce rapport même qui fait la matérialité des idées. Elle résiderait, pour une part, dans les effets que les idées produisent dans les pratiques et à travers elles, et dans ce que les idées doivent à leur processus de production.

Sur ce fil d'un matérialisme complexe qu'il déroule différemment, le texte de Sylvia Walby est tiré d'une communi-

[11] C'est ce matérialisme complexe que l'on trouve déjà chez Gramsci, Lukacs, Althusser, qui se trouve diversement retravaillé par les marxistes de Birmingham et, entre autres, par les chercheuses du Women's Studies Group (1978).

cation présentée à San Francisco en 1988 et fut publié dans *Destabilizing Theory* en 1992. Il intervient donc dans le débat quelques années après la publication de la controverse revisitée par Maxime Cervulle. Ce texte, qui a fait date, témoigne d'un moment du débat et propose un programme de recherches. Acceptant et assumant les critiques postmodernes visant les approches structurelles, Sylvia Walby se propose pourtant d'en montrer les limites. À trop vouloir abandonner les explications causales, la pertinence du questionnement risque de se perdre en extrême fragmentation et de « *sous-estimer les assises du pouvoir* » au point de conduire vers « *un empirisme pur et simple* ». Contre ces excès postmodernes, d'une part, la tentation d'un retour au marxisme globalisant, d'autre part, Sylvia Walby défend une « *solution intermédiaire* » où il s'agit de se donner les moyens de comprendre les variations et la complexité du social. Pour autant, la saisie de cette complexité ne devrait pas se fonder sur le déni des continuités historiques, des constantes ou des récurrences observables. Sylvia Walby insiste alors sur l'importance de ne pas céder aux conceptions postmodernes du pouvoir lorsqu'elles le rendent « *totalement diffus, au point d'interdire toute analyse du degré d'oppression d'un groupe social par un autre* », alors même que « *le patriarcat et le racisme demeurent de puissants ressorts sociaux* » et que « *le capitalisme n'a pas reculé* ».

Penser la diversité, le changement, éviter l'essentialisme, la réification des catégories et leur homogénéisation, prendre en compte le discours, les subjectivités et leur constitution, cela n'implique pas pour Sylvia Walby l'abandon de recherches causales, mais bien plutôt leur complexification. C'est à cela qu'elle consacrera ses recherches ultérieures, mobilisant la théorie de la complexité pour penser la société comme totalité au croisement de logiques différentes, en saisir l'historicité, donner sa place au discours et aux subjectivités, tenir ensemble l'idéel et le matériel.

Renouvellements intersectionnels des analyses matérialistes : au sujet des corps, des violences et de la contrainte à l'hétérosexualité

Cette deuxième entrée est l'occasion de préciser les contributions spécifiques des théorisations matérialistes du genre à la réflexion intersectionnelle sur le thème des violences, de la construction sociale des corps et de l'hétérosexualité en tant que régime politique. Les textes rassemblés ici offrent autant de prolongements critiques des travaux matérialistes sur les usages des corps, les manières dont ils sont appropriés, manipulés, marqués, sexués et sexualisés. Ils pointent aussi différentes formes de réductionnisme susceptibles de miner les tentatives d'unification des luttes et permettent de mesurer les limites des constructivismes non matérialistes.

En clin d'œil au texte premier de Gayle Rubin (1975) qui dévoilait notamment le tabou de l'homosexualité comme principe organisateur des logiques d'alliance et de parenté, Jules Falquet propose ici de revisiter l'analyse de l'économie politique de l'(hétéro)sexualité, dans une perspective imbricationniste et décoloniale. Prenant appui sur le travail de Wittig, dont elle montre la filiation avec la théorisation du sexage, cette proposition entend se situer à distance d'« *une bonne partie de la théorie* queer *et trans blanche* [qui] *estime que le problème réside dans la funeste binarité des corps, des genres ou des sexualités* » et qui tend à isoler l'hétérosexualité au point de l'envisager comme un champ de lutte séparé. *A contrario*, Jules Falquet inscrit son analyse dans une 'généalogie' du féminisme matérialiste, avant tout ancrée dans la critique du travail.

C'est cet ancrage initial qui donne à la perspective féministe matérialiste sa charge politique. Cette dernière se manifeste notamment dans sa capacité à 'dés-autonomiser' *la sexualité* et c'est précisément cette opération de 'dés-autonomisation' que Jules Falquet entend prolonger pour avancer vers une compréhension imbricationniste des politiques sexuelles et des rapports qu'elles entretiennent aux autres instances qui organisent socialement la reproduction, le travail de production des corps et leur circulation. Jules Falquet se tourne ainsi vers les travaux de Tabet, Mathieu et Gestin pour les retravailler à l'aune des analyses féministes décoloniales qui tentent de penser « *les liens entre hétérosexualité, racisme (métissage, blanchiment et occidentalisation forcée), assignation à tel ou tel type de travail (et de mobilité), et logiques militaristes de recolonisation* ». Elle avance alors le concept de 'combinatoire *straight*' pour désigner « *l'ensemble* [des] *institutions et règles qui organisent solidairement l'alliance et la filiation* ».

Le texte de Patricia Hill Collins s'attaque lui aussi à la politisation de la sexualité, depuis un point de vue *black feminist.* Il s'agit d'une version remaniée du Chapitre VI de *Black Feminist Thought* (Collins 2008 [1990]), où elle s'intéresse plus spécifiquement à la pornographie, à la prostitution et au viol en tant que dispositifs historiques de production et de régulation des corps des femmes noires. En examinant les usages et représentations de ces corps, elle montre comment l'adoption d'une perspective intersectionnelle, ancrée dans l'expérience des femmes noires, conduit à se départir des critiques dominantes de la sexualité. Plutôt que de théoriser cette catégorie de la domination comme un système « *autonome et semblable* » à la race, la classe, la nation ou le genre, ou à l'inverse, comme une sous-composante de chacun de ses systèmes, il s'agit de chercher à voir en quoi la sexualité fonctionne comme un site d'intersectionnalité. Si la hiérarchie des sexualités peut bien être comprise en elle-même comme *un* système d'oppression, ce chapitre montre cependant qu'elle ne peut, à elle seule, rendre compte de l'oppression sexuelle. L'hétérosexisme comme les mythes de l'hypersexualité des Noir·e·s et de l'appétit sexuel excessif des Africain·e·s sont ici resitués dans une économie politique des violences sexuelles, notamment héritée de l'esclavage. Aussi les représentations des femmes noires comme « *bêtes de somme* » ou « *objets de plaisir* » participent-elles d'un *continuum* indissociable de « *l'exploitation de leur travail, de leur sexualité et de leur fertilité* ».

L'analyse rompt ainsi avec les tendances repérables à séparer les faces idéelles et matérielles des rapports de pouvoir, les violences des rapports de production, ou encore l'oppression physique de l'exploitation du travail. De ce point de vue, ce texte fait écho à « Pratique du pouvoir et idée de nature » (Guillaumin 1978 a et b). Simultanément, il montre bien l'importance de réinvestir le concept de *sexage* pour le retravailler : si les femmes blanches sont réduites à l'état d'objet, les femmes noires sont autrement déshumanisées.

Une autre ligne de force de ce texte réside dans sa manière de lever l'un des derniers tabous de la pensée féministe africaine américaine : le silence que les femmes noires continuent d'observer au sujet du viol lorsqu'il est le fait des hommes noirs. Patricia Hill Collins offre ici une analyse particulièrement aiguisée de ce silence. En examinant ce qu'il doit au racisme, elle précise les modalités selon lesquelles il vient concrètement fragiliser la combativité féministe et renforcer la domination de genre. Ce qui est une autre manière de rendre compte de l'intersectionnalité [12], par la dynamique des luttes et des rapports de force.

C'est aussi sur la question des violences qui sont tues qu'intervient la contribution de Danielle Juteau. Comme son titre l'indique, elle y défend un paradigme féministe matérialiste de l'intersectionnalité, directement inspiré de la théorie de Guillaumin dans le droit fil des prolongements qu'elle en a proposés ailleurs (Juteau, Laurin 1988 ; Juteau 2015 [1999], 2010). L'un des grands apports de ce texte est de discuter les limites heuristiques d'une intersectionnalité qui n'intègrerait pas les rapports sociaux de sexe dans son analyse.

La perspective féministe matérialiste est trop souvent noyée dans les vagues de l'intersectionnalité qui, soucieuse d'appréhender la complexité du réel, semble pouvoir l'inclure tout 'naturellement'. Danielle Juteau prouve qu'il n'en est rien et que, loin de subsumer ce dernier, c'est-à-dire de penser le particulier féminisme matérialiste sous le général intersectionnalité, ces deux termes peuvent s'opposer au niveau épistémologique. La perspective intersectionnelle est certes constructiviste, mais elle se limite trop souvent aux processus d'« *enculturation* » ou de socialisation de genre au détriment des rapports sociaux qui produisent des hommes et des femmes. Elle sert alors « *à élucider les facteurs — rapports de classe et colonio-racistes — responsables des différences internes à une catégorie genrée plutôt*

---

[12] Pour d'autres travaux sur ce thème, nous renvoyons notamment au numéro de *Nouvelles questions féministes*, « Sexisme et racisme, le cas français » de 2006, particulièrement aux articles de Christelle Hamel et de Christine Delphy.

qu'aux rapports constitutifs des différences intercatégorielles [*i.e.* hommes-femmes] *que l'analyse féministe matérialiste introduit comme troisième pôle de l'articulation* ». Certes, la catégorie 'femmes' est hétérogène en raison des rapports contradictoires, liés au colonialisme, au néolibéralisme, au racisme, qui la constituent. Mais les autres catégories le sont tout autant en raison des rapports sociaux spécifiques que dévoile l'analyse féministe matérialiste. Celle-ci en effet théorise la construction sociale des catégories de sexe et pas seulement l'hétérogénéité de celle des 'femmes'. On est donc avec ce texte au cœur même du propos de ce dossier.

Juteau prend le cas de la violence contre les femmes (une forme parmi d'autres de l'oppression subie par les femmes) pour faire ressortir la contribution spécifique du paradigme féministe matérialiste de l'intersectionnalité. La tuerie de Polytechnique en est un exemple : treize étudiantes, blanches et de classe moyenne. Il s'agit bien d'un crime commis contre des femmes pour leur appartenance à un groupe social visé en tant que tel. La violence contre les femmes autochtones doit s'analyser de la même manière. Non pas qu'il faille ignorer ou sous-estimer la dynamique du colonialisme, ses séquelles et ses formes actuelles, le poids du racisme et de la pauvreté… mais se limiter à ces facteurs revient à faire l'impasse sur la dimension sexuée de cette violence qui reste alors à expliquer. Et comme le montre ce texte, cela suppose de rompre définitivement avec la réduction du matérialisme à l'économie et de l'économie au capitalisme comme avec des compréhensions, aveugles au sexe, des rapports sociaux de race et de colonialité.

Travail et émancipation

Les trois contributions qui viennent boucler ce numéro s'attachent aux renouvellements de la réflexion féministe sur la question du travail. Elles mettent chacune en évidence, sous des angles différents, les implications politiques des redéfinitions extensives du travail qu'elles engagent, non seulement la centralité du travail et de ses divisions dans le processus de production des hiérarchies sociales mais aussi la puissance d'une critique féministe matérialiste du travail pour penser l'émancipation.

Alexis Cukier défend ici une épistémologie de l'émancipation qui réaffirme la centralité du travail — entendu au sens politique de ce à partir de quoi on peut reproduire mais aussi transformer les rapports sociaux.

Pour lui, il s'agit de mettre le point de vue de la critique et des luttes au point de départ de l'enquête empirique et conceptuelle, raisonner en termes de rapports sociaux, affirmer la centralité du travail comme étant l'élément ordonnateur de la société, et mettre au cœur des luttes pour l'émancipation la transformation du procès, de l'organisation et surtout de la division du travail. Il s'agit bien de penser le rapport entre travail et démocratie à partir de ces analyses qui politisent le travail : le travail doit être considéré aujourd'hui comme le centre d'une stratégie de démocratisation des rapports sociaux.

Ce texte explicite les points d'appui féministes matérialistes de cette perspective d'une politique démocratique du travail. Il reprend et approfondit différentes redéfinitions/repolitisations féministes du concept de travail en mobilisant les analyses de Delphy, Kergoat, Federici et Falquet pour montrer en quoi, tout en se distinguant, elles permettent d'imaginer un « *travail démocratique* », où il ne s'agit pas seulement de modifier l'organisation du travail mais aussi de transformer son procès — ce que et comment on produit.

Tout d'abord, la prise en compte des enjeux politiques que sont la captation du temps et la production du vivre entraîne la remise en cause de la séparation entre privé et public, sphères salariales et politiques. Elle permet donc une politisation radicale du concept de travail en montrant que ce qui compte comme du travail est un enjeu politique primordial, et constitue l'objet d'une lutte entre classes : celle des travailleurs et des capitalistes, mais aussi celle des femmes et des hommes. Recoupant les positions de Juteau (ce numéro), la centralité épistémologique de la notion de classes de sexe est ici réaffirmée et mise en œuvre.

Sa thèse, qui réside dans la démonstration de l'indissociabilité entre les fonctions économiques (production des biens et des services) et politiques (reproduction et transformation des rapports sociaux), permet de renouveler la critique de l'économie politique, de penser le travail comme un levier d'émancipation collective. L'auteur montre aussi comment les analyses féministes matérialistes permettent de dépasser l'opposition « *entre stratégies centrées sur la conquête politique des appareils étatiques ou sur l'auto-organisation économique* » et d'avancer « *en direction de l'invention d'un travail féministe, postcapitaliste et démocratique* ».

Dans la contribution suivante, Xavier Dunezat opère quelques-unes des mises au point qui s'imposent face aux accusations lancinantes portées à l'encontre d'« *un féminisme matérialiste à la française* » souvent présenté comme un bloc unifié selon les assertions suivantes : 1. il serait marqué par un économicisme outrancier visible dans l'attention démesurée qu'il accorderait au travail ; 2. ce biais le conduirait à négliger des dimensions idéelles de la réalité ; 3. il serait finalement inopérant pour penser l'émancipation compte tenu de ses impasses sur les subjectivités, les pratiques subversives ou les résistances. Par opposition, les apports de la sociologie matérialiste des rapports sociaux de sexe à la sociologie du travail, des conflits du travail et, partant, à la critique de l'économie politique sont mis en évidence ici, et ces apports portent un coup sérieux au supposé réductionnisme économiciste tant ils viennent complexifier la compréhension du travail. En l'envisageant de manière extensive en tant qu'activité par laquelle les individus 'en chair et en os' se produisent, produisent leurs vies et leurs rapports, cette sociologie a non seulement dévoilé l'arbitraire de la séparation entre production et reproduction, mais aussi les confusions entre travail et travail salarié, exploitation et capitalisme, économie et marché. Parce qu'elle comprend la division sexuelle du travail comme une forme proprement sociale et politique de division du travail, comme un enjeu de lutte — y compris à l'intérieur des mouvements sociaux —, cette sociologie fait par ailleurs pleinement intervenir les subjectivités, les représentations, les idéologies (celle de la vocation par exemple) et les consciences dans l'analyse. Xavier Dunezat montre ainsi en quoi la sociologie des rapports sociaux se démarque d'une sociologie de la domination sans sujets et sans résistances. En la faisant travailler sur des luttes concrètes, les mouvements de chômeurs et de sans-papiers, ses propres travaux sont exemplaires de la manière dont la problématique des rapports sociaux permet de saisir l'ambivalence des dynamiques de pouvoir (Dunezat 2009 ; Dunezat, Galerand 2014). Elles sont bien faites d'oppression, de domination et d'exploitation dit-il, mais aussi et indissociablement de résistances et de luttes. Aussi « *la part pensée des rapports sociaux* » est-elle centrale pour comprendre ces dynamiques et leur ambivalence que l'auteur examine dans l'organisation du travail militant sur ces terrains.

Dans cet article, le parti pris pour une méthode matérialiste, ancrée dans l'analyse des pratiques, apparaît comme particulièrement précieux pour la sociologie des conflits sociaux, des luttes et des résistances. Le questionnement sur l'émancipation se trouve alors déplacé, reformulé et complexifié par la prise en compte de la « *consubstantialité des rapports sociaux* » (Kergoat 2009, 2012). Il s'agit moins d'interroger les représentations du Sujet que de s'attaquer au problème du passage au collectif, depuis une approche réaliste centrée sur le travail d'émancipation par excellence : le travail militant.

Finalement, c'est sur l'enjeu du 'non partage' du travail domestique — enjeu qui fut au centre des débats des années 1970 et 1980 [13], puis largement délaissé et qui revient en force aujourd'hui — que se clôture ce numéro. Gratuit, reproductif, de soin ou de *care*, nombre de travaux témoignent des différents découpages dont ce travail domestique a pu faire l'objet dans la recherche féministe. Depuis la théorisation du mode de production domestique, non pas centrée sur la spécificité de l'activité de travail ou de ce qu'elle produit mais bien sur celle de son exploitation, on mesurera les déplacements induits par la prise en compte des contradictions internes à la classe des femmes sur le sujet, sous l'effet des critiques issues du *black feminism* en particulier.

Après avoir décrit l'histoire de la 'privatisation' et de la féminisation/racialisation du *care*, et de sa conséquence, la dévaluation de cette activité, « Pour une société du *care* » esquisse des pistes pour changer la nature genrée du *care* et sa transformation en un élément clé de lien social. Pour mieux saisir les fondements analytiques de ces propositions, nous

[13] Benston (1969), Dalla Costa, James (1973), Federici (2012 [1975]), Molyneux (1979), Delphy (1998, 2001), Vogel (2013).

renvoyons aux travaux antérieurs d'Evelyn Nakano Glenn sur le travail forcé et les reconfigurations historiques des divisions sexuelles et raciales du travail reproductif gratuit et payé aux États-Unis (Glenn 2009 [1992], 2009, 2010). Ici, elle propose en particulier la reconnaissance du *care* comme un vrai travail. Ce n'est pas tant pour ce qu'il dit que ce texte est pertinent pour notre propos que parce qu'il pose le problème de sa distribution entre les hommes et les femmes et entre les femmes elles-mêmes et parce qu'il fait partie des rares textes qui relancent le débat sur la question de savoir que faire avec ce travail dont la filiation avec le travail domestique est évidente. Quoi que l'on puisse penser des solutions qu'il esquisse par ailleurs, cet article est l'occasion de réfléchir au prolongement du débat féministe sur le problème du 'non partage' du travail domestique (Delphy 2006). Or, comme nous l'avons mentionné plus haut, depuis les années 1970 qui ont vu proposer le salaire au travail ménager (Della Costa, James 1973 ; Federici 2012 [1975]), cet enjeu a été, à quelques exceptions près, largement délaissé. C'est l'irruption de la problématique du *care* — pour autant que le *care* soit appréhendé comme travail — qui a permis de renouveler le débat en continuant le travail d'implosion auquel la pensée féministe des années 1970 avait soumis le concept de travail, et en reposant sur de nouvelles bases la question du travail domestique et de son intrication avec la société salariale. Ce travail est subversif parce qu'il peut s'appuyer sur une autre dimension du travail, celle de l'utilité sociale, toujours disqualifiée par les systèmes de pouvoir dominants. Le travail du *care* tel que Evelyn Nakano Glenn le comprend, c'est-à-dire d'abord comme une pratique, en raison de son double caractère privé et public, permet de mettre en avant socialement — plus que cela n'est possible pour le travail domestique qui lui, est toujours de l'ordre du privé — l'utilité sociale du travail de *care*. C'est en raison de son appui sur l'utilité sociale que ce travail prend une charge subversive.

En effet, en faisant la balance entre *care* gratuit, traité comme une obligation familiale plutôt que comme une contribution politique sociétale, et *care* payé, qui a été assigné à d''autres', dévalorisés, tels les femmes de couleur et les migrants, Evelyn Nakano Glenn montre qu'un travail de *care* reconnu comme un vrai travail, et les donneurs et donneuses de soin comme fournissant un service social d'importance (et où les bénéficiaires seraient considérés comme des personnes à part entière), permettrait de repenser la citoyenneté dans une perspective d'émancipation sociale.

C'est ici le second niveau de lecture possible de cet article. Car c'est bien le problème de l'exercice et du partage du pouvoir dans la société dont il est question : le travail de *care* est une activité politique (Molinier 2013) en ce qu'il remet en question les rapports sociaux de classe, de race, de sexe.

Ce texte est l'illustration d'une démarche féministe matérialiste qui pense l'émancipation et les dominations dans le même mouvement, où le genre est central pour penser le travail et où le travail est central pour mener une analyse critique de la société et pour penser une société utopique. Comme le dit Sabine Masson (2008), « *dans un monde où les dominations ne cessent de se renforcer, réfléchir sur le travail devrait incarner une forme de résistance* ».

* *
*

Ce numéro comporte également dans la rubrique hors-champ un article de Vivian Aranha Sabóia qui porte sur les contradictions entre les politiques d'égalité au Brésil et la réalité des inégalités de genre. En dépit des conventions internationales et de leur traduction dans les lois brésiliennes quelque trente ans plus tard sous la pression des organisations féministes, l'ampleur du fossé entre les déclarations et la pratique reste colossale. Les entretiens menés avec des représentantes d'organes officiels soulignent l'absence de moyens concrets — sanctions et surtout budgets — pour lutter contre les discriminations de sexe. Or la culture machiste imprégnant la société brésilienne prévaut dans les appareils d'État, chez les politiciens tout comme dans les syndicats. Si les gouvernements de gauche appuyés par les mouvements sociaux (dont les féministes) ont favorisé l'émergence de lois égalitaires, les instances chargées de leur donner corps connaissent aujourd'hui une véritable crise de légitimité, faute des outils indispensables.

Annie Bidet-Mordrel, Elsa Galerand et Danièle Kergoat

Références

Adkins Lisa, Leonard Diana (eds) (1996). *Sex in Question: French Materialist Feminism*. London, Taylor & Francis.

Alaimo Stacy, Hekman Susan (eds) (2008). *Material Feminisms*. Bloomington, Indiana University Press.

Amari Salima (2015). « Certaines lesbiennes demeurent des femmes ». *Nouvelles questions féninistes*, vol. 34, n° 1.

Arruzza Cinzia (2010). « Vers une union 'queer' du marxisme et du féminisme ? ». *Contretemps*, n° 6.

— (2015). "Il genere del capitale: introduzione al feminismo marxista". In Petrucciani Stefano (ed). *Storia del marxismo, III. Economia, politica, cultura: Marx oggi*. Roma, Carocci editore.

Benston Margaret (1969). "The Political Economy of Women's Liberation". *Monthly Review*, vol. 21, n° 4.

Butler Judith (2001 [1997]). « Simplement culturel ? ». *Actuel Marx*, n° 30. Réédition (2010). In Bidet-Mordrel Annie (ed). *Les rapports sociaux de sexe*. Paris, Puf « Actuel Marx confrontation ».

Caloz-Tschopp Marie-Claire, Veloso Bermedo Teresa (2013). *Penser les métamorphoses de la politique, de la violence, de la guerre : avec Colette Guillaumin, Nicole-Claude Mathieu et Paola Tabet, féministes matérialistes*. Paris, L'Harmattan.

Cervulle Maxime, Rees-Robert Nick (2010). « Matérialisme queer ». In Cervulle Maxime, Rees-Robert Nick. *Homo exoticus : race, classe et critique queer*. Paris, Armand Colin.

Chetcuti Natacha (2013). « De la critique de la catégorisation de sexe à la déconstruction des genres : une approche 'matérialiste postmoderne' est-elle possible ? ». Intervention lors du 5e Congrès international de l'Association française de sociologie, 2-5 septembre, Nantes : http://webtv.univ-nantes.fr/fiche/3655/genre-et-domination

Collins Patricia Hill (2008 [1990]). *Black Feminist Thought: Knowledge, Consciousness, and the Politics of Empowerment*. New York & London, Routledge.

Coole Diana, Frost Samantha (eds) (2010). *New Materialisms. Ontology, Agency, and Politics*. Durham, Duke University Press.

Dalla Costa Mariarosa, James Selma (1973). *Le pouvoir des femmes et la subversion sociale*. Genève, Librairie Adversaire.

Delphy Christine (1970). « L'ennemi principal ». *Partisans*, n° 54-55. Réédité dans (1998). *L'ennemi principal, 1. Économie politique du patriarcat*. Paris, Syllepse.

— (1998 [1975]). « Pour un féminisme matérialiste ». In Delphy Christine. *L'ennemi principal, 1. Économie politique du patriarcat*. Paris, Syllepse.

— (2001 [1998]). *L'ennemi principal, 2. Penser le genre*. Paris, Syllepse.

— (2006). « Antisexisme *ou* antiracisme ? Un faux dilemme ». *Nouvelles questions féministes*, vol. 25, n° 1 « Sexisme et racisme, le cas français ». Reproduit in Delphy Christine (2008). *Classer, dominer. Qui sont les « autres » ?* Paris, La Fabrique.

— (2015). *Pour une théorie générale de l'exploitation*. Paris, Syllepse.

Devreux Anne-Marie (2004). *Les propriétés formelles des rapports sociaux de sexe*. HDR, Université Paris-Descartes.

Dorlin Elsa (2007). « Le queer est un matérialisme ». In Collectif. *Femmes, genre, féminisme*. Paris, Syllepse.

— (2013). « Le sexe comme marchandise. Queeriser le marxisme avec Gayle Rubin ». Intervention lors de la journée d'étude « Féminismes et guerres du sexe. Autour de Gayle Rubin ». 21 juin 2013, EHESS : http://www.canalu.tv/video/ehess/3_feminismes_et_guerres_du_sexe_autour_de_gayle_rubin.12713

Dunezat Xavier (2009). « Trajectoires militantes et rapports sociaux de sexe ». In Fillieule Olivier, Roux Patricia (eds). *Le sexe du militantisme*. Paris, Presses de Sciences Po.

Dunezat Xavier, Galerand Elsa (2014). « La résistance au prisme de la sociologie des rapports sociaux : les enjeux du passage au collectif ». In Calderon José-Angel, Cohen Valérie (eds). *Qu'est-ce que résister ? Usages et enjeux d'une catégorie d'analyse*. Villeneuve d'Ascq, Presses universitaires du Septentrion.

Epstein Barbara (2010). « Pourquoi le poststructuralisme est une impasse pour le féminisme ». *Agone*, n° 43.

Falquet Jules (2009). « La règle du jeu. Repenser la co-formation des rapports sociaux de sexe, de classe et de 'race' dans la mondialisation néolibérale ». In Dorlin Elsa (ed). *Sexe, race, classe. Pour une épistémologie de la domination*. Paris, Puf « Actuel Marx confrontation ».

— (2014). « Femmes de ménage, loueuses d'utérus, travailleuses du sexe et travailleuses du *care*. Le 'dés-amalgamage conjugal' en contexte néolibéral : libération ou nouvelles formes d'appropriation ? ». Document de travail du Mage, n° 18 : https://julesfalquet.wordpress.com/2010/05/26/hello-world/

Falquet Jules, Moujoud Nasima (2010). « Cent ans de sollicitude en France ». *Agone*, n° 43. Mis en ligne le 18 juin 2012 : http://revueagone.revues.org/925. Consulté le 08 juillet 2014.

Federici Silvia (2012 [1975]). "Wages against Housework". In Federici Silvia. *Revolution at Point Zero: Housework, Reproduction, and Feminist Struggle*. New York, PM Press [trad. fr. Damien Tissot (2016). « Un salaire pour le travail ménager ». In *Point zéro : propagation de la révolution. Salaire ménager, reproduction sociale, combat féministe*. Donnemarie-Dontilly, Éd. iXe].

Floyd Kevin (2013 [2009]). *La réification du désir. Vers un marxisme queer*. Paris, éd. Amsterdam [trad. fr. Myriam Dennehy, Marion Duval, Clémence Garrot *et al.* ; éd originale. *The Reification of Desire. Toward a Queer Marxism*. Minneapolis, University of Minnesota Press].

Galerand Elsa (2015) ; « Quelle conceptualisation de l'exploitation pour quelle critique intersectionnelle ? ». *Recherches féministes*, vol. 28, n° 2.

Glenn Evelyn Nakano (2009). « Le travail forcé : citoyenneté, obligation statutaire et assignation des femmes au *care* ». In Molinier Pascale, Laugier Sandra, Paperman Patricia (eds). *Qu'est-ce que le* care *? Souci des autres, sensibilité, responsabilité*. Paris, Payot.

— (2009 [1992]). « De la servitude au travail de service : les continuités historiques de la division raciale du travail reproductif payé ». In Dorlin Elsa (ed). *Sexe, race, classe. Pour une épistémologie de la domination*. Paris, Puf « Actuel Marx confrontation ».

— (2010). *Forced to Care: Coercion and Caregiving in America*. Cambridge, Mass., Harvard University Press.

Guillaumin Colette (1978a). « Pratique du pouvoir et idée de nature (1), L'appropriation des femmes ». *Questions féministes*, n° 2 « Les corps appropriés » [rééd. in (2016). *Sexe, race et pratique du pouvoir. L'idée de nature*. Donnemarie-Dontilly, Éd. iXe].

— (1978b). « Pratique du pouvoir et idée de nature (2), Le discours de la nature ». *Questions féministes*, n° 3 « Natur-elle-ment » [rééd. in (2016). *Sexe, race et pratique du pouvoir. L'idée de nature*. Donnemarie-Dontilly, Éd. iXe].

Hall Stuart (2012 [1985]). « Signification, représentation, idéologie : Althusser et les débats poststructuralistes ». *Raisons politiques*, n° 48 [trad. fr. Christophe Jacquet et Kolja Lindner ; éd. originale. "Signification, Representation, Ideology: Althusser and the Post-Structuralist Debates". *Critical Studies in Mass Communication*, vol. 2, n° 2].

Hamel Christelle (2006). « La sexualité entre sexisme et racism : les descendants de migrant.e.s du Maghreb et la virginité ». *Nouvelles questions féministes*, vol. 25, n° 1 « Sexisme et racisme, le cas français ».

Harris Marvin (2006 [1979]). *Cultural Materialism: The Struggle for a Science of Culture*. Cambridge, Pearson.

Hennessy Rosemary (1994). "Queer Theory, Left Politics". *Rethinking Marxism. A Journal of Economics, Culture & Society*, vol. 7, n° 3.

— (2000). *Profit and Pleasure, Sexual Identities in Late Capitalism*. New York & London, Routledge.

— (2002). "Reclaiming Marxist Feminism for a Need-Based Sexual Politics". In Holmstrom Nancy (ed). *The Socialist Feminist Project: A Contemporary Reader in Theory and Politics*. Monthly Review Press: http://monthlyreview.org/product/socialist_feminist_project/ [trad. fr. Morgane Merteuil. « Politiques sexuelles et besoins sociaux : pour un féminisme marxiste ». *Période*, 11 juin 2014 : http://revueperiode.net/politiques-sexuelles-et-besoins-sociaux-pour-un-feminisme-marxiste/].

— (2006). "Returning to Reproduction Queerly: Sex, Labor, Need". *Rethinking Marxism. A Journal of Economics, Culture & Society*, vol. 18, n° 3.

Hennessy Rosemary, Ingraham Chrys (eds) (1997). *Materialist Feminism: A Reader in Class, Difference, and Women's Lives*. New York, Routledge.

Jackson Stevi (1996). « Récents débats sur l'hétérosexualité : une approche féministe matérialiste ». *Nouvelles questions féministes*, vol. 17, n° 3.

— (2009). « Pourquoi un féminisme matérialiste est (encore) possible et nécessaire ». *Nouvelles questions féministes*, vol. 28, n° 3.

— (2015). « Genre, sexualité et hétérosexualité. La complexité (et les limites) de l'hétéronormativité ». *Nouvelles questions féministes*, vol. 34, n° 2.

Joseph Rose-Myrlie (2015). *L'articulation des rapports sociaux de sexe, de classe et de race dans la migration et le travail des femmes haïtiennes*. Thèse de doctorat de sociologie, Université Paris 7 et Université de Lausanne.

Juteau Danielle (2015 [1999]). *L'ethnicité et ses frontières*. Montréal, Les Presses de l'Université de Montréal.

— (2010). « 'Nous' les femmes : sur l'indissociable homogénéité et hétérogénéité de la catégorie ». *L'homme et la société*, vol. 2, n° 176-177.

Juteau Danielle, Laurin Nicole (1988). « L'évolution des formes de l'appropriation des femmes : des religieuses aux 'mères porteuses' ». *Revue canadienne de sociologie et d'anthropologie*, vol. 25, n° 2.

Kergoat Danièle (2009). « Dynamique et consubstantialité des rapports sociaux ». In Dorlin Elsa (ed). *Sexe, race, classe. Pour une épistémologie de la domination*. Paris, Puf « Actuel Marx confrontation ».

— (2012). *Se battre, disent-elles*... Paris, La Dispute « Le genre du monde ».

Keucheyan Razmig (2010). *Hémisphère gauche. Une cartographie des nouvelles pensées critiques*. Paris, La Découverte.

Kuhn Annette, Wolpe AnnMarie (eds) (1978). *Feminism and Materialism. Women and Modes of Production*. London & Boston, Routledge & Kegan Paul.

Landry Donna, Maclean Gerald (1993). *Materialist Feminisms*. Cambridge, Mass., Blackwell.

Masson Sabine (2008). « Le genre et la colonialité du travail en Amérique centrale ». In Rosende Magdalena, Benelli Natalie (eds). *Laboratoires du travail*. Lausanne, Antipodes.

Mathieu Nicole-Claude (1991). *L'anatomie politique. Catégorisations et idéologies du sexe*. Paris, Côté-femmes « Recherches ».

— (2014). *L'anatomie politique 2. Usage, déréliction et résilience des femmes*. Paris, La Dispute « Le genre du monde ».

Molinier Pascale (2013). *Le travail du* care. Paris, La Dispute « Le genre du monde ».

Molyneux Maxine (1979). "Beyond the Domestic Labour Debate". *New Left Review*, n° 116.

Möser Cornelia (2016). « Néomatérialisme : un nouveau courant féministe ? ». In Cervulle Maxime, Vörös Florian, Quemener Nelly (eds). *Matérialismes, culture et communication. Tome 2. Cultural Studies, théories féministes et décoloniales*. Paris, Presses des Mines, à paraître.

Noyé Sophie (2014). « Pour un féminisme matérialiste et queer ». *Contretemps* : http://www.contretemps.eu/interventions/féminisme-matérialiste-queer

Rubin Gayle (1975). "The Traffic in Women: Notes on the 'Political Economy' of Sex". In Reiter Rayna R. (ed). *Toward an Anthropology of Women*. New York & London, Monthly Review Press [trad. fr. Nicole-Claude Mathieu (1998). « L'économie politique du sexe. Transactions sur les femmes et systèmes de sexe/genre ». *Les Cahiers du Cedref*, n° 7.

Scrinzi Francesca (2013). *Genre, migrations et emplois domestiques en France et en Italie : construction de la non-qualification et de l'altérité ethnique*. Paris, Pétra.

Tabet Paola (1998). *La construction sociale de l'inégalité des sexes. Des outils et des corps*. Paris, L'Harmattan « Bibliothèque du féminisme ».

— (2004). *La grande arnaque. Sexualité des femmes et échange économico-sexuel*. Paris, L'Harmattan « Bibliothèque du féminisme » [trad. José Contréras ; éd. originale (2004). *La grande beffa. Sessualità delle donne e scambio sessuo-economico*. Rubbettino editore].

Van der Tuin Iris, Dolphijn Rick (2010). "The Transversality of New Materialism". *Women: A Cultural Review*, vol. 21, n° 2.

— (eds) (2012). *New Materialisms. Interviews and Cartographies*. Ann Arbor, Open Humanities Press.

Vogel Lise (1995). *Woman Questions. Essays for a Materialist Feminism*. New York & London, Pluto Press.

— (2013 [1983]). *Marxism and the Oppression of Women: Toward Unitary Theory*. Chicago, Haymarket Books.

Walby Sylvia (1992). "Post-Post-Modernism? Theorizing Social Complexity". In Barrett Michèle, Phillips Anne (eds). *Destabilizing Theory: Contemporary Feminist Debates*. Cambridge, UK, Polity Press [trad. fr. dans ce volume].

Williams Raymond (2009 [1977]). *Marxism and Literature*. Oxford, Oxford University Press.

Wittig Monique (2001 [1992]). La pensée *straight*. Paris, Balland [éd. originale. *The Straight Mind and other Essays*. Boston, Beacon Press].

Women's Studies Group (1978). *Women Take Issue. Aspects of Women's Subordination, Birmingham*. London, Centre for Contemporary Cultural Studies and Hutchinson.

Cahiers du Genre – 60 / 2016

▸ ***Dossier*** **La production de la santé sexuelle**

Coordination collective

- ❑ Adeline Adam, Karine Duplan, Fanny Gallot, Lola Gonzalez-Quijano, Guillaume Roucoux et Marie-Sherley Valzema
  Le sexe sous contrôle médical (Introduction)
- ❑ Mona Claro
  Avortement et norme procréative de la dernière génération soviétique en Russie
- ❑ Anaïs Garcia
  Contrôler et contraindre : la planification médicalisée des femmes indigènes au Guatemala
- ❑ Kira Ribeiro
  De la protection de la Nation à la protection des femmes : genèse de la criminalisation du VIH en France
- ❑ Cinzia Greco
  Vivre avec un corps asymétrique. Mastectomie, résistances et réappropriation
- ❑ Cécile Ventola
  Le genre de la contraception : représentations et pratiques des prescripteurs en France et en Angleterre
- ❑ Francesca Arena
  La fièvre de lait et les maladies lactées. Des maladies genrées au XVIIIe siècle
- ❑ Michal Raz
  Qualité de vie et fertilité dans les études de suivi des personnes intersexuées

▸ ***Hors-champ***

- ❑ Sarah Nicaise
  Des corps politisés : trajectoires et représentations de 'gouines'
- ❑ Arnaud Alessandrin
  La transphobie en France : insuffisance du droit et expériences de discrimination

▸ ***Hommage***

- ❑ À la mémoire de Françoise Laborie. Le cœur et l'intelligence

▸ ***Notes de lecture***

▸ ***Abstracts, Resúmenes, Auteur·e·s***

270 pages

Matière à penser.
Controverses féministes autour du matérialisme

Maxime Cervulle

Résumé

À partir d'une relecture de la controverse qui, en 1979, opposa Christine Delphy aux britanniques Michèle Barrett et Mary McIntosh, cet article propose de reconsidérer la nature de la tension entre féminismes matérialiste et poststructuraliste qui a émergé en France à partir des années 1990. Ces deux querelles, qui se succèdent historiquement, apparaissent en effet traversées par un même conflit, relatif à la conception du matérialisme. Ce questionnement sur le hors-champ de la 'méthode marxienne' qu'a empruntée Delphy fait écho aux conflits théoriques qui caractérisent les réceptions croisées des modèles féministes des deux côtés de l'Atlantique et de la Manche. Un retour sur le contexte intellectuel britannique, dans lequel s'est déployée la controverse de 1979, permettra d'éclairer certaines des dynamiques du clivage contemporain qui, au sein des théories féministes, oppose artificiellement idéalisme et matérialisme. Il autorisera en outre une exploration des liens qui unissent les *cultural studies* et le féminisme poststructuraliste.

THÉORIES FÉMINISTES — MATÉRIALISME — POSTSTRUCTURALISME — MARXISME — CULTURAL STUDIES

Le tranchant du féminisme matérialiste a taillé dans le corps trop tiède des sciences sociales, exposant à l'air libre l'anatomie patriarcale de ces dernières [1]. Relever les chairs n'a cependant

[1] Cette recherche a bénéficié d'une aide de l'ANR au titre du programme Investissements d'avenir (ANR-10-LABX-80-01). Elle a été conduite dans le

pas suffi, il a fallu gratter jusqu'à l'os du positivisme et de sa définition calcifiée de l'objectivité. Il a fallu que les articulations disciplinaires les plus rigides cèdent (par endroits) sous le poids de la critique. Il a fallu dire, encore et sans cesse, que lorsqu'un corpus de connaissance étouffe la question de l'oppression, c'est qu'il l'a incorporé, qu'il ne fait qu'un avec elle (Delphy 1998 [1975]). Au-delà de cette mise à nu des sciences sociales et des sombres connivences de leur épistémologie, le féminisme matérialiste a proposé une théorie de l'oppression des femmes qui a redéfini en profondeur les termes de l'étude de la division du travail (Kergoat 2012). Il a enfin engagé une dénaturalisation non seulement des rapports de sexe, mais de la catégorie de sexe elle-même (notamment Mathieu 1971 ; Guillaumin 1978 ; Delphy 2001b [1991]). Il fut rejoint sur ce front par les théories féministes poststructuralistes et *queer* (Lauretis 1987 ; Butler 2005 [1990] ; Sedgwick 2008 [1990]). La rencontre entre ces deux courants a été faite de malentendus et d'incompréhensions mutuelles. Le débat sur ce qui oppose ou rapproche le féminisme matérialiste du féminisme poststructuraliste a fait couler beaucoup d'encre et reste particulièrement vif (Mathieu 1994 ; Jackson 1999 ; Bourcier 2005 ; Rédaction d'*Agone* 2010).

Alors qu'en France l'interrogation portait hier principalement sur les failles (théoriques, politiques ou stratégiques) identifiées par le point de vue matérialiste dans les travaux d'inspiration poststructuraliste, il semble aujourd'hui nécessaire de renverser le questionnement. En effet, si la constitution d'un 'canon' du féminisme matérialiste a contribué à en stabiliser la définition dans le contexte français, c'est sans doute au prix de l'occultation d'une conflictualité sourde, mais néanmoins importante,

cadre du programme de recherche « Francfort-Birmingham. Fragments d'un dialogue entre écoles critiques », soutenu par le Labex Arts-H2H, le Cemti (EA 3388), le Har (EA 4414) et le Dicen-IDF (EA 7339). Je souhaite en outre remercier Danièle Kergoat. La précision de ses arguments autant que sa bienveillance m'ont permis, au cours de débats sur les féminismes matérialiste et poststructuraliste organisés au sein du RT24 de l'Association française de sociologie, de clarifier mes positions. Je remercie également Isabelle Clair pour sa lecture attentive de cet article. Enfin, j'aimerais remercier les étudiant·e·s qui ont suivi, durant l'année 2014-2015, le cours « Genre et communication » que j'ai dispensé à l'Université Paris 8 à partir de l'argument central de ce texte. Nos échanges m'ont été précieux.

relative à des conceptions diverses du matérialisme lui-même. Qu'ont pourtant en commun les féminismes marxistes, marxiens, poststructuralistes ou inspirés par le matérialisme culturel, si ce n'est de déployer des conceptions *concurrentes* de la démarche matérialiste ? Ce questionnement sur les hors-champs de la méthode marxienne qu'a empruntée Christine Delphy (2001a [1982], p. 128-136) fait bien entendu écho aux troubles persistants liés aux échanges transatlantique et transmanche autour des questions féministes. Il s'agira donc, dans cette trop courte contribution sur un objet fort épais, de cartographier quelques-unes des lignes de fractures théoriques au sein du champ féministe français et anglophone. L'enjeu est notamment de repenser le rapport entre les féminismes matérialiste et poststructuraliste en dépaysant le débat, c'est-à-dire en partant des spécificités du contexte britannique. Il ne s'agit pas là de rallumer une passion intellectuelle que d'aucun·e·s jugeraient à demi éteinte, mais plutôt de proposer de saisir certaines des implications d'une lecture de la tension entre les deux courants en termes de conflits de matérialisme. Cette lecture sera ici conduite au travers de deux figures principales de ces courants — Christine Delphy et Judith Butler. Elles ont été choisies non en raison d'une quelconque représentativité — étant entendu que les féminismes matérialiste et poststructuraliste recouvrent, en dépit de l'aspect unifiant de ces étiquettes, des positions diverses et hétérogènes — mais car leurs travaux respectifs cristallisent certains des points de la conflictualité que cet article entend mettre au jour.

Cette exploration des conflits de définition du matérialisme au sein des théories féministes prend pour point de départ une controverse qui, entre 1979 et 1982, a opposé Delphy aux Britanniques Michèle Barrett et Mary McIntosh. En amorçant la réflexion de l'autre côté de la Manche, j'entends montrer le rôle qu'ont pu jouer les *cultural studies* dans la formation d'une sorte de malentendu théorique durable. Noué autour d'enjeux pleinement situés dans le champ de l'épistémologie marxiste, il porte cependant la marque de l'ambivalence des *cultural studies* vis-à-vis des traditions marxistes les plus orthodoxes (critique du réductionnisme économique, endossement de certaines des thèses de Louis Althusser et mise en avant de la question de l'idéologie). Ce malentendu nourrira, une décennie plus tard, la critique adressée à Butler depuis la position féministe matérialiste.

Féminisme marxien, féminisme marxiste : Delphy, Barrett et McIntosh

La voie que j'essaie ici de suivre requiert de revenir sur une controverse scientifique d'importance, celle liée à la réception des travaux de Christine Delphy en Grande-Bretagne. Dans un article de 1979 publié dans la revue *Feminist Review*, Michèle Barrett et Mary McIntosh proposent une recension acerbe des textes de Delphy alors parus en langue anglaise [2]. Comme le notent Diana Leonard et Lisa Adkins (2005 [1996], p. 9-11), la renommée de Barrett et McIntosh, aussi bien que leur centralité dans les débats britanniques autour du développement d'une théorie féministe fondée sur le matérialisme historique, ont contribué à durablement discréditer le féminisme matérialiste français outre-Manche. Dans la Grande-Bretagne des années 1980 et 1990, les critiques formulées par Barrett et McIntosh feront ainsi l'objet de nombreuses reprises, comme autant de répliques du petit séisme que fut la recension de 1979 [3].

La charge de Barrett et McIntosh déploie deux principaux angles d'attaque. Elle porte d'abord sur les limites du concept de Delphy de « *mode de production domestique* ». Ce concept, qui émerge au travers de comparaisons du mode d'exploitation du travail domestique des femmes avec celui du travail des serfs, des esclaves et des salarié·e·s dans les modes de production respectifs (féodal, esclavagiste et capitaliste), leur semble peu explicatif dans la mesure où l'autonomie du mode de production domestique vis-à-vis du mode de production capitaliste semble réduite à un simple postulat [4]. En outre, aux yeux de Barrett et

[2] En particulier Delphy (1976, 1977).

[3] Voir par exemple Landry et MacLean (1993, p. 33-34) citées dans Leonard et Adkins (2005 [1996], p. 10 et note 22).

[4] Barrett (1989 [1980], p. 14) formule une critique similaire à propos du concept de « patriarcat » lui-même, tel qu'il est employé par Delphy : « La difficulté ici est [...] que la catégorie de patriarcat se voit attribuer une indépendance analytique vis-à-vis du mode de production capitaliste, sans que soit conduite une étude systématique des rapports entre eux. De façon

McIntosh, le travail domestique ne saurait constituer un 'mode de production' en tant que tel : l'utilité de ce concept dans la théorie marxiste réside précisément dans le fait qu'il permet d'identifier — par-delà la coexistence empirique de divers modes de production — un mode dominant, constituant la base matérielle de la formation sociale d'une époque. Par ailleurs, la focalisation des travaux de Delphy sur l'exploitation du travail des femmes dans l'institution matrimoniale ne leur paraît pas de nature à permettre de saisir les caractères *généraux* de l'oppression des femmes, notamment s'agissant des femmes non mariées.

Le second aspect de leur critique porte sur les fondements matérialistes de l'analyse de Delphy. Celle-ci est perçue comme prise au piège d'un réductionnisme économique qui serait sous-tendu par une conception 'simpliste' de l'idéologie (Barrett, McIntosh 1979, p. 101) quand il ne l'occulterait pas complètement. En jetant la question des conditions idéologiques de l'oppression avec l'eau du bain idéaliste, Delphy manquerait selon elles l'un des défis majeurs du féminisme, celui de parvenir à élaborer « *une analyse complexe de la façon par laquelle la catégorie historiquement construite de 'femme' a fait l'objet d'une exploitation à différentes époques et selon différents modes de divisions du travail, et de la transformation de cette catégorie elle-même au cours de ce processus* » (*ibid.*, p. 104). Cet abandon de la question de l'idéologie leur apparaît occulter des questions fondamentales, telles que celles relatives à la culture, au langage et à la sexualité. Autant de questions prises à bras le corps par les féministes britanniques dans le sillage d'une compréhension non 'mécaniste' de l'idéologie, qui s'inscrit dans les pas de la définition althussérienne de l'idéologie comme « *un rapport matériel, vécu, doté de ses forces de détermination propres* » (*ibid.*, p. 101).

La conclusion de Barrett et McIntosh est sévère : « *Delphy ne fournit pas l'analyse* matérialiste *que son travail promet* » (*ibid.*, p. 103, je souligne). Si la dimension matérialiste du travail de Delphy est remise en cause, c'est d'une part parce que celui-ci

---

générale, le concept de patriarcat pose problème non seulement en ce qu'il résiste à toute exploration au sein d'un mode de production donné, mais en ce qu'il évoque une oppression universelle et transhistorique. »

ne prendrait pas en compte l'historicité des différents modes de production et la prééminence analytique du mode de production capitaliste. C'est toutefois surtout parce qu'il échouerait à saisir le rapport entre l'économique et l'idéologique et, par voie de conséquence, le principe même de la division sexuée du travail qu'elles considèrent comme « *inexplicable sans une certaine analyse des processus idéologiques par lesquelles les femmes sont constituées en tant que catégorie et socialisées de façon à accepter ces rapports de production* » (*ibid.*, p. 100). Pour Barrett et McIntosh, l'idéologie constitue donc un aspect central de l'oppression et une question charnière de la lutte féministe.

Delphy (2001a [1982]) a répondu à ses détractrices en rappelant avoir annoncé qu'elle ne prétendait pas « *expliquer tous les aspects de l'oppression* », mais produire une « *analyse matérialiste de l'exploitation* économique *des femmes* » (p. 68, je souligne). De plus, elle souligne sa compréhension de la « *matérialité de l'idéologie* », comme impliquant que « *les idées sont le produit de la structure sociale* » (p. 77). Par là, elle conteste les analyses de l'oppression des femmes qui la réduirait à sa face idéelle, sans considérer ses aspects économiques, marchands ou non marchands. Cependant, elle s'oppose aussi explicitement aux conceptions de la superstructure comme dotée d'une quelconque autonomie ou de l'idéologie comme ayant une capacité propre de détermination [5]. Delphy relève enfin que l'interprétation de ses contradictrices trouve sa logique dans un féminisme *marxiste*, c'est-à-dire soutenant la thèse de la contradiction principale. En effet, les deux auteures britanniques défendent à l'époque une définition du matérialisme fondée sur la centralité de la contradiction entre travail et capital (Barrett 1986 [1980], p. 252). Delphy revisite quant à elle le marxisme de fond en comble au profit d'un féminisme *marxien*, employant la « *méthode matérialiste* » de Marx pour analyser une division sexuée du travail qui non seulement ne recoupe pas, mais reconfigure la compréhension de l'antagonisme de classe par Marx. Si, comme

[5] La première version de sa réponse, présentée lors d'une semaine d'été féministe radicale à Londres en avril 1970, avait d'ailleurs pour titre : « D'une superstructure à l'autre : ou comment tourner en rond sans changer de place » (Delphy 2001a [1982], p. 121).

le souligne Delphy, la distinction entre féminisme marxien et marxiste peut expliquer la divergence de vue, cette distinction est toutefois loin d'épuiser les tenants et aboutissants du désaccord. La vigueur de la critique portée par Barrett et McIntosh doit en effet être comprise comme reflétant l'état du champ intellectuel britannique.

Entre matérialisme culturel et marxisme structural : le Women's Studies Group

L'accusation de réductionnisme économique portée par Barrett et McIntosh résonne particulièrement avec l'entreprise intellectuelle conduite à partir des années 1960 par Raymond Williams et Edward P. Thompson de révision du marxisme orthodoxe, qu'ils jugent « *économiste* ». Cette entreprise, connue sous le nom de « *matérialisme culturel* » [6], propose de repenser le modèle de détermination, ce qui passe notamment par une critique de la rigidification progressive de la métaphore selon laquelle la superstructure (idéologique) « *s'élèverait* » sur la base (matérielle). Comme l'écrit Williams :

> *Dans le passage de Marx au marxisme, puis dans le développement de formulations explicatives et didactiques, les termes utilisés dans les arguments d'origine ont été projetés* [...] *comme s'ils désignaient des 'domaines' observables de la vie sociale.* (1977 [1958], p. 77).

Williams s'est attaché à complexifier ce modèle selon lequel le niveau idéologique pourrait être vu comme un simple reflet des rapports de production (2009 [1973], p. 25-56). Il s'inspire pour cela de penseurs du 'marxisme occidental' (en particulier Antonio Gramsci, Georg Lukàcs et Lucien Goldmann), qui ont développé les théories de la superstructure et souligné l'impor-

[6] L'adhésion de E. P. Thompson à l'étiquette « matérialisme culturel » est complexe et semble varier selon les époques. Dans un courrier de 1979 adressé à Richard Johnson, il se distancie par exemple de l'expression de Williams (voir Records of the Centre for Contemporary Cultural Studies, Cadbury Research Library, University of Birmingham, Papers of Richard Johnson). Au-delà des enjeux liés à la désignation de cette tradition intellectuelle, on peut toutefois considérer qu'il participe pleinement de la formation de cet espace théorique.

tance de l'idéologie dans la reproduction sociale (Anderson 1977). Williams s'appuie aussi sur une lettre à Joseph Bloch rédigée par Engels, dans laquelle ce dernier conteste l'interprétation mécaniste de la relation entre base et superstructure.

> *La situation économique est la base, écrit Engels, mais les divers éléments de la superstructure* [...] *exercent également leur action sur le cours des luttes historiques et, dans beaucoup de cas, en déterminent de façon prépondérante la forme.* (Engels 1972 [1890], p. 259, cité dans Williams 1960 [1958], p. 285-286) [7].

Williams juge toutefois insuffisante cette reformulation qui plutôt que de changer les termes de la métaphore en propose certaines exceptions permettant son maintien en l'état. Loin de se contenter de relever une « *autonomie* relative » de la superstructure, il souligne plutôt que la relation entre ces deux pôles serait mieux saisie par l'image d'un « *champ de forces* mutuellement *mais inégalement déterminantes* » (2005 [1971], p. 20, je souligne). Au-delà de ce premier pas, c'est l'idée même de détermination que Williams abandonne. La spécificité du matérialisme culturel de Williams réside dans le fait de considérer l'étude de la culture comme « *l'étude des relations qui composent l'ensemble d'un mode de vie* » (*ibid.*). Selon cette définition, la culture réside dans les pratiques sociales elles-mêmes, ainsi que dans l'ensemble de leurs interrelations Elle n'est donc plus réductible à une couche superficielle, dénuée de consistance sociale et simplement dérivée de la « *base matérielle* ». Comme l'écrit Stuart Hall (2007a [1980], p. 38), Williams « *construit tout son raisonnement à l'encontre d'un matérialisme et d'un déterminisme économique ordinaire et* [...] *propose à la place un interactionnisme radical — à savoir l'interaction de toutes les pratiques les unes avec les autres —, esquivant ainsi le problème de la détermination* ». Avec cette position théorique, il devient possible d'interroger la façon dont certaines pratiques, que d'aucun·e·s rangeraient du côté de la 'superstructure' (les pratiques

---

[7] Notons qu'Engels écrit par ailleurs : « D'après la conception matérialiste de l'histoire, le facteur déterminant dans l'histoire est, en dernière instance, la production et la reproduction de la vie réelle. Ni Marx, ni moi n'avons jamais affirmé davantage. Si, ensuite, quelqu'un torture cette proposition pour lui faire dire que le facteur économique est le seul déterminant, il la transforme en une phrase vide, abstraite, absurde » (Engels 1972 [1890], p. 259).

discursives, par exemple), travaillent profondément l'organisation sociale de la production.

Ce matérialisme culturel, qui constituera l'un des premiers terreaux des *cultural studies*, avec l'ouverture du Centre for Contemporary Cultural Studies (CCCS) de Birmingham en 1964 [8], dégage un espace d'investigation pour ce que le marxisme le plus orthodoxe occultait alors : « *la culture, l'idéologie, le langage, le symbolique* » (Hall 2007b [1992], p. 21). Au milieu des années 1970, le matérialisme culturel est percuté de plein fouet par le marxisme structural, incarné au premier chef par Althusser. Si les deux paradigmes se confrontent sur un certain nombre de points — notamment sur la conception du sujet et sur le rapport à l'histoire — la synthèse de ces deux options, accomplie par Stuart Hall (2007a [1980], p. 33-56), sera la clé du destin international des *cultural studies*.

Si Barrett et McIntosh ne participent pas à proprement parler du développement des *cultural studies*, les débats que ce domaine naissant suscite — en particulier au sein du féminisme — constituent leur environnement intellectuel [9]. Les travaux du Women's Studies Group du CCCS [10], qui démarrent à l'automne 1974, proposent une théorie matérialiste qui, bien que située dans le champ féministe de son époque (marqué par le « *domestic labour debate* »), s'inspire aussi des auteurs qui font alors référence pour l'École de Birmingham — Althusser, Gramsci, Williams, *etc*. Il s'agit pour les femmes de ce groupe de recherche de tracer un cadre matérialiste d'appréhension de la

[8] Voir Cervulle et Quemener (2015, p. 13-34).

[9] Il suffit pour s'en convaincre de lire l'ouvrage phare de Barrett (1986 [1980]), *Women's Oppression Today*, qui mobilise largement les apports des auteur·e·s du Women's Studies Group.

[10] Les figures les plus proéminentes du Women's Studies Group sont Angela McRobbie, Charlotte Brunsdon, Lucy Bland, Dorothy Hobson et Janice Winship. La publication la plus célèbre du groupe est l'ouvrage de 1978 *Women Take Issue: Aspects of Women's Subordination*. Bien entendu, l'histoire du féminisme au Centre de Birmingham ne s'arrête pas là. À la même époque, des féministes œuvraient au sein d'autres groupes du Centre, telle Hazel Carby au sein du Race and Politics Group. Une seconde génération de féministes au sein du Centre de Birmingham publiera un recueil intitulé *Off-Centre: Feminism and Cultural Studies* (Franklin *et al.* 1991). Sur l'histoire du féminisme au sein du Centre de Birmingham, voir Brunsdon (1996) et Cervulle (2016).

situation des femmes « *dans et hors les rapports de production* » (Bland *et al.* 2007 [1978], p. 357-391). Le groupe se situe ainsi en opposition aussi bien à l'androcentrisme du marxisme qu'à l'économisme de certaines positions féministes. Il souligne la nécessité de penser ensemble les rapports de production (capitalistes et patriarcaux) et la « *constitution idéologique particulière de la féminité que ces rapports construisent* » (*ibid.*, p. 357). Ceci implique notamment une analyse approfondie du rapport des femmes à la consommation et une attention aux logiques marchandes par lesquelles elles sont constituées en « *consommatrices d'un certain type de marchandises* » (*ibid.*). C'est dans le cadre de ce projet que les féministes du CCCS s'attachent à saisir la position particulière qu'occupent les femmes en tant que cible privilégiée des produits de la culture de masse [11]. Émergent alors des travaux sur l'idéologie telle qu'activée par les appareils médiatiques — par exemple dans le roman (Harrison 2007 [1978]), dans la publicité (Millum 1975) ou dans la presse à destination des jeunes filles (McRobbie 1978) — qui font directement écho au programme scientifique du CCCS, axé sur l'étude des relations entre les formes culturelles et le changement social.

Les auteures du Women's Studies Group de Birmingham s'inscrivent dans la lignée du marxisme humaniste de Williams et Thompson en ce qu'elles prêtent une attention particulière à la dimension vécue des conditions sociales. Cette dimension apparaît chez Williams (1977 [1958]) avec la notion de « *structures de sentiments* » ; chez Thompson (2012 [1963]) avec celle d'expérience, point nodal de sa pensée par lequel il rompt avec la tendance marxiste à l'objectivisme pour penser la formation active d'une conscience de classe. L'expérience est ainsi pour Thompson un lieu de transformation de l'idéologie dominante et de subjectivation politique (Bolmain 2014). Aussi, pour le

---

[11] Dans la recherche française, ce point a également été soulevé par Geneviève Sellier (2005), à propos de la dimension genrée de l'opposition culture d'élite/culture de masse ; et par Michèle Mattelart (1982, p. 12), qui soutient que dès les années 1920, les femmes sont devenues « un axe essentiel d'organisation de [la] programmation [médiatique] ». Mattelart souligne par ailleurs la « fonction » idéologique de ces programmes massivement destinés aux femmes, celle « d'intégrer la ménagère à sa tâche et à son rôle » (p. 13).

Women's Studies Group, l'analyse féministe ne saurait être épuisée par l'étude des dites « *déterminations objectives* », et il apparaît nécessaire de l'accompagner d'une perspective compréhensive [12], mais aussi d'une étude du versant psychique de l'oppression. Inspirée par les écrits de Juliet Mitchell, cette dernière voie prend forme dans des tentatives de croiser matérialisme et psychanalyse pour forger une théorie de l'idéologie qui tire pleinement les conséquences théoriques de la prise en compte de l'inconscient (Burniston *et al.* 2007 [1978]). Les lectures parallèles des travaux d'Althusser et de Lacan ouvrent alors un large débat sur le degré d'autonomie de l'idéologie vis-à-vis de la base matérielle. La querelle qui se noue entre 1977 et 1980 autour de cette question oppose deux hauts lieux du féminisme en Grande-Bretagne : d'un côté la revue *Screen* (Glasgow, 1969-) [13], de l'autre la revue du CCCS, *Working Papers in Cultural Studies* (Birmingham, 1970-1979). Rosalind Coward, qui défend la perspective de la revue *Screen*, lance l'offensive en critiquant la conception de l'idéologie soutenue par le CCCS, qu'elle voit alors comme « *réduite à la simple expression d'une position ou d'un intérêt de classe* » (1977, p. 76), malgré le positionnement des membres du CCCS en pourfendeurs du réductionnisme économique. David Morley (2005 [1980]) contre-attaquera en relevant la tendance de la « *screen theory* » à totalement abstraire les publics de la formation sociale historiquement déterminée dans laquelle ils se situent ; tandis que Stuart Hall critiquera le structuralisme lacanien adopté par *Screen* qui, en situant le patriarcat dans le domaine du symbolique, vouerait toute lutte féministe à l'échec (2005 [1980], p. 152). Toutefois, la tension

[12] Celle-ci se concrétisera dans les années 1980 dans des travaux mettant l'idéologie des discours médiatiques à l'épreuve de leur réception par les publics. Voir par exemple Morley et Brunsdon (1999 [1978 et 1980]) ; ainsi que Radway (1984).

[13] La revue a marqué le paysage intellectuel britannique en appliquant les thèses althussérienne et lacanienne au cinéma, selon une définition de ce dernier comme appareil idéologique (patriarcal) interpellant les publics et les constituant en sujets (genrés). Dans le domaine des études cinématographiques internationales, on connaît cette conception du cinéma sous le nom de « *screen theory* ». Elle a donné lieu à des analyses féministes du cinéma désormais classiques, notamment celles de Laura Mulvey (1977) ou de Teresa de Lauretis (1980).

entre les deux revues se noue surtout autour de la question du sujet : alors que la revue *Screen* a clairement adopté une perspective althussérienne anti-humaniste où le sujet n'apparaît que comme un 'effet' de la structure idéologique, le CCCS est quant à lui déchiré par cette question. Au sein du champ des *cultural studies*, les tenant·e·s d'Althusser se confrontent aux 'matérialistes culturel·le·s' de tradition humaniste, aux premiers rangs desquel·le·s Thompson, qui publie en 1978 un pamphlet anti-althussérien. Les un·e·s mettent l'accent sur les sujets actifs de l'histoire, les autres sur le processus d'interpellation ; tandis que le Women's Studies Group, partagé entre la volonté de rendre compte de l'expérience vécue de l'oppression et de sa dimension subjectivante, tente de tenir les deux bouts.

Positions (féministes)

Ce rapide passage en revue du contexte intellectuel au sein duquel Barrett et McIntosh écrivent leur recension des travaux de Delphy permet de comprendre la complexité de leur position, marxiste au sens strict certes, mais plutôt hétérodoxe, traversée de part en part par l'urgence ressentie de rendre compte du fonctionnement de l'idéologie, de son rôle dans la constitution du sujet, et de sa puissance singulière de détermination. Le débat britannique de cette époque permet de regarder sous un jour nouveau le féminisme matérialiste français tel que le conçoit alors Delphy.

Le féminisme matérialiste français a une forme historiquement spécifique qu'on ne saurait délier, par exemple, du rôle central du Parti communiste dans le débat politique français (Fougeyrollas-Schwebel 2005), de l'influence alors toute relative des écrits de Gramsci ou encore des clivages que suscitent la relecture de Marx et la 'correction' du marxisme engagées par Althusser. À la lumière des options défendues par le Women's Studies Group, on peut s'interroger sur certains des choix stratégiques opérés par le féminisme matérialiste français. On relèvera par exemple le fait, dans le contexte du post-fordisme et de la montée de la consommation de masse, d'avoir accordé une place prépondérante aux rapports de production plutôt qu'aux rapports de consommation [14] ; mais aussi d'avoir progressivement délaissé certains aspects de la question de l'idéologie, notamment celle de son actualisation concrète au travers de moyens de communication qui n'ont pourtant cessé de s'industrialiser et de saturer l'expérience. L'analyse de l'idéologie (du genre) dans la culture de masse a ainsi bien peu préoccupé le féminisme matérialiste français — un reproche que Delphy a d'ailleurs elle-même adressé aux marxistes français [15]. Enfin, constitué dans l'opposition à Psychépo [16], le féminisme matérialiste français a pu parfois abandonner la question de la subjectivité à la psychanalyse et n'a eu de cesse de repousser ses ennemies intimes du Mouvement dans la sphère honnie de l'essentialisme et de l'idéalisme. Il faut toutefois souligner que ces « *scissions qui s'opèrent sont aussi des positions différentes prises au sein des débats marxistes de l'époque* » (Fougeyrollas-Schwebel 2005, p. 16). De façon intéressante, dans la Grande-Bretagne des années 1970, il ne s'agit pas de taxer le courant concurrent d'idéalisme, c'est même l'anathème inverse qui fait recette : sous l'influence d'Althusser, on fait surtout la chasse au réductionnisme économique et aux variantes diverses du 'matérialisme vulgaire'. Cette situation n'est pas si étonnante si l'on reconnaît l'influence des *cultural studies* dans le contexte intellectuel de l'époque.

Le poids des *cultural studies* dans la définition des termes du débat féministe lui-même, en Grande-Bretagne mais aussi aux États-Unis, ne saurait être négligé. La synthèse théorique accomplie sous leur égide, entre matérialisme culturel et structuralisme,

---

[14] Bien que l'article de Delphy intitulé « Famille et consommation » (2002, p. 75-98) permette de relativiser ce point.

[15] « Certes [les marxistes dans l'Université française] dénoncent les postulats réactionnaires et l'idéologie capitaliste partout où ils les voient ; mais d'abord ils aiment de préférence les débusquer dans d'autres travaux scientifiques plutôt que dans la production idéologique destinée au grand public. » (Delphy 2001d [1981], p. 235).

[16] 'Psychépo' est l'abréviation de Psychanalyse et politique. Il s'agit de l'une des tendances du Mouvement de libération des femmes (MLF). Celle-ci se distingue notamment des tendances 'féministes révolutionnaires' et 'lutte de classe'. Portée par Antoinette Fouque, elle entremêle le maoïsme et la pensée lacanienne pour envisager l'émergence d'une autre différence des sexes et d'un autre sujet féminin hors la loi patriarcale.

sera l'une des sources au sein desquelles nombre de féministes anglophones de premier plan puiseront une part de leur inspiration. Ainsi, dans la célèbre controverse entre Nancy Fraser (1997) et Judith Butler (2001 [1997]), dans laquelle cette dernière conteste l'idée selon laquelle « *la gauche* » aurait basculé dans une politique « *simplement culturelle* » et éloignée des enjeux matériels, Butler souligne explicitement l'importance du « *déplacement du modèle base/superstructure proposé par Althusser* [et des] *diverses formes de matérialisme culturel* » (*ibid.* p. 204) [17]. Elle voit d'ailleurs dans l'opposition entre politique de la reconnaissance (culturelle) et politique de la redistribution (économique) la résurgence d'une vieille lune du marxisme orthodoxe qu'auraient déjà décrochée les *cultural studies* [18].

La querelle entre Delphy, Barrett et McIntosh ne peut être réduite à une opposition entre marxiennes et marxistes ; tout comme celle qui se nouera plus d'une décennie après entre féminismes matérialiste et poststructuraliste ne peut être simplifiée en une polémique entre matérialistes et idéalistes ('postmodernes' [19]). Elles illustrent plutôt un conflit relatif à la conception même du matérialisme pour le(s) féminisme(s) qui s'en réclame(nt). Althusser joue de toute évidence un rôle central dans ce conflit et ses thèses hantent de part en part la tension entre les théories féministes poststructuraliste et matérialiste.

---

[17] Nancy Fraser, à l'évidence, s'oppose à la manière même dont Butler présente le débat, dans la mesure où son propre cadre théorique « rejette les distinctions orthodoxes entre 'base' et 'superstructure', oppressions 'primaire' et 'secondaire', et remet en cause la primauté de l'économique » (Fraser 1997, p. 280).

[18] On notera aussi que dans l'introduction de 1999 à *Trouble dans le genre*, Butler se situe à la croisée du poststructuralisme, des *cultural studies* et de la théorie critique (2005 [1990], p. 28). Étonnamment, dans la réception de ses travaux en France, il a bien peu été question de ces deux dernières affiliations. Si les lectures croisées de Butler et Foucault, Derrida ou Lacan sont légions, les points de convergence et divergence de sa pensée avec celle de matérialistes tels que Stuart Hall ou Theodor Adorno ont plus rarement été soulignés (voir toutefois Varikas 2004).

[19] Le terme est régulièrement employé dans le débat féministe pour disqualifier d'emblée une position adverse. Judith Butler le souligne d'ailleurs et relève les contours définitionnels flous du terme, avec lequel elle n'identifie pas ses travaux (Butler 1992, p. 3-21).

Spectres d'Althusser

« *La matière se dit en plusieurs 'sens'* », trouvait-on en 1976 sous la plume d'Althusser qui reprenait là Aristote, ou plutôt « [...] *elle existe sous différentes modalités, toutes enracinées en dernière instance dans la matière 'physique'* » (2011 [1970], p. 292).

Il est loisible de penser que les propositions d'Althusser, et les ambiguïtés qu'elles ont pu charrier, font résonner un bruit sourd dans les théories féministes contemporaines. À commencer par cette reconnaissance de la polysémie de la notion de matière, qui accompagne la présentation de sa célèbre thèse selon laquelle « *l'idéologie a une existence matérielle* ». Une telle ouverture de la potentialité de la 'matière' et des modalités de la 'matérialité' n'est sans doute pas étrangère à la double faillite imputée à la théorie du genre de Butler (Möser 2013, p. 177-190). Accusée *deux fois*, depuis des positions différentes, de ne pas être suffisamment attentive à la 'matérialité', Butler se voit reprocher de ne pas ancrer sa théorie du discours dans une critique de l'économie politique ; mais aussi de ne pas avoir prêté suffisamment attention à la matière physique du corps au-delà de sa constitution dans et par le discours [20]. Si le trouble dans la matière est déjà présent chez Althusser, et ouvre en partie la voie à une théorie matérialiste du discours [21], son spectre plane aussi sur la performativité. Ne retrouve-t-on pas l'idée du 'procès sans sujet' dans la conception butlérienne du genre comme itération performative dénuée de sujet, une pure agentivité sans

[20] *Ces corps qui comptent* (Butler 2009 [1993]) constitue une réponse à cette seconde critique. Le titre original, *Bodies that Matter*, comporte d'ailleurs un jeu de mot difficile à rendre en français qui souligne à la fois l'importance du corps et sa matière.

[21] Cette voie sera notamment empruntée par Ernesto Laclau et Chantal Mouffe (2009 [1985]) qui, en radicalisant les positions d'Althusser et de Gramsci, proposent une théorie « postmarxiste » de l'hégémonie. Celle-ci accorde une place centrale à la notion de discours, Laclau et Mouffe récusant la distinction entre discursif et non-discursif. Ils considèrent cette distinction comme infondée car « tout objet se présente comme un objet du discours » (*ibid.*, p. 198) ; ce qui ne revient pas à céder à un quelconque idéalisme mais, au contraire, à considérer qu'aucun objet ne peut être constitué en tant que tel en dehors de conditions d'émergence discursives.

ontologie ? Si je ne m'explique pas qu'on ait pu imaginer que la théorie de Butler soit 'volontariste' [22], la disparition du sujet n'est pas sans soulever d'importantes questions pour la pratique politique, et les risques potentiels de son formalisme doivent à l'évidence être pesés. Que reste-t-il de la densité de l'expérience, de sa texture phénoménologique, une fois le sujet évanoui ou la singularité de son vécu réduite à un « *scintillement de surface* » [23] ? Ce n'est toutefois pas sur ce point que s'appuient les critiques de Delphy (2001c [1996]) ou de Mathieu (1994). La question de l'absence de détermination économique semble beaucoup plus centrale [24]. Le pas de côté qu'a accompli Althusser avec le concept d'articulation, qui lui permet de penser l'agencement de structures économique, idéologique et politique vues comme relativement autonomes (c'est-à-dire étant chacune porteuse de sa propre causalité), constitue sans aucun doute la toile de fond théorique de Butler. Il s'agit là toutefois non pas tant d'une 'dématérialisation' que d'un type de matérialisme hétérodoxe, refusant d'accorder un primat *théorique* à l'économique. À propos de la prévalence de l'économique dans l'orthodoxie marxiste, Lukàcs notait d'ailleurs, non sans malice, que l'idée d'une primauté de la base matérielle pouvait elle-même être comprise (selon ce même point de vue marxiste) comme un effet historique du mode de production capitaliste (Valle Alcalá 2010).

Du point de vue du féminisme matérialiste, il manquerait aussi à la théorie de Butler la dimension de l'historicité, indispensable à la compréhension d'un antagonisme qui, sur le plan

---

[22] Delphy écrit par exemple : « Pour [Linda Alcoff et Judith Butler], si le genre est un construit social, cela signifie que les femmes n'existent pas — n'existent pas 'réellement' : que c'est une vision du monde à laquelle chaque personne *est libre d'adhérer ou non* » (2001c [1996], p. 338, mes italiques).

[23] L'expression est de Michel Foucault, elle est tirée du film de Philippe Calderon, *Foucault par lui-même* (France, 2003). Eve Kosofsky Sedgwick (2003) et Sara Ahmed (2006) ont toutes deux, à leur façon, emprunté des voies de traverse pour penser cette question.

[24] Stevi Jackson (2001, p. 291), proche de l'école française du féminisme matérialiste, mobilise un argument fonctionnaliste pour étayer cette critique : « Les approches culturelles (celle de Butler et d'autres) ignorent […] les fondements sociaux structurels du genre, qui permettent d'expliquer pourquoi il existe sous forme actuelle. »

analytique, précède la division des sexes en unités discrètes (Delphy 2001b [1991], p. 251). L'effacement de l'histoire est en effet perceptible dans *Trouble dans le genre*. Si Butler inscrit la performativité du genre dans une certaine temporalité — celle d'une répétition, de citations par corps des normes régulatrices — celle-ci ne se situe pas dans une historicité plus large. Il y a bien une *rythmique* du rapport de genre, mais il échappe au concert de l'histoire. On retrouve la marque du structuralisme : la prévalence de la synchronie sur la diachronie qui fait dire que les 'structures' sont sans histoire. C'est bien entendu un trait commun aux écrits de Butler et d'Althusser, ce dernier ayant souligné la temporalité de la formation sociale, notamment en définissant la « *surdétermination* » comme le moment lors duquel les relations entre les pratiques qui forment les structures s'accordent au *rythme* d'une structure donnée (Gordy 1983).

La liquidation de l'histoire évacue du même coup, chez Butler, la question de l'origine des normes qui régulent les performances de genre (Jackson 2001, p. 290) ; chez Althusser, celle de l'origine des structures de la formation sociale. C'est là un point de clivage majeur avec le féminisme matérialiste de Delphy, de type génétique, qui vise à expliquer les causes de l'oppression. Cette modalité du matérialisme se situe aux antipodes de la perspective d'Althusser, qui a dirigé ses efforts dans le sens d'une « *théorie non génétique du surgissement historique* » (Althusser 1997 [1967], p. 217) contre une conception marxiste qu'il juge téléologique et donc peu en prise avec l'inattendu de l'événement. Comme l'écrit Daniel Bensaïd (1999, p. 13), l'idée « *d'une théorie de la conjoncture comme unité de multiples déterminations fascine* [Althusser] » ; une fascination qu'il poussera au bout de sa limite, dans ses derniers écrits, avec la thèse du « *matérialisme aléatoire* ». Cette insistance sur la contingence, qui ouvre radicalement les potentialités historiques, est tout à fait centrale dans les féminismes qui trouvent leur inspiration dans les *cultural studies*. Ce domaine de recherche a en effet développé une forme de « *conjoncturalisme radical* » qui explique en partie la plasticité de son projet critique et sa capacité à engager des « *tournants théoriques* » en fonction de la conjoncture [25] (Grossberg 2010 ; Cervulle, Quemener 2015).

Si comme je le postule ici l'héritage althussérien constitue bien un point d'achoppement entre des traditions féministes situées des deux côtés de la Manche et de l'Atlantique, alors les tensions potentielles sont nombreuses, au-delà de celles que nous avons pu relever ici. Il y a aussi, chez Althusser, la dissolution de la praxis dans la pratique théorique ; ou les errements épistémologiques dans la définition d'une hypothétique « *coupure épistémologique* » entre science et idéologie [26]... sans parler du meurtre de son épouse Hélène Rytmann, qui fit d'Althusser un « *sujet sans procès* » (Marty 1999). Sans doute ce meurtre commis en 1980 a-t-il joué un rôle dans l'impossibilité (politique) pour les féministes matérialistes françaises de discuter clairement des implications des thèses d'Althusser. Aussi cet impossible pourrait-il être compris comme l'une des conditions du dialogue manqué entre les féminismes matérialiste et poststructuraliste ; et donc l'une des conditions de l'interprétation erronée de la querelle qui renverrait négligemment les féministes poststructuralistes et *queer* du côté de l'idéalisme naïf. Ce qui peut parfois être perçu comme une 'déviation' vis-à-vis du matérialisme n'est bien souvent que la manifestation de la crise d'un certain marxisme orthodoxe qu'a célébré et entretenu Althusser lui-même [27].

Embrasser la contradiction

Au-delà du 'cas' Althusser, l'influence décisive des *cultural studies* dans le contexte britannique des années 1970 permet de comprendre la froide réception des travaux de Delphy, liée à des conceptions différentes de la détermination. Si les actuali-

---

[25] Je pense ici au développement exponentiel des '*studies*' dans le contexte anglophone, à partir des années 1980, dont les *cultural studies* constituent la matrice épistémologique.

[26] Un point que critiquera Delphy (2001d [1981], p. 237), sans mentionner directement Althusser.

[27] Je fais ici référence à un texte d'Althusser de 1978, qui s'ouvre sur ces mots : « Enfin la crise du marxisme a éclaté ! ».

sations contemporaines du féminisme matérialiste restent souvent arc-boutées sur la détermination économique, les féminismes hybrides qui ont croisé le trajet intellectuel des *cultural studies* ne cessent quant à eux de démultiplier — de faire proliférer, dirait Butler — les dimensions perçues des rapports sociaux et les domaines d'exercice de la critique féministe. Le retour sur différentes controverses qui ont joué un rôle structurant au sein du champ théorique féministe international invite à ne pas se satisfaire des frontières internes qui cloisonnent parfois les 'courants'. Bien entendu, il ne s'agit pas ici de plaider pour une tiède réconciliation ou pour une synthèse hégélienne qui dissoudrait la contradiction. La compréhension de la permanence et de la recomposition du genre requiert une pleine appréhension de sa face matérielle *et* de sa face idéelle, aussi bien qu'une imagination conceptuelle continue. L'exploration des contradictions du champ féministe en est la condition.

Références

Ahmed Sara (2006). *Queer Phenomenology. Orientations, Objects, Others*. Durham, Duke University Press.

Althusser Louis (1994 [1978]). « Marx dans ses limites ». In *Écrits philosophiques et politiques, tome 1*. Paris, Stock/Imec.

— (1997 [1967]). « Sur Feuerbach ». In *Écrits philosophiques et politiques, tome 2*. Paris, Stock.

— (2011 [1970]). « Idéologie et appareils idéologiques d'État (Notes pour une recherche) ». In Althusser Louis. *Sur la reproduction*, Paris, Puf.

Anderson Perry (1977). *Sur le marxisme occidental*. Paris, Maspéro [trad. fr. Dominique Letellier et Serge Niémetz ; éd. originale (1976). *Considerations on Western Marxism*. London, NLB].

Barrett Michèle (1986 [1980]). *Women's Oppression Today. Problems in Marxist Feminist Analysis*. London, Verso.

Barrett Michèle, McIntosh Mary (1979). "Christine Delphy: Towards a Materialist Feminism?". *Feminist Review*, n° 1.

Bensaïd Daniel (1999). « Un univers de pensée aboli. Avant-propos ». In Avenas Denise, Bensaïd Daniel, Brohm Jean-Marie *et al. Contre Althusser, pour Marx*. Paris, Éd. de la Passion.

Bland Lucy, Brunsdon Charlotte, Hobson Dorothy, Winship Janice (2007 [1978]). "Women 'inside and outside' the Relations of Production". In Women's Studies Group.

Bolmain Thomas (2014). « Sur le concept de classe dans *La formation de la classe ouvrière anglaise*, et au-delà ». *Cahiers du GRM*, n° 5 [en ligne : https://grm.revues.org/418].

Bourcier Marie-Hélène (2005). « Material girl en guerre contre Madonna et le *queer* : le '*woman-identified*' lesbianisme radical en France de 2002 à 1980 ». In Bourcier Marie-Hélène. *Sexpolitiques. Queer Zones 2*. Paris, La Fabrique.

Brunsdon Charlotte (1996). "A Thief in the Night. Stories of Feminism in the 1970s at CCCS". In Morley David, Hsing-Chen Kuan (eds). *Stuart Hall. Critical Dialogues in Cultural Studies*. London & New York, Routledge.

Burniston Steve, Mort Frank, Weedon Christine (2007 [1978]). "Psychoanalysis and the Cultural Acquisition of Sexuality and Subjectivity". In Women's Studies Group.

Butler Judith (1992). "Contingent Foundations: Feminism and the Question of 'Postmodernism'". In Butler Judith, Scott Joan W. (eds). *Feminists Theorize the Political*. London & New York, Routledge.

— (2001 [1997]). « Simplement culturel ? ». *Actuel Marx*, n° 30 [trad. fr. Brigitte Marrec].

— (2005 [1990]). *Trouble dans le genre. Le féminisme et la subversion de l'identité*. Paris, La Découverte [trad. fr. Cynthia Kraus ; éd. originale. *Gender Trouble. Feminism and the Subversion of Identity*. New York, Routledge].

— (2009 [1993]). *Ces corps qui comptent. De la matérialité et des limites discursives du « sexe »*. Paris, Éd. Amsterdam [trad. fr. Charlotte Nordmann ; éd. originale. *Bodies that Matter. On the Discursive Limits of Sex*. New York, Routledge].

Cervulle Maxime (2016). « Le Centre for Contemporary Cultural Studies de Birmingham. Une pratique critique collective entre crises et contradictions ». In Bouyahia Malek, Freitas Franck, Ramdani Karima (eds). *Encoder le réel, décoder le culturel : l'actualité de Stuart Hall*. Paris, La Dispute, à paraître.

Cervulle Maxime, Quemener Nelly (2015). *Cultural Studies : théories et méthodes*. Paris, Armand Colin.

Coward Rosalind (1977). "Class, 'Culture' and the Social Formation". *Screen*, vol. 18, n° 1.

Delphy Christine (1976). "Continuities and Discontinuities in Marriage and Divorce". In Leonard Barker Diana, Allen Sheila (eds). *Dependence and Exploitation in Work and Marriage*. London, Longman.

— (1977). *The Main Enemy: A Materialist Analysis of Women's Oppression*. London, WRRC Publications.

— (1998 [1975]). « Pour un féminisme matérialiste ». In *L'ennemi principal, vol. 1, Économie politique du patriarcat*. Paris, Syllepse.

— (2001a [1982]). « Un féminisme matérialiste est possible ». In *L'ennemi principal, vol. 2, Penser le genre*. Paris, Syllepse.

— (2001b [1991]). « Penser le genre : problèmes et résistances ». In *L'ennemi principal, vol. 2, Penser le genre*. Paris, Syllepse.

— (2001c [1996]). « L'invention du 'French Feminism' : une démarche essentielle ? ». In *L'ennemi principal, vol. 2, Penser le genre*. Paris, Syllepse.

— (2001d [1981]). « Le patriarcat, le féminisme et leurs intellectuelles ». In *L'ennemi principal, vol. 2, Penser le genre*. Paris, Syllepse.

Engels Friedrich (1972 [1890]). « Lettre à Joseph Bloch ». In Marx Karl, Engels Friedrich. *Sur la religion*. Paris, Éditions sociales.

Fougeyrollas-Schwebel Dominique (2005). « Controverses et anathèmes au sein du féminisme français des années 1970 ». *Cahiers du genre*, n° 39.

Franklin Sarah, Lury Celia, Stacey Jackie (eds) (1991). *Off-Centre: Feminism and Cultural Studies*. London, Harper Collins.

Fraser Nancy (1997). "Heterosexism, Misrecognition, and Capitalism: A Response to Judith Butler". *Social Text*, n° 52-53.

Gordy Michael (1983). "Reading Althusser: Time and the Social Whole". *History and Theory*, vol. 22, n° 1.

Grossberg Lawrence (2010). *Cultural Studies in the Future Tense*. Durham, Duke University Press.

Guillaumin Colette (1978). « Pratique du pouvoir et idée de Nature (2). Le discours de la Nature ». *Questions féministes*, n° 3.

Hall Stuart (2005 [1980]). "Recent Developments in Theories of Language and Ideology: A Critical Note". In Hall Stuart, Hobson Dorothy, Lowe Andrew, Willis Paul (eds). *Culture, Media, Language*. London, Routledge.

— (2007a [1980]). « Les *Cultural Studies* et leurs fondements théoriques ». In *Identités et cultures. Politiques des* Cultural Studies. Édition établie par Maxime Cervulle ; trad. fr. Christophe Jaquet. Paris, Éd. Amsterdam.

— (2007b [1992]). « *Cultural Studies* : deux paradigmes ». *Identités et cultures. Politiques des* Cultural Studies. Édition établie par Maxime Cervulle ; trad. fr. Christophe Jaquet. Paris, Éd. Amsterdam.

Harrison Rachel (2007 [1978]). "Shirley: Relations of Reproduction and the Ideology of Romance". In Women's Studies Group.

Jackson Stevi (1999). « Théoriser le genre : l'héritage de Beauvoir ». *Nouvelles questions féministes*, vol. 20, n° 4.

— (2001). "Why a Materialist Feminism is (Still) Possible – and Necessary". *Women's Studies International Forum*, vol. 24, n° 3-4.

Kergoat Danièle (2012). *Se battre, disent-elles*... Paris, La Dispute.

Laclau Ernesto, Mouffe Chantal (2009 [1985]). *Hégémonie et stratégie socialiste. Vers une politique démocratique radicale*. Paris, Les Solitaires intempestifs [trad. fr. Julien Abriel].

Landry Donna, MacLean Gerald (1993). *Materialist Feminisms*. Cambridge, Mass., Blackwell.

Lauretis (de) Teresa (1980). "Through the Looking Glass". In de Lauretis Teresa, Heath Stephen (eds). *The Cinematic Apparatus*. London, Macmillan.

— (1987). *Technologies of Gender. Essays on Theory, Film, and Fiction*. Bloomington, Indiana University Press.

Leonard Diana, Adkins Lisa (2005 [1996]). "Reconstructing French Feminism: Commodification, Materialism and Sex". In Leonard Diana, Adkins Lisa (eds). *Sex in Question. French Materialist Feminism*. London, Taylor & Francis.

Marty Éric (1999). *Louis Althusser, un sujet sans procès. Anatomie d'un passé très récent*. Paris, Gallimard.

Mathieu Nicole-Claude (1971). « Notes pour une définition sociologique des catégories de sexe ». *Épistémologie sociologique*, n° 11.

— (1994). « Dérives du genre/stabilité des sexes ». In Dion Michel (ed). *Madonna. Érotisme et pouvoir*. Paris, Kimé.

Mattelart Michèle (1982). *Les femmes et les industries culturelles*. Paris, UNESCO, Dossier documentaire n° 23.

McRobbie Angela (1978). *'Jackie': An Ideology of Adolescent Femininity*. Birmingham, Centre for Contemporary Cultural Studies, CCCS Stencilled Papers.

Millum Trevor (1975). *Images of Woman. Advertising in Women's Magazine*. London, Chatto & Windus.

Morley David (2005 [1980]). "Texts, Readers, Subjects". In Stuart Hall, Dorothy Hobson, Andrew Lowe, Paul Willis (eds). *Culture, Media, Language*. London, Routledge.

Morley David, Brunsdon Charlotte (1999 [1978 et 1980]). *The Nationwide Television Studies*. London & New York, Routledge.

Möser Cornelia (2013). *Féminismes en traductions. Théories voyageuses et traductions culturelles*. Paris, Éd. des Archives contemporaines.

Mulvey Laura (1977). "Visual Pleasure and Narrative Cinema". *Screen*, vol. 16, n° 3.

Radway Janice (1984). *Reading the Romance. Women Patriarchy and Popular Literature*. Chapel Hill, The University of North Carolina Press.

Rédaction d'*Agone* (2010). « Ce que le tournant postmoderne a fait au féminisme ». *Agone*, n° 43.

Sedgwick Eve Kosofsky (2003). *Touching Feeling. Affect, Pedagogy, Performativity*. Durham, Duke University Press.

— (2008 [1990]). *Épistémologie du placard*. Paris, Éd. Amsterdam [trad. fr. Maxime Cervulle ; éd. originale. *Epistemology of the Closet*. Berkeley, University of California Press].

Sellier Geneviève (2005). « *Gender Studies* et études filmiques ». *Cahiers du genre*, n° 38.

Thompson Edward Palmer (2012 [1963]). *La formation de la classe ouvrière anglaise*. Paris, Points [trad. fr. Gilles Dauvé, Mireille Golaszewski et Marie-Noëlle Thibault].

— (2015 [1978]). *Misère de la théorie. Contre Althusser et le marxisme anti-humaniste*. Paris, L'Échappée [trad. fr. Alexia Blin, Anthony Burlaud, Yohann Douet *et al.*].

Valle Alcalá (del) Roberto (2010). "Toward Cultural Materialism: Criticism and Hegemony in Raymond Williams". *Estudios Ingleses de la Universidad Complutense*, vol. 18.

Varikas Eleni (2004). « 'Choses importantes et accessoires'. Expérience singulière et historicité du genre ». *Tumultes*, n° 23.

Williams Raymond (1960 [1958]). *Culture and Society, 1780-1950*. New York, Anchor Books.

— (1977 [1958]). *Marxism and Literature*. London & New York, Oxford University Press.

— (2005 [1971]). "Literature and Sociology: In Memory of Lucien Goldmann". In Williams Raymond. *Culture and Materialism*. London, Verso.

— (2009 [1973]). « Base et superstructure dans la théorie culturelle marxiste ». In Williams Raymond. *Culture et matérialisme*. Paris, Les Prairies ordinaires [trad. fr. Nicolas Calvé et Étienne Dobenesque].

Women's Studies Group (2007 [1978]). *Women Take Issue: Aspects of Women's Subordination*. London & New York, Routledge.

Postpostmodernisme ? Théoriser la complexité sociale [1]

Sylvia Walby

Résumé

L'article « Postpostmodernisme ? Théoriser la complexité sociale » a été publié pour la première fois en 1992, conjointement à une série d'autres sur les développements de la théorie féministe. Il note les difficultés des théories sociales traditionnelles à rendre compte, notamment, des processus sociaux à grande échelle, mais récuse les réponses offertes par les post-modernistes. Sont mis en exergue la nécessité d'une perspective globale — point qui n'est pas repris ici — et le besoin permanent de théoriser le changement social pris dans son ensemble, en termes de classe et d'inégalité. Cet article a joué un rôle précurseur dans les productions récentes sur la théorie de la complexité.

POSTMODERNISME — PATRIARCAT — THÉORIES DE LA COMPLEXITÉ SOCIALE — INÉGALITÉS (DE SEXE, RACE, CLASSE)

Dans le domaine de la théorie sociale, le postmodernisme a mis à mal les théories globalisantes du patriarcat, du racisme et du capitalisme en faisant éclater l'unité supposée de chacun des

[1] Cette communication a été présentée initialement à la conférence annuelle de l'American Sociological Association à San Francisco, en 1988. Je tiens à remercier les organisateurs de la session et ses participants pour leurs commentaires utiles, ainsi que Celia Lury ; Michèle Barrett et Anne Phillips, les éditrices de l'ouvrage *Destabilizing Theory: Contemporary Feminist Debates* (1992).

concepts sexe, 'race' [2] et classe. L'approche postmoderniste revêt une double dimension : c'est à la fois un mode de théorisation et une forme d'analyse substantielle des phénomènes sexués, ethniques et de classe. Cette réaction contre le goût des modernistes de réduire la complexité du monde social au travers d'élégantes formules dépouillées est compréhensible, vu le caractère parfois simpliste de leur démarche et leur propension à nier certaines différences de poids. Dans ce qui suit, je montrerai néanmoins que cette fragmentation va trop loin car elle revient à sous-estimer les assises du pouvoir et conduit à un empirisme pur et simple.

Une part emblématique du projet postmoderniste consiste à fragmenter les concepts macro-analytiques dans la théorisation de la 'race', du genre et de la classe. Et la tendance récente a été d'affirmer que chacune de ces catégories est trop différenciée pour être mobilisée comme concept global. Cette argumentation s'applique parfois à d'autres catégories : les femmes, par exemple, seraient par trop divisées au plan ethnique pour que le concept 'femmes' s'avère utile (Anthias, Yuval-Davis 1983 ; hooks 1984). Parfois, le propos est plus général : la somme des différences entre femmes serait trop élevée pour que le recours au concept de 'patriarcat' se justifie (Barrett 1980 ; Rowbotham 1981). Concernant la 'race' et l'ethnicité, il importerait de distinguer finement les groupes ethniques car la division entre Noirs et Blancs est moins éclairante qu'il n'y paraît puisqu'à l'évidence, certaines minorités ethniques sont moins discriminées que d'autres. À propos de la classe, certains clivages liés à la consommation — notamment le logement, selon qu'on est propriétaire ou locataire — seraient de meilleurs indicateurs politiques et de vote que les divisions sociales 'classiques' se rapportant aux moyens de production (Saunders 1990). La dimension postmoderniste de la théorie sociale met l'accent sur la complexité et récuse la cohérence de concepts analytiques classiques tels que 'femmes', 'classe' et 'race'.

Le postmodernisme a des incidences théoriques majeures sur l'analyse sociale. Témoin l'argument quant au passage supposé d'un capitalisme organisé à un capitalisme désorganisé (Lash,

---

[2] NDLT. L'auteure utilise les guillemets.

Urry 1987 ; Offe 1987). D'après cette thèse, les divisions sociales propres au capitalisme ne se présenteraient plus en termes de classes au sein de la sphère productive, mais se seraient fragmentées et décentralisées sous l'effet de la 'consommation'. Un débat conjoint relatif à la flexibilisation croissante de la main-d'œuvre affirme pour sa part que l'utilisation flexible des diverses catégories de main-d'œuvre se substitue désormais au caractère monolithique des rapports de travail capitalistes (Piore, Sabel 1984 ; NEDO 1986). En Grande-Bretagne, la revue *Marxism Today* (1988) résume cette problématique sous le terme de 'temps nouveaux' (Hall, Jacques 1989).

Un autre usage du concept 'postmoderne' dans l'analyse sociale s'applique à des formes culturelles spécifiques, notamment en matière de conception architecturale. Je n'ai rien contre la distinction entre dessin moderniste et postmoderniste, laquelle oppose, entre autres, l'élégante simplicité des gratte-ciel modernistes aux pastiches enjoués postmodernistes qui mélangent divers types de styles architecturaux. Tel n'est pas mon propos ici. Mais le recours, en l'occurrence, au concept de 'postmoderne' n'est pas sans rapport avec son utilisation dans d'autres contextes.

Pour ma part, je mobilise en général le concept de 'postmoderne' pour évoquer des changements induisant une fragmentation à divers niveaux, qu'il s'agisse des fondements de la réalité sociale ou des façons de l'appréhender. Les uns et les autres ont, selon moi, des traits communs. Je ne dis pas que le postmodernisme découle tout bonnement du modernisme. Il se saisit plutôt d'un ensemble de thèmes courants dans les sciences sociales, qui se distinguent avant tout par la fragmentation. Nombre de plaidoyers ont insisté sur la réalité, voire la nécessité d'une telle fragmentation, tant d'un point de vue empirique qu'épistémologique. À mes yeux, ce mouvement est excessif.

Si les rapports sociaux de genre, de 'race' et de classe ont effectivement changé, si la notion de 'temps nouveaux' a un certain fondement à l'échelle mondiale et si le concept de 'flexibilité' s'avère parfois utile, l'argumentation postmoderniste va trop loin dans ses efforts pour désagréger les concepts de genre et de 'race' et pour présenter le capitalisme comme désorganisé. Le genre et la 'race', ou plus précisément, le patriarcat et le racisme demeurent de puissants ressorts sociaux, et le capitalisme n'a pas reculé, en dépit des nouvelles formes qu'il prend. Loin de penser que la 'race' (Wilson 1978), ou le patriarcat (Mann 1986 ; Turner 1987) revêtent une importance moindre, j'estime au contraire qu'ils demeurent source de profondes divisions sociales. Pour autant, je ne préconise pas un retour au cadre globalisant du marxisme traditionnel, lequel prétendait subsumer toutes les autres formes d'inégalité sociale sous celle de classe. Je rejette donc également ce discours méta-narratif. Car pour moi, on a affaire à une interaction entre les trois systèmes de 'race', classe et genre. Or la plupart des sociologues, malgré les appels à produire des analyses nuancées du changement social, ne traitent (au mieux) que de deux de ces trois dimensions — et souvent d'une seule.

Enfin, je suis favorable à une perspective internationale. Ni la classe, ni la 'race', ni le genre ne peuvent être appréhendés dans un seul pays. Nous vivons dans un système mondial, partiellement limité par les souverainetés nationales. Mais ce dernier ne repose pas uniquement sur le capitalisme — comme Wallerstein (1979) le prétendrait — mais également sur le racisme et le patriarcat [3].

Les concepts 'femme', 'race' et patriarcat à l'aune du postmodernisme

Femme et patriarcat

Dans le cadre des débats féministes, l'une des questions qui s'est posée fut de savoir si les concepts 'femme' et 'patriarcat' ont nécessairement une connotation essentialiste s'avérant problématique. Les critiques les plus virulentes s'en sont prises à la notion de 'patriarcat', qui renvoie implicitement à la théorie des inégalités de genre — la notion de 'femmes' se voyant elle aussi attaquée pour des raisons analogues. Le terme de 'patriarcat' est récusé car il confère une dimension universelle à l'oppression

[3] Note d'édition. La dernière partie de cet article, annoncée par ce paragraphe et intitulée « The International Dimension » n'a pas été traduite. La thèse énoncée constitue une des dimensions des recherches de Sylvia Walby. *Cf. Globalization and Inequalities: Complexity and Contested Modernities* (2009).

des femmes et ne permet pas de rendre compte du changement historique (Barrett 1980 ; Rowbotham 1981 ; Segal 1987). Les analyses recourant à ce concept sont présentées comme incapables de traiter des différences entre femmes, notamment en termes de classe et d'ethnicité. Ces critiques ne se limitent pas aux analyses féministes radicales qui l'utilisent, mais s'en prennent également aux théories marxistes ou libérales — les unes et les autres étant accusées de ne pas saisir correctement le sens des différences et des inégalités ethniques [4].

Une série de questions importantes pour l'analyse du genre découlent des travaux réalisés dans l'optique des femmes de couleur. D'une part, leur expérience du marché de l'emploi diffère de celle des femmes blanches, vu les structures racistes qui régissent le travail salarié. L'appartenance ethnique des unes et des autres implique de profondes différences dont il importe de tenir compte. D'autre part, le racisme et les différences ethniques supposent que les principales sources de l'exploitation des femmes peuvent varier selon la couleur de peau. Cela implique non seulement que les unes sont confrontées à un racisme que les autres ignorent, mais que le fondement même des inégalités de genre peut varier selon les cas. En témoigne la famille, traditionnellement présentée dans les analyses féministes blanches comme un lieu central, voire *le* lieu essentiel de l'oppression des femmes par les hommes. Or certaines féministes noires, telle hooks (1984) ont souligné que, dans la mesure où il s'agit pour les femmes noires d'un espace de résistance et de solidarité contre le racisme, on ne peut considérer la famille comme le principal ancrage des discriminations à leur égard, contrairement aux femmes blanches. D'où l'importance de ne pas généraliser l'expérience d'une part limitée des femmes (blanches, en l'occurrence) à celle des femmes dans leur ensemble. Enfin, l'intersection entre ethnicité et genre peut changer les rapports ethniques et de genre. Il est donc essentiel de tenir compte des discriminations ethniques et des ancrages différents de l'oppression des femmes selon les cas, mais également d'admettre que

[4] Voir à ce propos : Barrett, McIntosh (1979), Davis (1981), Joseph (1981), Moraga, Anzaldúa (1981), Carby (1982), hooks (1982), Parmar (1982), Amos, Parmar (1984), Brittan, Maynard (1984), Lees (1986).

les interactions spécifiques des rapports ethniques et de genre modifient la forme de ces derniers d'un point de vue historique.

Dans le champ des études culturelles, les poststructuralistes ont poussé encore davantage l'argumentation sur les différences entre femmes. Aux yeux de certaines féministes postmodernistes s'inspirant de l'approche déconstructionniste de Derrida (1976 [1967]), de l'analyse de discours de Foucault (1981 [1976]) et du postmodernisme de Lyotard (1984 [1979]), non seulement le concept de patriarcat est essentialiste, mais celui de 'femmes' l'est aussi, vu le manque d'homogénéité de cette catégorie. La revue *m/f*, par exemple, entendait montrer à la fois que la catégorie 'femmes' n'est pas homogène, et que les analyses fondées sur une dichotomie 'femmes'/'hommes' souffrent nécessairement d'une tare essentialiste : on a affaire, tout au contraire, à un ensemble de discours de féminités et de masculinités, historiquement et culturellement variables, qui se croisent et se chevauchent. Les notions 'femmes' et 'hommes' font place à des constructions sociales variables et changeantes dans le temps, dépourvues de cohérence et de stabilité [5].

Nombre de féministes poststructuralistes cherchent à explorer la variété des types de féminités et de masculinités. Il s'agit avant tout d'analyses portant sur les formes de représentations sexuées dans les productions culturelles telles que : films, littérature, magazines, peinture. Suivant en cela Derrida (1976 [1967]) et Foucault (1987 [1984]), ces auteures rompent avec les limites de la tradition freudienne et l'attention portée aux structures profondes de la psyché. Comme dans l'école lacanienne, l'accent est mis sur le langage et la subjectivité. On relève deux principaux types d'approches. L'une, dans la foulée de Derrida, met l'accent sur la 'différence', alors que l'autre, à l'instar de Foucault, est centrée sur le discours. Le concept de différence, chez Derrida, laisse peu d'espace théorique aux inégalités de pouvoir, alors que la notion de discours chez Foucault repose centralement sur le pouvoir lié au savoir (Barrett 1987). Les féministes s'efforcent de critiquer et de retravailler ces démarches, plutôt que de les adopter purement et simplement.

---

[5] À ce propos, voir notamment : Coward (1978), Barrett (1980, 1987), Weedon (1987), Alcoff (1988), Fraser, Nicholson (1988).

La veine déconstructionniste, propre à la revue *m/f*, vise à casser l'entité 'femmes' en raison de l'essentialisme qu'un tel concept revêt à ses yeux (Adams 1979). L'objectif est d'examiner comment cette catégorie est construite (Adams, Coward, Cowie 1978 ; Cowie 1978). Dans ses premiers travaux, Coward analyse à ce propos la multiplicité des discours sur la 'féminité' propres aux magazines féminins de l'époque — lesquels en offrent des images fort diverses (Coward 1978). Pour certains, tels *Womens's Own* et *Good Housekeeping*, la féminité se rapporte aux rôles familiaux — cuisine, nettoyage, garde des enfants. D'autres, tel *Cosmopolitan*, insistent sur la sexualisation du corps des femmes, en lien avec la réussite professionnelle et l'indépendance économique et sexuelle, alors que les rôles familiaux sont à peine évoqués. Dans *Cosmopolitan*, l'image *glamour* trouve un écho dans les publicités de produits tels que maquillage, savons ou lotions corporelles. Le film, *Emmanuelle*, lui, présente une autre forme de féminité : la sexualité féminine y est perçue au travers du regard voyeuriste d'un homme. Coward suggère que *Cosmopolitan* offre des définitions antagoniques de la sexualité féminine, alors que celle qu'incarne *Emmanuelle* est univoque.

Adams et Minson (1978) affirment que les 'femmes' ne sont pas le seul sujet du féminisme, puisqu'il s'agit d'un concept essentialiste. L'insistance mise à déconstruire la féminité récuse une quelconque utilité aux notions 'femmes' et 'hommes' en matière d'analyse sociale. Pour Barrett et Coward (1982), le but est tout simplement de nier leur existence en tant que catégories — comme si seules les représentations pouvaient être analysées.

Les critiques postmodernes ont marqué des points quant au danger potentiel de théoriser les inégalités de sexe de façon abstraite et globalisante. Toutefois, elles vont trop loin dans leur façon de fragmenter les questions d'identité et de pouvoir, ce qui affaiblit considérablement leur analyse des relations de genre. D'une part, elles négligent à l'évidence le contexte social des rapports de pouvoir (Alcoff 1988 ; Fraser, Nicholson 1988). Pour autant que la question du pouvoir soit posée, celui-ci est présenté comme totalement diffus, au point d'interdire toute analyse du degré d'oppression d'un groupe social par un autre. Ce qui, outre le faible accent mis sur les rapports économiques, rend les analyses de genre dans l'optique foucaldienne singulièrement flottantes. (La question du pouvoir n'est pas absente des analyses de Foucault dans la mesure où, pour lui, le savoir au fondement de chacun de ses discours constitue aussi du pouvoir, mais très diffus.)

D'autre part, les critiques postmodernes exagèrent en postulant l'impossibilité et la nature improductive de toute analyse des inégalités de genre. Si, potentiellement, les rapports de genre peuvent revêtir un nombre de traits infinis, ils s'avèrent fort récurrents dans les faits, et la continuité historique est très grande. Par-delà certaines variations, les signifiants 'femme' et 'homme' ont suffisamment de continuité historique et transculturelle pour que leur usage se justifie. Savoir si les rapports de genre offrent un modèle assez cohérent pour effectuer des généralisations sur un siècle ou deux, ou dans une optique transcontinentale, est une question accessoire. Alors que la réponse ne se situe pas à un niveau théorique, je dirais qu'en pratique, c'est possible. Les traits communs et les chevauchements sont assez nombreux pour que parler de patriarcat ait un sens.

Certes, les postmodernistes ont en partie raison de souligner que nombre de grands récits du patriarcat peinent à rendre compte des changements historiques et culturels. Mais nier toute causalité, comme ils le font, est inutilement défaitiste. Les problèmes induits par beaucoup de théories du patriarcat, loin d'être inéluctables, sont dus au fait qu'elles reposent sur un modèle simpliste de relations causales entre la base et la superstructure. Il n'est pas étonnant qu'une théorie d'ordre monocausal échoue à expliquer les différences et le changement. La solution consiste à proposer plusieurs types de causes possibles. J'ai développé ailleurs l'idée qu'il fallait concevoir le patriarcat comme reposant sur six structures, et non sur une seule, et appréhender les multiples formes qu'il revêt comme une conséquence de leur articulation variable (Walby 1990). Les six principales structures au fondement du patriarcat sont : le travail salarié, le travail domestique, la sexualité, la culture, la violence et l'État. Selon leur imbrication, on a affaire à divers modèles de patriarcat, et l'aptitude à repérer théoriquement ces différences est indispensable pour éviter tout réductionnisme ou tout essentialisme. Dans la variante privée du patriarcat, la principale structure en vigueur est le travail domestique, alors que dans sa variante publique, c'est le travail salarié et l'État — quand bien même l'influence des autres structures demeure sensible dans chacun des cas. Dans la variante privée, le principal mode d'expropriation est d'ordre individuel, par le mari ou par le père ; dans la variante publique, il est d'ordre collectif, par les hommes. Dans la variante privée, la stratégie se caractérise par l'exclusion ; dans la variante publique, par la ségrégation (pour une argumentation plus détaillée, voir Walby 1986).

Appliqué à la Grande-Bretagne des cent cinquante dernières années, le recours à ce modèle fait apparaître deux principales formes de patriarcat : le privé, fondé sur le travail domestique ; et le public, fondé sur la subordination des femmes dans la sphère publique. On retrouve ces formes à différentes périodes et dans divers groupes ethniques, et on relève un tournant historique, du public vers le privé. À l'ère contemporaine, les femmes asiatiques sont plus fréquemment soumises par le patriarcat privé, celles qui viennent d'Afrique ou des Caraïbes par le patriarcat public, les femmes blanches se situant entre les deux. Le type de subordination peut varier et renvoie parfois, mais pas toujours, à des degrés plus ou moins aigus de patriarcat. Ce point est important car il nous permet d'analyser les modèles spécifiques aux divers groupes ethniques sans que cela n'interfère avec la question de l'intensité du patriarcat. Par exemple, la présence de femmes dans la sphère publique, notamment dans le travail salarié, peut aller de pair avec davantage de libertés, mais ce n'est pas toujours le cas, et cela peut n'impliquer qu'une journée de travail plus longue. On y reviendra.

'Race'

Une argumentation analogue au discours postmoderniste sur le genre vaut également pour la 'race' : la distinction entre Noirs et Blancs serait trop simpliste et ne permettrait pas de saisir la diversité des expériences individuelles en fonction de l'appartenance à telle ou telle minorité (Anthias, Yuval-Davis 1983). Il faudrait donc distinguer les Afro-Caribéens des Asiatiques, et même subdiviser ces derniers entre hindous et musulmans car en Grande-Bretagne, ils viennent du sous-continent indien (Inde, Pakistan, Bengladesh), à la différence de nombreux Asiatiques américains d'origine chinoise ou japonaise. Le Conseil à l'égalité raciale de Grande-Bretagne propose quant à lui de distinguer trois catégories ethniques : Noirs, Asiatiques et Blancs. Des arguments similaires sont formulés aux États-Unis, où l'on distingue Noirs, Hispaniques et natifs indiens d'Amérique, avec parfois des subdivisions supplémentaires selon la nation d'origine.

Le même type de discours vaut pour la diversité d'expériences : certaines minorités ethniques 'réussiraient mieux' au plan éducatif et dans l'emploi. Il n'y aurait donc pas lieu de considérer le racisme comme source des handicaps touchant certains groupes ethniques, puisque d'autres peuvent 'réussir'. Là encore, la fragmentation des catégories ethniques revient à critiquer les écrits plus radicaux selon lesquels la situation désavantagée des minorités ethniques et des femmes s'explique avant tout par la discrimination. Or cela risque de déboucher une fois de plus sur une analyse en termes de différences plutôt que d'inégalités [6]. Certain·e·s spécialistes des divisions de classe opèrent une distinction supplémentaire en soulignant la réussite relative de certains membres de tel groupe ethnique aux dépens d'autres. Wilson notamment (1978 et 1987) insiste sur l'essor d'une classe moyenne noire, parallèlement à celui de la sous-classe des Noirs totalement démunis.

Classe

Deux principaux types d'arguments postmodernistes ont été avancés, concernant la classe. Premièrement, celle-ci ne constituerait plus le principal axe de division sociale et politique vu les processus de différenciation internes à chaque classe. Cette idée a notamment été formulée à propos des 'clivages de consommation', tels que le rapport au logement. Saunders (1990) affirme par exemple que l'aspiration à devenir propriétaire, plutôt que de rester locataire du secteur public, a des incidences très nettes sur les prises de position sociales et politiques.

Une autre thèse est celle des 'temps nouveaux', en particulier l'idée qu'au cours des dernières années, on est passé d'une forme

---

[6] Ces arguments ne devraient toutefois pas être exagérés. Gayatri Chakravorty Spivak, notamment, qui se situe dans cette mouvance, se montre extrêmement critique vis-à-vis des déconstructionnistes qui sous-estiment les inégalités de genre (Spivak 1987).

organisée à une forme désorganisée du capitalisme (Lash, Urry 1987 ; Offe 1987). Selon les auteurs, il est question : de passage d'une version corporatiste à une version postcorporatiste ; ou d'une version fordiste à une version postfordiste ; de flexibilisation du travail (NEDO 1986) ; de segmentation accrue des marchés de l'emploi (Edwards, Gordon, Reich 1975) ; de moindre homogénéité de la classe ouvrière et de ses organisations (Lash, Urry 1987) ; d'une nouvelle focale de la politique sur la consommation et non plus la production (Castells 1978 et 1983) ; et d'un changement de culture qui, de moderniste est devenue postmoderniste (Lyotard 1979). Mises bout à bout, ces thèses ont donné le jour à l'ensemble composite des 'temps nouveaux' (*Marxism Today* 1988 ; Hall, Jacques 1989). Bien qu'ils aient de nettes divergences sur une série de questions, les auteurs concernés se rejoignent sur divers points importants : l'idée que la négociation capital-travail de la moitié du XXe siècle, à l'origine de l'État-providence, s'est désintégrée ; la conviction que les clivages politiques et culturels sont de plus en plus complexes ; et celle que l'affrontement capital-travail autour de la production ne constitue plus l'axe central de la lutte politique.

Ce faisant, ils mettent le doigt sur quelque chose. Mais selon moi, leur insistance sur la fragmentation du capitalisme et leur incapacité à distinguer un modèle d'ensemble, hormis le processus de désintégration, résulte d'un défaut d'analyse concernant le genre et l'ethnicité. Si leur analyse théorique portait suffisamment là-dessus, ils verraient non pas une désorganisation, mais une nouvelle forme d'organisation combinant les dimensions de genre, d'ethnicité et de classe sur un mode quelque peu différent, mais pas au point de mériter le terme de 'désorganisation'. [...]

Le genre et l'ethnicité sont absents de la plupart de ces récits, hormis une note de bas de page ici ou là, même si certains considèrent que l'arrivée des femmes sonne le glas de la négociation corporatiste. La présumée nouvelle 'féminisation' de la main-d'œuvre, l'essor des soi-disant 'nouveaux mouvements sociaux' tels le féminisme, et le moindre degré d'homogénéité de la classe ouvrière et de ses organisations en seraient cause. Pourtant, les divisions d'ordre ethnique et de genre au sein de la main-d'œuvre ne sont pas chose nouvelle. Les femmes y ont toujours constitué une minorité discriminée. Les minorités ethniques d'origines diverses ont toujours constitué une part importante de la main-d'œuvre, non seulement aux États-Unis, mais aussi en Europe — le Royaume-Uni recourait à la main-d'œuvre irlandaise bien avant celle du 'Commonwealth'. La direction du mouvement ouvrier a toujours été aux mains de groupes autochtones de sexe masculin ; et les autres groupes ont toujours contesté cet état de fait. Ces divisions restent d'actualité, tout comme les luttes sociales et politiques allant de pair. Cela ne constitue pas un phénomène nouveau, qualifié de postmoderne.

Dans ce qui précède, j'ai contesté la propension à fragmenter les catégories de 'race', genre et classe. Mais il est vrai que certaines thèses 'modernistes' reviennent à minimiser par trop la complexité des structures sociales. C'est notamment le cas de certains débats internes au marxisme. Or il importe à mes yeux de lutter contre la tendance à rabattre les facteurs de détermination sociale se rapportant au genre et à l'ethnie sur ceux de classe, sans nier pour autant que cette dernière constitue un élément de poids.

Une combinatoire de facteurs explicatifs

Les théories postmodernistes sont souvent conçues à l'encontre des cadres théoriques globalisants, tel le marxisme structurel, qui cherchent à ramener la complexité du monde social à un ou deux principes structurels. Néanmoins, l'approche récente en termes de classe se caractérise par une appréhension beaucoup plus nuancée. Reste à savoir si elle répond suffisamment au souci de saisir cette complexité plutôt que de construire une théorie simple, dont l'efficacité reste à démontrer.

Alors que les changements en cours concernant le genre, la 'race' et la classe ne peuvent être appréhendés sans une analyse adéquate des interactions entre ces divers champs des rapports sociaux, la plupart des travaux examinent l'un, au mieux deux d'entre eux — rarement les trois à la fois — et sont nécessairement biaisés. Il existe pourtant quelques recherches à la fois théoriques et empiriques, hautement sophistiquées, qui traitent de façon nuancée de l'articulation entre classe et 'race', et entre classe et genre (Wilson 1978 ; Rex, Tomlinson 1979 ; Barrett

1980). On en veut pour preuve la très belle analyse de Wilson (1987) sur l'intersection entre 'race' et classe, laquelle aborde également les rapports de genre sous un angle assez global, quoique moins développé que les deux autres dimensions.

Wilson affirme que la 'race' ne peut, à elle seule, expliquer les discriminations à l'encontre des Noirs dans la société états-unienne actuelle. Il faut également tenir compte de la structure de l'économie, et en particulier du chômage. La 'race' ne prend donc sens que dans le cadre d'une analyse de classe. Les programmes égalitaires et d'action positive permettent aux Noirs ayant fait des études d'accéder aux emplois des classes moyennes. Mais il n'en va pas de même pour ceux qui n'ont pas eu cette chance, et le fossé entre les uns et les autres va croissant. Wilson affirme qu'une série de mécanismes contribuent à reproduire au fil du temps la 'sous-classe' des Noirs, ceux qui sont 'totalement démunis'. Selon lui, l'isolement structurel du ghetto joue à ce titre un rôle important. Il est toutefois clair à ses yeux qu'il ne s'agit pas de l'autoreproduction d'une sous-culture de la pauvreté, mais bien d'un phénomène structurel et non idéologique.

Il mobilise le genre pour analyser la structure du ménage noir. L'une des principales causes de pauvreté réside dans la proportion croissante de familles dépendant d'une femme seule. Ce phénomène n'est rien d'autre à ses yeux qu'une 'pathologie sociale', corrélat du taux de pauvreté croissant chez les Noirs les plus démunis. Se demandant si les subsides versés par l'État-providence influent sur le nombre d'enfants nés de femmes vivant seules, il conclut — en s'appuyant sur des enquêtes analogues — que tel n'est pas le cas. La cause la plus immédiate de cette courbe ascendante réside selon lui dans le déclin du groupe des hommes noirs susceptibles d'être épousés, lequel découle de l'augmentation du nombre d'hommes noirs sans emploi — et donc, à ses yeux, sans avenir au plan matrimonial. Le problème renvoie donc en dernière instance aux questions de l'emploi, la structure familiale ne jouant qu'un rôle d'intermédiaire.

Tout au long de sa démonstration, l'auteur renvoie à une série d'études empiriques : il s'agit d'un travail académique remarquable. Les corrélations qu'il établit sont très solides et son analyse théorique du rapport entre 'race' et classe est à la fois sophistiquée et pleine de nuances. Toutefois, son approche concernant la variable genre est beaucoup plus frustre. Le terme de 'pathologie sociale' dont il use à propos des familles dépendant d'une femme seule revient à évoquer une maladie : la seule famille 'normale' serait celle où un homme et une femme élèvent conjointement des enfants. Cette approche essentialiste des rapports de genre contraste singulièrement avec son refus de naturaliser les différences de 'race'. Un autre élément surprenant réside dans l'assertion que le taux de divorce croissant chez les Blancs serait un signe d'émancipation des femmes, contrairement à la pathologie évoquée à propos des familles noires.

Wilson établit une corrélation empirique indéniable entre les bas revenus par ménage et le fait que ce dernier ait une femme à sa tête. Mais savoir si, dans les ménages à deux parents, les femmes ont un égal accès au revenu familial n'est pas son problème. Et alors qu'il se demande si l'augmentation des allocations étatiques pousse les femmes sans mari à avoir des enfants, il ne se pose pas la même question concernant la propension des pères à rester auprès de leurs enfants et de leurs compagnes. Le refus de verser des subsides aux familles où l'homme est présent incite-t-il ce dernier à déserter le foyer, et la femme à quitter son compagnon ? La question n'est pas posée. Pourtant, la principale indemnité versée aux États-Unis — l'Aide aux familles avec enfants dépendants — paraît bel et bien aller dans ce sens. Un taux élevé de chômage masculin est plus susceptible d'accroître la proportion de femmes chefs de famille lorsque le régime des allocations étatiques décourage la cohabitation. Un tel dispositif ne va pas de soi puisque, dans la plupart des pays européens, le système de *welfare* adopté n'incite pas les hommes à déserter. Le mécanisme des aides en vigueur est une variable de poids, mais pas au sens où l'entend Wilson.

Enfin, la corrélation empirique établie par l'auteur selon laquelle le taux de chômage masculin tend à augmenter le nombre de ménages ayant une femme à leur tête ne vaut pas pour toutes les minorités ethniques objets de discriminations. Alors que ce constat est valide aux États-Unis pour les ménages afro-américains et, en Grande-Bretagne, pour les ménages afro-caribéens, il n'en va pas de même pour les ménages asiatiques. Dans ce dernier pays, comme l'atteste une série d'indicateurs, les deux principales minorités ethniques — les Afro-Caribéens et les Asiatiques — sont discriminées économiquement : leur taux de chômage est deux fois plus élevé que celui des Blancs, et le niveau de salaire masculin y est nettement inférieur à celui des autochtones (Brown 1984 ; *Employment Gazette* 1988, p. 172). Pourtant, bien que la proportion de femmes chefs de famille soit plus élevée chez les Afro-Caribéens que dans la population blanche, elle est moindre dans la communauté asiatique. Comparativement aux autres groupes ethniques, de couleur ou non, c'est dans les ménages asiatiques que les deux parents ont le plus de chance d'être tous deux présents. Le taux de chômage élevé des hommes asiatiques n'induit pas un taux élevé de ménages monoparentaux dépendant d'une femme. La thèse de Wilson selon laquelle une telle proportion résulte des discriminations économiques est donc contredite par la situation des Asiatiques en Grande-Bretagne. Les rapports de genre au sein des ménages ne dépendent pas uniquement de facteurs économiques et de classe. La variable liée aux structures ethniques pèse davantage à cet égard et a plus d'autonomie que ne l'affirme Wilson.

Un débat analogue du point de vue de l'argumentation concerne le rapport entre genre et classe dans la théorie marxiste. Nombre d'auteurs marxistes, tout en reconnaissant que les inégalités de genre constituent un trait important de la société actuelle, affirment que cette dernière est avant tout structurée par des rapports de classe. Le débat sur l'armée de réserve en offre un exemple-type. Les auteur·e·s marxistes ont affirmé à ce propos que le taux d'activité des femmes résultait principalement de l'essor et des crises soudaines de l'économie capitaliste (Beechey 1977). Sur le marché de l'emploi, les femmes se distingueraient des hommes de par leur position au sein de la famille, constituant à ce titre une main-d'œuvre de réserve. Durant les phases d'essor économique, elles seraient donc poussées à intégrer le marché de l'emploi, alors que durant les phases de récession, elles seraient incitées à regagner leur foyer où elles auraient d'autres tâches à assumer et où elles bénéficieraient d'un autre type de soutien économique. Certains théoriciens marxistes ont noté que les femmes constituaient l'une des armées de réserve potentielles, mais que le capital pouvait en mobiliser d'autres, tels les immigrants du Tiers Monde (Mitter 1986).

Les divers problèmes empiriques liés à cette approche tiennent à son caractère réductionniste quant aux rapports de genre. Les données sur la structure de l'emploi des femmes en Grande-Bretagne et dans les pays de l'OCDE montrent qu'au cours des récentes périodes de récession, contrairement aux prévisions de cette théorie, elles n'ont pas quitté l'emploi salarié en plus grande proportion que les hommes. Il est au contraire apparu que ces derniers étaient plus susceptibles qu'elles de perdre leur emploi (Walby 1986). La faille dans l'explication provient avant tout du refus d'admettre l'autonomie des rapports de genre au regard des rapports de classe. Les femmes occupent d'autres postes que les hommes en raison des modes de ségrégation patriarcale du travail : elles ont été affectées à des secteurs de l'économie moins touchés par la récession. Autrement dit, la place des femmes sur le marché de l'emploi est déterminée avant tout par les structures patriarcales propres à l'emploi. Centrer l'attention sur le capital et la famille, comme seuls facteurs d'explication, s'avère donc insuffisant. [...]

* *
*

Avec la démarche postmoderniste revenant à fragmenter les concepts mobilisés par la théorie sociale 'moderniste', la pièce centrale de l'édifice tend à ne plus résider dans la 'structure', mais dans le 'discours'. Les multiples références à Foucault plutôt qu'à Marx en sont l'illustration. Dès lors, le pouvoir apparaît comme totalement dispersé, et non plus concentré en des lieux ou entre les mains de groupes déterminés : pour les postmodernistes, les facteurs de causalité et les concepts macro-sociaux ne sauraient éclairer la complexité du monde social. Parfois, la découverte de cette dernière résulte de l'attention portée aux questions du genre et de l'ethnicité. Mais plutôt que de renoncer à l'ambition moderniste d'expliquer le monde, mieux vaut élaborer des concepts et des théories concernant le genre, l'ethnicité et la classe. Non seulement le concept 'femmes' est essentiel pour saisir la nature sexuée du monde social, mais celui de 'patriarcat' permet de rester attentif aux rapports de pouvoir en vigueur. L'analyse de la nouvelle division internationale du travail révèle très clairement la nécessité de continuer à mobiliser les concepts structurels de patriarcat et de capitalisme, tout comme celui de racisme.

Dans ce qui précède, j'ai critiqué la tendance postmoderniste à fragmenter les catégories femmes, 'race' et classe, mais cela n'implique pas pour autant de revenir à l'ancienne version du grand discours moderniste qui réduit toutes les inégalités sociales à celle de classe. Il existe une solution intermédiaire qui, sans réduire le genre et l'ethnicité au capitalisme, permet de les théoriser plutôt que de les décrire. Point n'est besoin de renoncer à la notion de causalité, ni de remplacer l'analyse de structure par celle de discours pour saisir la complexité du monde social. Et il n'est pas non plus nécessaire de considérer le capitalisme comme le seul facteur déterminant pour disposer d'une théorie macro-sociale.

Traduit de l'anglais par Jacqueline Heinen

Références

Adams Parveen (1979). "A Note on Sexual Divisions and Sexual Differences". *m/f*, n° 3.

Adams Parveen, Coward Rosalind, Cowie Elizabeth (1978). "m/f". *m/f*, n° 1.

Adams Parveen, Minson Jeff (1978). "The 'Subject' of Feminism". *m/f*, n° 2.

Alcoff Linda (1988). "Cultural Feminism versus Post-Structuralism: The Identity Crisis in Feminist Theory". *Signs*, n° 13.

Amos Valerie, Parmar Pratibha (1984). "Challenging Imperial Feminism". *Feminist Review*, n° 17.

Anthias Floya, Yuval-Davis Nira (1983). "Contextualising Feminism – Gender, Ethnic and Class Divisions". *Feminist Review*, n° 15.

Barrett Michèle (1980). *Women's Oppression Today: Problems in Marxist Feminist Analysis*. London, Verso.

— (1987). "The Concept of Difference". *Feminist Review*, n° 26.

Barrett Michèle, Coward Rosalind (1982). "Letter". *m/f*, n° 7.

Barrett Michèle, McIntosh Mary (1979). "Towards a Materialist Feminism?" *Feminist Review*, n° 1.

Barrett Michèle, Phillips Anne (eds) (1992). *Destabilizing Theory: Contemporary Feminist Debates*. Cambridge, Polity Press.

Beechey Veronica (1977). "Some Notes on Female Wage Labour in Capitalist Production". *Capital and Class*, n° 3.

Brittan Arthur, Maynard Mary (1984). *Sexism, Racism and Oppression*. Oxford, Blackwell.

Brown Colin (1984). *Black and White Britain: The Third PSI Survey*. London, Heinemann.

Carby Hazel (1982). "White Woman Listen! Black Feminism and the Bounderies of Sisterhood". In Centre for Contemporary Cultural Studies, University of Birmingham. *The Empire Strikes Back: Race and Racism in '70s Britain*. London, Hutchinson [trad. fr. (2008) (version raccourcie du texte original). « Femme blanche écoute ! Les féministes noires et les frontières de la sororité ». In *Black feminism, Anthologie du féminisme africain-américain, 1975-2000*. Textes choisis et présentés par Elsa Dorlin. Paris, L'Harmattan.

Castells Manuel (1978). *City, Class and Power*. London, Macmillan.

— (1983). *The City and the Grass-Roots: A Cross-Cultural Theory of Urban Social Movements*. London, Edward Arnold.

Coward Rosalind (1978). "Sexual Liberation and the Family". *m/f*, n° 1.

Cowie Elizabeth (1978). "Women as Sign". *m/f*, n° 1.

Davis Angela (1981). *Women, Race and Class*. London, The Women's Press [trad. fr. (1983). *Femmes, race et classe*. Paris, Des femmes].

Derrida Jacques (1976 [1967]). *Of Grammatology*. Baltimore, Johns Hopkins University Press [éd. originale. *De la grammatologie*. Paris, Minuit].

Edwards Richard C., Gordon David M., Reich Michael (1975). *Labour Market Segmentation*. Lexington, Mass., Lexington Books.

Employment Gazette (1988). March.

Foucault Michel (1981 [1976]). *The History of Sexuality, 1*. Harmondsworth, Penguin [éd. originale. *Histoire de la sexualité, 1. La volonté de savoir*. Paris, Gallimard].

— (1987 [1984]). *The History of Sexuality, 2. The Use of Pleasure* Harmondsworth, Penguin [éd. orgininale. *Histoire de la sexualité, 2. L'usage des plaisirs*. Paris, Gallimard].

Fraser Nancy, Nicholson Linda (1988). "Social Criticism without Philosophy: An Encounter between Feminism and Post-Modernism". *Theory, Culture and Society*, n° 5.

Hall Stuart, Jacques Martin (eds) (1989). *New Times: The Changing Face of Politics in the 1990s*. London, Lawrence and Wishart.

hooks bell (1982). *Ain't I a Woman?* London, Pluto Press [traduit de l'anglais (États-Unis) par Olga Potot (2015). *Ne suis-je pas une femme ? Femmes noires et féminisme*. Paris, Cambourakis « Sorcières »].

— (1984). *Feminist Theory: From Margin to Center*. Boston, South End Press.

Joseph Gloria (1981). "The Incompatible Ménage à Trois: Marxism, Feminism and Racism". In Sargent Lydia (ed). *Women and Revolution: The Unhappy Marriage of Marsixm and Feminism*. London, Pluto Press.

Lash Scott, Urry John (1987). *The End of Organized Capitalism*. Cambridge, Polity Press.

Lees Sue (1986). "Sex, Race and Culture: Feminism and the Limits of Cultural Pluralism". *Feminist Review*, n° 22.

Lyotard Jean-François (1984 [1979]). *The Postmodern Condition: A Report on Knowledge*. Minneapolis, University of Minnesota Press [éd. originale. *La condition postmoderne. Rapport sur le savoir*. Paris, Minuit].

Mann Michael (1986). *The Sources of Social Power, 1. A History of Power from the Beginning to A.D. 1760*. Cambridge, Cambridge University Press.

Marxism Today (1988). October.

Mitter Swasti (1986). *Common Fate, Common Bond: Women in the Global Economy*. London, Pluto Press.

Moraga Cherrie, Anzaldúa Gloria (eds) (1981). *This Bridge Called My Back: Writings by Radical Women of Colour*. Watertown, Mass., Persephone Press (specially Audrey Lorde, "An Open Letter to Mary Daly").

NEDO (1986). *Changing Working Patterns: How Companies Achieve Flexibility to Meet New Needs*. London, NEDO.

Offe Claus (1987). *Disorganized Capitalism*. Cambridge, Polity Press.

Parmar Pratibha (1982). "Gender, Race and Class: Asian Women in Resistance". In Centre for Contemporary Cultural Studies, University of Birmingham. *The Empire Strikes Back: Race and Racism in the '70s Britain*. London, Hutchinson.

Piore Michael, Sabel Charles (1984). *The Second Industrial Divide: Possibilities for Prosperity*. New York, Basic Books.

Rex John, Tomlinson Sally (1979). *Colonial Immigrants in a British City: A Class Analysis*. London, Routledge.

Rowbotham Sheila (1981). "The Trouble with 'Patriarchy'". In Feminist Anthology Collective (eds). *No Turning Back: Writings from the Women's Liberation Movement 1975-1980*. London, Women's Press.

Saunders Peter (1990). *A Nation of Home Owners*. London, Unwin Hyman.

Segal Lynn (1987). *Is the Future Female? Trouble Thoughts on Contemporary Feminism*. London, Virago.

Spivak Gayatri Chakravorty (1987). *In Other Worlds: Essays in Cultural Politics*. Chicago, University of Chicago Press [trad. fr. Françoise Bouillot (2009). *En d'autres mondes, en d'autres mots : essais de politique culturelle*. Paris, Payot].

Turner Bryan (1987). *The Body and Society*. Oxford, Basil Blackwell.

Walby Sylvia (1986). *Patriarchy at Work: Patriarchal and Capitalist Relations in Employment*. Cambridge, Polity Press.

— (1990). *Theorizing Patriarchy*. Oxford, Blackwell.

— (2009). *Globalization and Inequalities: Complexity and Contested Modernities*. Los Angeles, Sage.

Wallerstein Immanuel (1979). *The Capitalist World Economy*. Cambridge, Cambridge University Press.

Weedon Chris (1987). *Feminist Practice and Poststructuralist Theory*. Oxford, Blackwell.

Wilson Williams Julius (1978). *The Declining Significance of Race: Blacks and Changing American Institutions*. Chicago, University of Chicago Press.

— (1987). *The Truly Disadvantaged: The Inner City, the Underclass and Public Policy*. Chicago, University of Chicago Press.

La combinatoire *straight*. Race, classe, sexe et économie politique : analyses matérialistes et décoloniales

Jules Falquet

Résumé

L'article retrace d'abord les apports des féministes matérialistes francophones — principalement Guillaumin, Wittig, Tabet et Mathieu. Celles-ci ont transformé la notion de 'travail', en théorisant l'appropriation des corps comme 'machines-à-force-de-travail'. Elles ont montré que la sexualité pouvait être appréhendée comme un travail, dans la continuité des rapports sociaux de sexe existants, et profondément dénaturalisé la maternité. L'auteure propose ensuite le concept de 'combinatoire *straight*'. Régissant à la fois l'alliance et la filiation, et organisant les dynamiques simultanées et historiques des rapports sociaux de sexe, race et classe, la combinatoire *straight* constitue un nouvel outil pour analyser la reproduction sociale et pour penser le développement historique du capitalisme, mais aussi l'actualité néolibérale, dans une perspective qui rejoint une partie du féminisme décolonial latino-américain et des Caraïbes.

RAPPORTS SOCIAUX (SEXE, RACE, CLASSE) — REPRODUCTION SOCIALE — SEXUALITÉ — ÉCONOMIE POLITIQUE DES SEXES — LESBIANISME

Face à l'impasse humaine et civilisationnelle que représente l'actuelle mondialisation néolibérale, les mouvements féministes et lesbiens contribuent à la recherche d'alternatives globales. Pour cela, beaucoup ont déjà affirmé la nécessité de faire travailler réellement ensemble les analyses féministes et lesbiennes et les théories critiques du capitalisme, du racisme et du (néo)colonialisme. Mais la tâche est complexe. Les expériences historiques, le contexte immédiat et les théories à partir desquelles on travaille rendent plus ou moins facile, et possible, de réfléchir et de lutter de manière intégrée.

Étant une femme, blanche, universitaire et jouissant des privilèges de la citoyenneté et de la vie quotidienne dans le monde enrichi, et simultanément engagée politiquement comme lesbienne et féministe, antiraciste, anticapitaliste et anticoloniale, ma pensée a des sources multiples. Depuis ma découverte du travail de Tabet en 1990, je n'ai plus quitté le courant féministe matérialiste francophone issu, pour le dire rapidement, de la revue *Questions féministes.* Ayant vécu et effectué une grande partie de mon apprentissage politique au Mexique et au Salvador sur fond de luttes populaires révolutionnaires à partir de 1989, je dois aussi énormément à de nombreuses théoriciennes et activistes féministes et lesbiennes d'Abya Yala [1], Noires, Indiennes et métisses. En France, c'est surtout le milieu lesbien politique et des lesbiennes et féministes antiracistes, qui m'a poussée à réfléchir. C'est à partir de cette inscription sociale et politique spécifique que je propose ici, pour participer à la recherche d'alternatives théoriques et politiques, de revisiter l'analyse de *l'économie politique de l'(hétéro)sexualité*, grâce aux instruments féministes matérialistes, prolongés dans une perspective imbricationniste [2] et décoloniale.

---

[1] Ce terme utilisé par les Kuna de Colombie et du Panamá pour désigner leur terre avant l'invasion européenne, a été repris par une partie des mouvements sociaux pour nommer l'Amérique latine et les Caraïbes dans une perspective décoloniale. Pour un aperçu des avancées récentes du féminisme décolonial d'Abya Yala, on verra le recueil d'Espinosa Miñoso *et al.* (2014), qui offre un panorama des travaux des universitaires les plus connues, comme des militantes de longue date.

[2] Je préfère le concept d'imbrication des rapports sociaux, qui permet une réflexion plus structurelle, à celui d'intersectionnalité, proposé originellement dans une perspective de transformation sociale par des femmes racisées et prolétarisées en lutte, et qui tend aujourd'hui à être récupéré par les institutions internationales et l'académie blanche, y compris masculine (Ait Ben Lmadani, Moujoud 2012 ; Bilge 2012 ; Collins 2015). Cependant, il s'agit d'un débat qui dépasse largement le cadre de ce travail et plus que le terme choisi, l'important est l'action politique concrète réalisée.

Pour cela, je rappellerai d'abord comment les féministes matérialistes ont radicalement transformé la notion de 'travail', en ajoutant aux analyses de *l'exploitation de la force de travail* (qui conduisaient uniquement aux logiques de classe sociale), la dimension de *l'appropriation des corps « machines-à-force-de-travail »* (Guillaumin 1992 [1978], p. 19) — qui fait apparaître les rapports sociaux de sexe, de race et l'imbrication dynamique des rapports sociaux, permettant par conséquent un tout autre regard sur le travail de reproduction sociale, l'extorsion de travail et l'histoire de l'accumulation. Je montrerai ensuite comment les matérialistes ont dénaturalisé la sexualité, en soulignant son lien intime avec la construction sociale de la différence des sexes. On verra aussi, du point de vue des femmes structurellement dépouillées des ressources, comment la sexualité constitue fondamentalement une sorte de travail. Finalement, en observant la procréation comme un véritable travail également, organisé par des logiques d'alliance et de filiation éminemment sociales, je proposerai le concept de *combinatoire straight*, comme analyseur-clé de la production et de l'échange des personnes et comme nœud de l'imbrication des rapports sociaux de sexe, race et classe — imbrication qu'il convient de penser aussi bien de manière synchronique que dans sa dynamique historique (diachronique).

Le travail de reproduction sociale : appropriation, accumulation primitive et mondialisation néolibérale

Le premier apport du féminisme matérialiste est incontestablement la dénaturalisation des rapports sociaux, de sexe mais aussi de race, ainsi que la mise en perspective historique du travail de reproduction sociale.

Appropriation, sexage et dynamique imbriquée des rapports sociaux

Selon Juteau et Laurin (1988, p. 185), la thèse de l'*appropriation sociale des femmes* de Colette Guillaumin [3] constitue, à partir de

[3] Comme elle l'affirme elle-même, cette pensée est bien moins personnelle que le résultat de l'action et de la réflexion de nombreuses femmes au sein d'un vaste mouvement social.

la fin des années 1970, à la croisée du féminisme radical et du féminisme marxiste, la perspective la plus riche du féminisme matérialiste. En effet, elle offre la possibilité de penser de manière non naturaliste, historicisée et dialectique, plusieurs rapports sociaux.

Dans son travail fondateur sur le racisme 'moderne', Guillaumin (2002 [1972]) a d'abord dénaturalisé la race, qu'elle présente comme une construction sociale récente organisant matériellement, et légitimant sur le plan idéel, le mode de production esclavagiste colonial. En décortiquant *l'idéologie naturaliste*, Guillaumin dévoile la race comme un système de *marquage physique arbitraire* qui crée individu·e·s et groupes en ancrant dans les corps une supposée 'différence' naturelle qui justifie les inégalités sociales.

Analysant ensuite la question des sexes, Guillaumin (1992 [1978]) a mis en évidence l'existence de véritables *rapports sociaux*, structurels et non interindividuels, eux aussi organisés et légitimés par l'idéologie naturaliste, et fondés sur une logique *d'appropriation physique directe* des femmes en tant que classe de sexe, par la classe des hommes. L'enjeu des rapports sociaux de sexe n'est pas seulement la *force de travail* chère aux marxistes, mais la personne toute entière, réifiée et envisagée comme *corps* « *machine-à-force-de-travail* », ce qui rend les rapports sociaux de sexe bien différents des rapports de classe. Pour Guillaumin, l'appropriation possède deux modalités : l'*appropriation individuelle*, organisée par l'institution du mariage, ne pourrait exister sans des logiques plus profondes d'*appropriation collective*, qui permettent une nette économie de moyens. En effet, pour 'prendre femme' sans devoir en passer à chaque fois par le rapt ou la guerre, il faut que les hommes aient déjà solidement établi l'idée (et le fait) que les femmes sont évidemment disponibles pour le mariage.

Guillaumin a nommé ces rapports sociaux : *sexage*, pour souligner leurs points communs avec l'esclavage plantationnaire colonial et le servage médiéval européen — en particulier la logique d'appropriation physique et la naturalisation [4]. Elle établit un parallèle entre « *le mouvement populaire qui au moment de la naissance des communes, détacha certains individus de la chaîne terrienne féodale* [... et] *celui qui fait échapper aujourd'hui un nombre faible mais croissant de femmes aux institutions patriarcales et sexistes* » (1992 [1978], p. 38). Dans la perspective historique qu'elle ébauche — en inscrivant en filigrane de sa pensée une analyse du développement du colonialisme et du capitalisme —, et sachant que l'accès à une rémunération a permis à certaines personnes en esclavage de 'racheter' leur liberté et de sortir de l'appropriation individuelle, Guillaumin pointe du doigt l'accès des femmes au travail salarié comme un élément-clé de l'évolution des rapports sociaux de sexe. Elle signale en effet explicitement l'existence de deux contradictions dans le sexage : l'une interne (entre l'appropriation individuelle et l'appropriation collective), l'autre entre sexage et salariat :

> *L'appropriation collective des femmes (la plus « invisible » aujourd'hui) se manifeste par et à travers l'appropriation privée (le mariage), qui la contredit. L'appropriation sociale (collective et privée) se manifeste à travers la libre vente (récente) de la force de travail, qui la contredit.* (1992 [1978], p. 48).

Ainsi, Guillaumin offre une analyse dynamique des rapports sociaux de sexe, et permet de penser leur évolution historique en lien avec celle des rapports de race et de classe. C'est ce qui fait l'originalité de sa pensée, dès les années 1970 où l'on débat passionnément des rapports entre patriarcat et capitalisme [5]. En effet, Guillaumin se différencie clairement des marxistes plus ou moins orthodoxes, qui relèguent les outils féministes à la compréhension des seuls rapports de sexe ou de la sphère domestique (patriarcat subsumé dans le capitalisme ou articulation

---

[4] Elle souligne qu'il ne s'agit pas tout à fait des mêmes mécanismes concrets d'appropriation. Par exemple, dans le cas du servage, les personnes ne sont pas appropriées directement mais à travers la terre à laquelle elles sont attachées.

[5] Concernant ces débats, on pourra voir Juteau et Laurin (1988) pour un éclairage féministe matérialiste, et l'introduction de Ferguson et McNally (2013) à la réédition du travail de Vogel, pour un résumé marxiste des théories duales (féministes socialistes et féministes marxistes) et unitaires.

dépendante de la sphère privée au monde de la valeur) [6]. Cependant, elle va plus loin que les féministes radicales qui réfléchissent à partir d'un seul rapport social (de sexe), conçu principalement à partir de l'organisation de la sphère domestique propre aux classes moyennes occidentales contemporaines (conduisant plutôt à affirmer l'autonomie du patriarcat).

Reproduction sociale globale et mondialisation néolibérale

Au même moment, plaçant le *racisme* au centre, des féministes socialistes états-uniennes noires ou chicanas commencent à formuler l'idée de *l'imbrication de plusieurs systèmes* [7]. Elles montrent la simultanéité des rapports de race, classe et sexe, leur caractère indissociable dans l'expérience des femmes, et surtout la profondeur *historique* et structurelle de leurs liens. Au cours des années 1980, des féministes marxistes européennes développent pour leur part l'analyse historique *à l'échelle internationale* des liens entre travail de reproduction sociale et accumulation (Mies 1986). Dans les années 1990, Glenn (2009 [1992]) souligne quant à elle comment, aux États-Unis, certains groupes sociaux bien précis (femmes ou racisé·e·s ou prolétaires) ont été systématiquement désignés, formés pour, et contraints à réaliser les diverses tâches de reproduction sociale. Par la suite, la féministe marxiste autonome Federici (2014 [2004]) a affirmé que la « *chasse aux sorcières* » en Europe (puis outre-Atlantique) avait servi à confiner les femmes dans l'espace domestique et le travail de reproduction sociale gratuit, permettant un processus d'accumulation primitive tout aussi important que le pillage colonial du

---

[6] Guillaumin fait une (très rapide) critique du courant féministe marxiste alternatif du mouvement Wages against Domestic Work (salaire contre [la naturalisation du] travail domestique) porté notamment par l'Anglaise Selma James et les Italiennes Federici (2016 [1975]) et Dalla Costa (Dalla Costa, James 1972). Dans l'ensemble, les féministes françaises semblent avoir ignoré ce vaste courant d'analyse, bien qu'il ait donné lieu à un important mouvement social et posé des questions-clés — qui dépassent le cadre de la présente analyse. Pour les débats en France sur le travail domestique, voir Chabaud-Rychter *et al.* (1985) et Fougeyrollas-Schwebel (2000). Pour un retour sur l'analyse féministe marxiste indépendante, voir Federici (2013).

[7] Beal (1970 [1969]), Combahee River Collective (1979), Anzaldúa, Moraga (1981), Davis (1983 [1981]).

'Nouveau monde'. Dans une perspective assez différente, les féministes décoloniales d'Abya Yala, comme Lugones (2008) puis Mendoza (2014), ont soutenu que la colonisation européenne avait d'emblée racialisé et sexualisé la main-d'œuvre et l'organisation du travail, dès les premiers moments de la gestation du capitalisme et avant même l'apparition des classes au sens marxiste.

Dans le prolongement de ces différents courants, j'ai moi-même travaillé sur la réorganisation du travail dans la mondialisation néolibérale. Adoptant une approche dialectique de l'évolution des activités génératrices de revenus pour les femmes et les hommes non privilégié·e·s par la race ou la classe, j'ai suggéré qu'une portion significative de ces hommes étaient aujourd'hui amenés à se placer derrière une arme, tandis que de nombreuses femmes non privilégiées étaient poussées dans le secteur des 'services', principalement sexuels et domestiques (Falquet 2006). J'ai utilisé les notions de *travail dévalorisé* et de *travail considéré comme féminin* pour analyser ces activités (Falquet 2009). En effet, si Balibar et Wallerstein (1988) présentaient l'exploitation des migrants, nouveau prolétariat global, comme une transformation du racisme, en ajoutant les rapports sociaux de sexe à l'équation, on voit surtout apparaître la convergence des logiques des rapports de sexe et de race. Car ce sont des femmes appauvries et prolétarisées de toutes races, et des personnes racisées appauvries et prolétarisées de tous sexes, qui sont conjointement poussées à accomplir le travail de reproduction sociale et les autres activités dévalorisées et sous-payées. En observant plus particulièrement cent ans d'histoire de la France coloniale, nous avons soutenu avec Moujoud (Falquet, Moujoud 2010) qu'il existait bien une classe des femmes (partageant une situation d'appropriation comme classe de sexe), mais que celle-ci devait être pensée simultanément à l'aune de l'imbrication des rapports sociaux, et de leur dynamique dans le cadre de l'histoire coloniale passée et ses prolongements présents, incluant l'illégalisation de la migration.

J'ai ensuite tenté d'éclairer les transformations néolibérales de l'imbrication des rapports sociaux, en les inscrivant dans l'histoire longue de la colonisation, de la traite et de l'esclavage à partir de 1492 (Falquet 2012). J'ai suggéré que les contradictions entre appropriation collective et individuelle, ainsi qu'entre appropriation et exploitation, produisaient une dynamique de *vases communicants* entre les rapports sociaux de sexe, de race et de classe (Falquet 2014). La transformation des migrations (croissance, féminisation) et des politiques migratoires nationales et internationales (sélection, restriction) apparaît alors comme une réorganisation de l'allocation de main-d'œuvre à l'échelle mondiale. En particulier, le désengagement néolibéral de l'État a provoqué une profonde transformation de la reproduction sociale, en même temps que la création d'une vaste réserve de main-d'œuvre totalement ou partiellement privée de ressources et de droits. Composée majoritairement de femmes de toutes races, et de personnes racisées de tous sexes, toutes prolétarisées, elle est placée dans une situation liminaire entre exploitation et appropriation, dans un salariat précarisé et 'féminisé', concrètement comme symboliquement. Les corps féminisés ou racialisés, surtout dans la classe prolétaire, y sont massivement affectés à la reproduction sociale à bas prix. Les corps masculinisés ou racialisés, surtout parmi les prolétaires, sont affectés à la guerre et à la sécurité. *Last but not least* : les 'hommes en armes' génèrent quotidiennement une violence qui maintient les 'femmes de service' dans une situation de précarité et de surtravail permanent, et la destruction matérielle susceptible de relancer l'économie par la 'reconstruction'.

La sexualité du point de vue des femmes : pensée *straight* et économie politique

Le deuxième tour de force des matérialistes est d'avoir dénaturalisé et politisé ce que beaucoup plaçaient au cœur de l'oppression des femmes : le corps féminin, en réalité réduit à sa double spécificité morphologique — le vagin et l'utérus —, hâtivement assimilé à la sexualité et à la reproduction 'naturelles'. Voyons d'abord comment c'est en rattachant 'la sexualité' aux rapports de pouvoir qu'elles ont dés-autonomisé et démystifié ce champ, s'éloignant du discours masculin dominant pour envisager la sexualité à partir de la position des femmes.

Sexualité et rapports de pouvoir

Dès 1969, Kate Millet affirmait que la « *révolution sexuelle* » prônée par les icônes de la littérature états-unienne était fondée sur la brutalisation et le mépris des femmes, et que la sexualité était un fait éminemment politique — majoritairement marqué par le pouvoir des hommes sur les femmes. Dans son célèbre article *The Traffic in Women* (1975), Gayle Rubin passait ensuite au crible les approches marxistes, anthropologiques et psychanalytiques de la sexualité, du sexe et du genre. Elle faisait apparaître que Lévi-Strauss lui-même avait dit qu'en produisant une dépendance mutuelle, la division sexuelle du travail était une *création culturelle* obligeant à la formation d'unités familiales comprenant au moins une femelle et un mâle, garantissant ainsi la procréation. Rubin était ainsi l'une des premières à souligner que l'hétérosexualité n'avait rien de naturel.

Dans les années suivantes, en miroir de la fascination masculine pour les vertus soi-disant libératrices de La Sexualité, au point que celle-ci mériterait d'être constituée en champ d'investigation et de lutte autonome (une position que défend Rubin à partir des années 1980), une partie du féminisme radical tend à se concentrer sur le pouvoir et la violence dans la sexualité, et à hypostasier celle-ci jusqu'à en faire la cause principale de l'oppression des femmes. Guillaumin (1992 [1978]) avait pourtant tracé un chemin différent, ramenant la sexualité à une dimension parmi d'autres des rapports sociaux de sexe. Ainsi, elle distingue plusieurs *expressions concrètes* de l'appropriation des femmes, dont ce qu'elle nomme l'*obligation sexuelle* fait partie au même titre que l'appropriation du temps, celle des produits du corps et la charge physique des membres du groupe. Elle met aussi en lumière plusieurs *moyens* de cette appropriation : la *contrainte sexuelle* n'en est qu'un parmi d'autres, comme le sont le marché du travail, le confinement dans l'espace, la démonstration de force (les coups), l'arsenal juridique et le droit coutumier.

Dans cette perspective, l'appropriation des femmes par les hommes n'est *pas avant tout sexuelle*, son motif profond n'est pas une aspiration débridée des hommes à la jouissance sexuelle. Croire cela, c'est se laisser distraire par le discours des dominants. Ce que les hommes s'approprient, ce n'est pas seulement le *corps sexualisé* des femmes mais bien plus globalement leur corps comme 'machine-à-force-de-travail', ce qui leur permet d'accéder en bloc (et à coût très réduit) à bien plus de 'services'. L'appropriation individuelle et collective des femmes confère aux membres de la classe des hommes un vaste ensemble de privilèges et un 'vivre mieux' fort appréciable, qui passe en particulier par *l'exemption d'une bonne part du travail de la reproduction sociale.*

Et l'hétérosexualité créa la femme

En s'appuyant fermement sur Guillaumin, Wittig (2007 [1980]) ouvre peu après la voie au *lesbianisme matérialiste* [8]. Examinant les théories sociales dominantes (autour de Lacan et de Lévi-Strauss), elle révèle l'un des plus grands impensés de la culture occidentale contemporaine : l'idéologie de la différence sexuelle, qu'elle baptise pensée *straight.* Cette idéologie est fondée sur l'affirmation arbitraire et jamais démontrée de l'existence d'une 'différence sexuelle' absolue et irréductible entre deux et seulement deux sexes qui existeraient naturellement. Wittig montre au contraire que la pensée *straight* est le mécanisme central sur lequel s'appuie le groupe dominant pour s'affirmer comme tel, en construisant socialement un Autre différent — La Femme — dont l'altérité radicale (prétendument naturelle, en fait résultat d'une hétérosexualisation de tous les instants) fonderait le destin de classe appropriée. Examinons les conséquences de cette analyse, à travers les mésinterprétations qui en ont été faites.

D'abord, l'idée que le problème réside dans l'hétérosexualité en tant que 'sexualité' des individu·e·s [9]. Or, Wittig s'est bien gardée de parler des pratiques sexuelles [10]. Celles qu'elle

[8] Ayant contribué au développement du féminisme matérialiste, Wittig s'en dissocie au moment de la rupture de *Questions féministes* en 1980.

[9] Bien évidemment, le problème est encore moins dans les contraintes de la procréation (qui requiert la fusion d'une cellule reproductive issue d'un corps dit femelle et d'une cellule issu d'un corps dit mâle), mais comme on le verra plus bas, dans l'organisation sociale qui entoure la production des embryons et des nouvelles générations.

[10] Pour éviter la confusion entraînée par le terme d'hétéro*sexualité*, Charest propose le concept d'hétéro*socialité* (2014 [2010]) — qui risque cependant d'être confondu avec l'hétéro*sociabilité*.

appelle *lesbiennes* (dont elle montre qu'elles constituent un démenti empirique à la soi-disant naturalité du fait d'être une femme), ce ne sont pas des homosexuelles (des femmes ayant des pratiques sexuelles avec des femmes mais continuant à travailler de diverses manières pour la classe des hommes), mais des êtres humains qui refusent de devenir ou de rester des femmes *au sens de Guillaumin*. Ce qu'elles refusent, ce n'est pas le coït ou les corps masculins, ni même toute relation avec des hommes et moins encore l'amour [11], mais bel et bien d'être liées aux hommes par des rapports d'appropriation, privée (dans le mariage ou dans la famille paternelle) ou collective (dans les couvents ou les maisons closes).

Ensuite, si ce qui définit les lesbiennes n'est pas d'abord la sexualité mais une opposition aux rapports d'appropriation et à l'idéologie naturaliste qui les sous-tend, alors leurs intérêts ne sont pas tant communs avec les 'minorités sexuelles' [12], qu'avec la classe des femmes et d'autres groupes appropriés [13]. Et en effet, le courant des lesbiennes politiques (et plus particulièrement celui des lesbiennes matérialistes, auquel Wittig donne ses bases) partage bien l'objectif des féministes matérialistes : l'abolition des classes de sexe et des rapports sociaux de sexe existant. Il diverge, en revanche, sur la stratégie — préconisant une organisation autonome pour éviter le rétrécissement des débats et la timidité des stratégies qu'impose la pensée *straight* (Charest 2014 [2010]).

Enfin, une bonne partie de la théorie *queer* et trans blanche estime que le problème réside dans la funeste binarité des corps, des genres ou des sexualités — revendiquant la multiplicité et le

[11] Qui peut bien sûr exister entre 'femmes' ou en dehors de la 'sexualité'. Surtout, l'amour est un concept extrêmement fourre-tout qui est loin d'exister universellement. Pour une analyse acérée du concept 'moderne' d'amour, voir Noizet (1996).

[12] S'il n'y a pas symétrie entre femmes et hommes mais hiérarchie, être gay n'est pas équivalent d'être lesbienne, et changer de sexe ou de genre n'a absolument pas le même sens selon d'où l'on part et vers où l'on va.

[13] Chaque lesbienne a également des intérêts liés à sa position de classe et de race. Les alliances effectives des lesbiennes — comme de tout autre groupe social —, peuvent se fonder sur des intérêts objectifs, subjectifs, ou sur des projets politiques.

trouble comme une alternative immédiate. Or Wittig est la première à critiquer la supposée binarité des sexes et du genre, affirmant qu'elle n'est qu'une pure construction sociale de la pensée de la différence. Cependant, elle montre aussi que cette binarité est à la fois le prétexte légitimant et le résultat du sexage, mais pas sa cause — qui est l'appropriation. La multiplication des catégories rebat les cartes sans toucher l'origine du problème : la hiérarchisation des catégories, qui est intrinsèquement liée à leur création. C'est aussi ce que souligne Mathieu (1991 [1989]) après avoir analysé une très grande variété de personnes, de groupes et de pratiques ('déviantes' ou institutionnalisées) qui semblent altérer la binarité du sexe, du genre et de la sexualité, dans toutes sortes de cultures et périodes. S'éloignant de l'occidentalo-centrisme et de la perspective anhistorique qui affectent une partie des mouvements *queer* et trans blancs, Mathieu constate finalement l'impact très limité de nombreuses 'transgressions'. En effet, elle met en lumière non pas une, mais trois grandes logiques (ou modes) de création sociale des femelles et des mâles, des femmes et des hommes, de l'hétérosexualité et de l'homosexualité (et de leurs innombrables 'sous-catégories') : naturaliste, culturaliste et politique. Cependant, au-delà de l'immense diversité des catégories qui existent dans ces trois modes, force est de constater que les personnes considérées comme *femelles* sont presque toujours au *bas de l'échelle sociale.*

Structurellement, un travail pour beaucoup

Quelques années plus tard, Tabet (2004 [1987]) a observé un vaste répertoire de pratiques sexuelles (non occidentales et occidentales, tant à différentes époques coloniales, qu'actuelles), depuis celles généralement considérées comme normales et obligatoires (différentes formes de mariage), jusqu'à celles associées à la transgression, au désordre mais aussi à la liberté (sexualités prémaritales et prostitution au sens le plus large). Derrière les oppositions apparentes entre ces pratiques du point de vue dominant, c'est-à-dire celui des hommes, Tabet a fait apparaître, du point de vue des femmes, un véritable *continuum.* Il fallait pour cela contextualiser les pratiques dans la réalité matérielle, qui pour la très grande majorité des femmes [14] est marquée par trois contraintes : (1) la restriction de l'accès aux ressources, (2) la restriction de l'accès aux connaissances, (3) la menace de violence ou son actualisation. Comment subsister alors, avec les enfants qu'elles ont généralement à charge ?

Partie de la réalité des 'prostituées', Tabet répond que la principale solution est d'utiliser ce qu'elles ont « *entre les jambes* », réifiant ce que la société dominante considère comme leur sexualité pour la négocier contre de l'argent ou des biens matériels et immatériels. Elle précise cependant que cette formule n'est que l'extrémité d'un *continuum de l'échange économico-sexuel* : à son autre extrémité, les épouses obtiennent un entretien en nature en échange de prestations fournies en bloc. Cet ensemble de prestations, qu'elle baptise *amalgame conjugal*, mêle inextricablement du travail sexuel, procréatif, domestique et émotionnel. En tout état de cause, dans les conditions concrètes ci-dessus précisées, la 'sexualité' pour les femmes n'a nullement le même sens que pour les hommes : il s'agit d'une activité de survie et, dans le meilleur des cas, d'un travail semi-formalisé.

Le travail de Tabet est souvent utilisé pour banaliser la prostitution et légitimer sa pleine transformation en 'travail'. Pourtant, elle a plutôt montré que dans les conditions matérielles réellement existantes, *toutes les activités réputées naturelles des femmes*, y compris la procréation, étaient du travail au sens marxien — le plus souvent exploité d'ailleurs. Si la prostitution peut apparaître comme relativement positive à certaines femmes, c'est parce que pour elles, le mariage s'avère bien pire — même si pour d'autres femmes ou à d'autres moments, c'est l'inverse qui se produit. Pour presque toutes en tout cas, le seul véritable choix consiste à changer périodiquement de place dans le *continuum* de l'échange économico-sexuel.

---

[14] Tabet — tout comme Mathieu, en sortant notamment du monde occidental actuel — souligne bien qu'il peut en être autrement pour certaines femmes, dans certains groupes sociaux, certaines sociétés ou époques. Les deux auteures présentent aussi largement les résistances et les luttes des femmes. Elles sont donc très éloignées de tout victimisme ou manichéisme.

Pour résumer l'approche matérialiste, considérer la sexualité sous le seul aspect des pratiques, et la transformer en un champ d'étude ou de lutte autonome, hors de tout contexte historique et social, c'est risquer d'occulter les rapports sociaux qui l'organisent et en font quelque chose de fort différent selon la position de sexe (mais aussi de classe et de race) que chacun·e occupe. Les matérialistes, au contraire, démystifient la sexualité et rappellent qu'elle représente très rarement la même chose pour les femmes que pour les hommes. Moyen et manifestation (parmi d'autres) de l'appropriation des femmes, elle apparaît bien moins à la plupart d'entre elles comme une activité récréative liée à des désirs personnels, que comme un objet de troc, un gagne-pain, et parfois comme un véritable travail.

L'analyse matérialiste vient alors compliquer doublement le schéma marxien où, si l'on n'est pas bourgeois·e, on dispose de sa force de travail, et d'elle seule, à vendre. En effet, les femmes, considérées comme 'corps-machine-à-force-de-travail', disposent, en plus de la force de travail 'productif' classique, d'une force de travail 'reproductif', en l'occurrence sexuel, procréatif, domestique et émotionnel. En revanche, l'appropriation individuelle et collective qui les caractérise complique singulièrement la possibilité de monnayer cette force de travail, dans l'ensemble de ses composantes qui sont régies par différentes logiques et pour certaines, difficiles à dés-amalgamer (Falquet 2016).

Du travail procréatif à la combinatoire *straight* : production et échange des personnes et des corps

L'analyse de la procréation complète la proposition matérialiste. Elle permet d'abord de dénaturaliser la maternité à chaque génération, pour chaque femme à titre personnel, en montrant qu'on peut l'analyser comme un véritable travail procréatif. Surtout, elle éclaire la production et le classement social permanent des nouvelles générations — dans une perspective diachronique qui manque à beaucoup d'autres courants féministes et qui chamboule les termes du débat marxiste sur la 'reproduction de la force de travail' — où l'on ignore comment et de qui les femmes tombent enceintes et où les enfants qui naissent sont 'naturellement' rattaché·e·s à des structures familiales non problématisées.

Au croisement de l'alliance et de la filiation : la maternité, un travail sous haute surveillance

Dès 1977, en analysant les pratiques d'infanticide, Mathieu (1991 [1977]) souligne le caractère éminemment social de la maternité. En s'appuyant sur un vaste corpus historico-anthropologique, Tabet (1985) déconstruit ensuite la fertilité féminine 'naturelle'. Elle montre que la procréation est organisée socialement (souvent en vue de sa maximisation/optimisation) et peut être analysée comme un véritable travail, plus ou moins aliéné selon la manière dont il est organisé. Au-delà de questions importantes mais partielles comme l'accès aux contraceptifs ou le rôle de l'État dans le contrôle de la fécondité de ses ressortissant·e·s, les matérialistes interrogent le cadre socio-anthropologique dans lequel la productrice est mise en contact avec le ou les fournisseurs de matière première et les éventuelles personnes donneuses d'ordre, et les règles qui régissent la propriété du produit final. Autrement dit : selon quelles règles fonctionnent l'alliance matrimoniale et la filiation ?

Pour répondre sérieusement à cette question, il fallait dépasser le cadre réducteur des sociétés patrilinéaires et virilocales, à propos et au sein desquelles ont été édifiées les fondements de la pensée *straight* — en particulier la théorie lévi-straussienne de l'échange des femmes. C'est ce que propose Mathieu (2007), réunissant des recherches sur quatorze sociétés uxorilocales et matrilinéaires [15]. Comme elle le souligne, ces sociétés ne constituent nullement des 'matriarcats' et sont loin d'être idylliques du point de vue du sexe. En revanche, elles permettent de faire

---

[15] L'uxorilocalité signifie que c'est l'époux qui suit l'épouse à la suite du mariage — ce qui marque profondément les rapports de pouvoir entre épouse et époux, plus encore peut-être que la matrilinéarité (qui signifie que la filiation passe par les femmes). Souvent considérées comme 'minorités résiduelles' (contrairement aux sociétés patrilinéaires et virilocales, statistiquement majoritaires, souvent dominantes ou colonisatrices), les cultures 'uxori-matri' peuvent constituer jusqu'au tiers des sociétés selon les continents et sont presque toutes non occidentales.

émerger le *rôle des femmes « échangistes »* [16] et d'analyser ce qui se produit quand ce sont les femmes qui mènent la danse matrimoniale, organisent les cérémonies, les fêtes et les marchés qui vont avec [17], et déploient des stratégies d'ascension sociale pour les lignées féminines dont elles sont à la tête [18]. Par exemple, quand la matrilinéarité et l'uxorilocalité posent nettement les femmes du côté des richesses, l'échange matrimonial n'implique pas nécessairement le renforcement simultané des rapports de sexe et de classe.

Plus profondément encore, dans sa postface à l'ouvrage dirigé par Mathieu (2007), Gestin ouvre la possibilité de repenser entièrement la théorie pour s'interroger non pas sur 'l'échange des femmes' mais sur les *logiques de circulation de l'ensemble des personnes* (femmes et hommes), tant *horizontalement* (alliance) que *verticalement* (filiation). Or la capacité à échanger (ou être échangé·e) et à 'posséder' (ou non) par la filiation (et inscrire dans l'ordre social) le produit des activités procréatrices ainsi que les autres biens matériels et symboliques, est éminemment liée à la possession juridique (et culturelle) de soi. L'horizon se dégage alors.

Ce que cachait la pensée straight

En effet, une fois abattu le rempart de l'hétérosexualité qui offusquait le raisonnement, on remarque que l'alliance et la filiation ne font pas seulement intervenir des femmes et des hommes, mais des membres de races et de classes diverses, dont les logiques d'alliance et de filiation ne sont pas plus naturelles qu'entre les sexes. Elles sont toutes au contraire soigneusement organisées par des institutions très variées, qui produisent un

[16] On verra également le débat entre Collard (auteure de l'expression) et Héritier dans la revue *L'homme* (2000), cité par Mathieu (2007).

[17] Même si ce n'est pas forcément lors de l'échange matrimonial que les richesses les plus importantes sont échangées.

[18] Se pose également la question de la construction sociale et de l'évaluation de la valeur des personnes échangées. Il existe au moins deux formes très distinctes 'd'échange des femmes' : le 'troc' d'une femme contre une autre, et l'échange d'une femme contre autre chose. Dans le premier cas, la valeur des femmes est liée à leur capacité corporelle de travail, procréatif notamment. Dans le second, elle dépend de ce contre quoi elles peuvent être échangées, puisqu'elles permettent d'accumuler du pouvoir politique ou économique.

ensemble de lois et de règles en constante transformation et souvent contradictoires, et sanctionnent leur application. Je propose d'appeler *combinatoire* straight, *l'ensemble de ces institutions et règles qui organisent solidairement l'alliance et la filiation en fonction de logiques simultanées de sexe, de race et de classe.* Comme la pensée *straight*, la combinatoire *straight* crée continuellement des groupes humains réputés différents, dont les incompatibilités ou les relations privilégiées sont ensuite présentées comme rigoureusement naturelles (ou au fondement même de la culture). Ainsi, *la combinatoire* straight *est l'opérateur central de la dynamique simultanée des rapports sociaux de sexe, de race et de classe.*

Cette proposition rencontre de plusieurs manières les réflexions de différentes féministes décoloniales d'Abya Yala. D'abord, celles qui soulignent l'importance dans le processus colonial et la construction des nations 'métisses', des viols massifs et des alliances 'informelles' imposées des siècles durant aux femmes indiennes et noires par des hommes blancs ou plus clairs qu'elles, avec tout ce que cela suppose également de filiations problématiques (et aux enjeux différents selon le sexe et l'apparence phénotypique des enfants) (Mendoza 2001). Elle s'approche également des analyses de la *colonialité du genre* exposées notamment par Lugones (2008), qui souligne les liens entre l'entreprise coloniale et les attaques contre les cultures autochtones (et africaines), et l'imposition d'une logique binaire et hétérosexuelle qui leur était étrangère — ou qui a trouvé à s'unir avec les hommes autochtones dominants, ce que Paredes (2010) nomme *entronque patriarcal* [jonction patriarcale] et Cabnal (2015), *reconfiguration patriarcale.* Elle rejoint le travail de Curiel sur la Colombie (2014), qui a montré à quel point la pensée *straight* se situait au cœur de la construction des États-nations actuels. Enfin, elle s'inscrit dans les interrogations au cœur de la Dixième rencontre lesbienne-féministe d'Abya Yala [19], qui se proposait d'analyser les liens entre hétérosexualité, racisme (métissage, blanchiment et occidentalisation forcée), assignation à tel ou tel type de travail (et de mobilité), et logiques militaristes de recolonisation — depuis des positions

[19] Qui s'est déroulée en Colombie du 9 au 14 octobre 2014.

lesbiennes-féministes [20], mais aussi antiracistes, anticapitalistes et décoloniales. De fait, l'histoire comme l'actualité d'Abya Yala montrent clairement l'intérêt du concept de combinatoire *straight* pour penser le développement du capitalisme depuis 1492 et l'actualité néolibérale — dont certaines des analystes les plus affûtées s'avèrent d'ailleurs être le fait des lesbiennes politiques, tout particulièrement racisées et appauvries (Espinosa Miñoso *et al.* 2014).

Plus généralement, le concept de combinatoire *straight* permet d'examiner sous un nouveau jour de nombreux phénomènes. L'enjeu central de la combinatoire *straight* est la production d'individu·e·s et de groupes entiers, comme 'corps-machine-à-force-de-travail', dont les capacités de travail socialement construites sont bien plus larges que ce que l'économie politique avait pris en compte.

La première piste ouverte est donc la possibilité d'envisager une *histoire intégrée du travail dans sa globalité*, notamment procréatif et de reproduction sociale au sens large, au-delà de la dynamique du seul travail 'productif' chère aux marxistes. Sous l'angle des capacités de travail inégalement assignées aux différents corps, l'objectif devient l'analyse synchronique mais aussi diachronique, de l'organisation de la *production* matérielle (procréation) et culturelle (élevage) [21] des individu·e·s, de leur *entretien* (santé physique et psychique, améliorations diverses [22]), de leur *circulation* (logiques de mobilité) et de leur *usage* (appropriation individuelle ou collective, mise au travail sous diverses formes, usure et destruction envisagée ou organisée) [23].

---

[20] http://elflac.org/wp-content/uploads/2014/11/DOCUMENTOS-DEBATE.pdf

[21] Procréation et élevage correspondant à ce que Marx nomme la reproduction de « la race des travailleurs ».

[22] Par exemple grâce à diverses prothèses (lunettes infrarouges, exosquelettes, outils et armes, *etc.*), substances (stimulation hormonale, produits antifatigue, nano-dispositifs) ou 'améliorations' génétiques.

[23] Parmi les logiques de destruction à moyen terme : envoi à la guerre comme soldat·e, exposition délibérée à des agents toxiques nucléaires, chimiques, alimentaires, *etc.* Parmi les logiques de destruction organisée : négligence systématique et sous-alimentation, assassinat, sacrifice massif, holocauste, génocide, féminicide, *etc.*

Une deuxième piste découle de l'existence d'un *continuum* de positions au sein des rapports sociaux imbriqués, entre les personnes libres et celles réduites à n'être qu'un 'corps-machine-à-force-de-travail' — c'est-à-dire à la possibilité de changer de statut ou de faire changer le statut des autres, par des luttes individuelles ou collectives, incluant les stratégies d'alliance ou à travers la descendance. Ainsi par exemple, les stratégies procréatives des femmes réduites en esclavage (ou aujourd'hui par exemple, sans papiers), selon l'évolution des lois, en sont une illustration — qui se déploient depuis avorter le fruit d'un viol, jusqu'à tenter d'obtenir sa propre libération (légalisation) par le biais d'un·e enfant qui naîtrait libre (autochtone) d'un homme assumant sa paternité, voire son union. Qu'il s'agisse d'un changement immédiat, progressif ou pour sa descendance, qu'il se produise pour un·e individu·e, un lignage ou pour tout un groupe ethnique, sexuel ou une fraction de classe, ce changement de statut implique des stratégies individuelles et collectives qui *combinent* les dynamiques de sexe, de race et de classe.

Une troisième piste est celle de l'imbrication ou des contradictions des luttes. En effet, sur des intervalles de temps courts, du fait de la logique des 'vases communicants', la répartition du travail selon le sexe, la race et la classe est un jeu à somme nulle. Décharger les un·e·s implique de faire peser le fardeau sur les autres, comme l'actuelle internationalisation du travail de reproduction le montre de manière si éclatante. Les changements qui élargissent ou restreignent les droits des femmes, des populations en esclavage, des prolétaires ou des migrant·e·s, transforment nécessairement la situation des autres groupes. C'est pourquoi penser en termes de combinatoire *straight* atténue le risque, en luttant selon un seul axe, de renforcer les autres rapports sociaux. Il s'agit d'une manière concrète d'éviter l'instrumentalisation de l'égalité des sexes à des fins racistes, tout comme de refuser la secondarisation de la question des femmes dans les analyses antiracistes.

* *

*

J'ai d'abord tenté ici de montrer la cohérence et la puissance heuristique et politique d'un ensemble de théories féministes matérialistes, principalement francophones, autour des concepts de sexage, d'appropriation individuelle et collective des femmes, d'amalgame conjugal incluant le travail sexuel et procréatif, et de pensée *straight*, ainsi que de l'idéologie naturaliste qui soutient les rapports sociaux de sexe mais aussi de race. En partant ensuite de l'analyse de l'actuelle mondialisation néolibérale mais aussi de l'histoire longue, et marquée par la praxis et la théorisation d'un ensemble de lesbiennes féministes décoloniales d'Abya Yala, j'ai proposé ici les concepts de *vases communicants*, pour comprendre l'imbrication des rapports sociaux de manière synchronique, et surtout, celui de *combinatoire straight*, pour penser la production des individu·e·s et des groupes et leur place dans l'organisation du travail, dans une perspective à la fois synchronique et diachronique, autour de l'idée d'une imbrication dynamique des rapports sociaux.

Comme leurs prédécesseurs, ces concepts féministes matérialistes et décoloniaux interrogent profondément l'analyse marxiste — à laquelle ils se rattachent, quoique de manière critique. Ils amènent en particulier quatre réflexions. D'abord, concernant la reproduction de la 'race des travailleurs', ils permettent de montrer qu'il s'agit d'un véritable travail, à l'organisation duquel préside une combinatoire *straight* complexe et fort rigide, quoiqu'en perpétuelle transformation. Dans le domaine de la reproduction sociale, ils montrent plus que jamais l'artificialité de la coupure entre le travail productif et reproductif, et conduisent à repenser globalement l'extorsion de travail et donc de valeur. Dans la discussion sur la dialectique capital-travail, l'oscillation des individu·e·s entre 'corps-comme-machine-à-force-de-travail' (outils, donc) et travailleur·e·s libres interroge : faut-il comprendre les individu·e·s comme du capital fixe ou du travail ? Enfin, la combinatoire *straight* ramène la question de l'articulation ou de la succession de différents modes de production : elle permet de penser les avancées progressives, intergénérationnelles, de l'organisation sociale (échappées individuelles, familiales, de classes entières, voire de nations), mais aussi les éventuels reculs réciproques pour d'autres groupes, et finalement, la coexistence dans des proportions historiquement variables de différents modes de production préalablement vus comme distincts ou successifs (féodal, esclavagiste, colonial, capitaliste, patriarcal).

Au-delà du marxisme, la combinatoire *straight* permet de réexaminer un ensemble de questions-clés. D'abord, la question classique de la production du sexe, de la race et de la classe, que l'on peut plus aisément envisager de manière conjointe, comme stratégies individuelles mais aussi collectives et transgénérationnelles. Ensuite, les phénomènes de recolonisation, de guerre et de violence liés à la féroce compétition néolibérale pour les ressources — mais sur la base d'une définition plus vaste qui inclut la production et la circulation des matières premières et des ressources permettant de fabriquer des 'corps-comme-machine-à-force-de-travail' (femmes porteuses d'utérus, banques de sperme, d'ovules, d'embryons, recherche). Enfin, le rôle central des États, des institutions internationales et des entreprises transnationales (au premier rang desquelles le complexe militaro-industriel), dans la gestion globale de la production et des flux de corps 'machine-à-force-de-travail'.

Finalement, en termes globaux, cette pensée féministe matérialiste imbricationniste et décoloniale provient de, et vise à nourrir, l'action individuelle et collective pour la transformation des rapports sociaux, et souligne à quel point il ne s'agit pas de lutter isolément pour l'adoucissement de certains d'entre eux, ce qui risque de renforcer les autres, mais de se battre de manière concertée, pour *l'abolition simultanée de tous*, condition *sine qua non* d'une réelle victoire.

Références

Ait Ben Lmadani Fatima, Moujoud Nasima (2012). « Peut-on faire de l'intersectionnalité sans les ex-colonisé-e-s ? ». *Mouvements*, n° 72.

Anzaldúa Gloria, Moraga Cherríe (1981). *This Bridge Called My Back. Writings by Radical Women of Color*. Watertown, Persephone Press.

Beal Frances (1970 [1969]). "Double Jeopardy: To Be Black and Female". In Bambara Toni Cade (ed). *The Black Woman: An Anthology*. New York, New American Library.

Bilge Sirma (2012). « Enjeux et défis de l'intersectionnalité ». Entretien. Propos recueillis par Fanny Gallot. *Contretemps* : http://www.contretemps.eu/interventions/enjeux-défis-lintersectionnalité-entretien-sirma-bilge

Cabnal Lorena (2015). « 'Corps-territoire et territoire-Terre' : le féminisme communautaire au Guatemala ». Entretien. Propos recueillis par Jules Falquet. *Cahiers du genre*, n° 59.

Chabaud-Rychter Danielle, Fougeyrollas-Schwebel Dominique, Sonthonnax Françoise (1985). *Espace et temps du travail domestique*. Paris, Librairie des Méridiens-Klincksieck.

Charest Danielle (2014 [2010]). « La dictature de l'hétéro*socialité* ». *Amazones d'hier, lesbiennes d'aujourd'hui*, n° 26-27.

Collins Patricia Hill (2015). « Toujours courageuses [*brave*] ? Le féminisme noir en tant que projet de justice sociale ». *Les Cahiers du Cedref*, n° 20 [trad. Françoise Bouillot].

Combahee River Collective (1979). "Black Feminist Statement". In Eisenstein Zillah. *Capitalist Patriarchy and the Case for Socialist Feminism*. New York, Monthly Review Press.

Curiel Ochy (2014). *La Nación heterosexual. Análisis del discurso jurídico y el régimen heterosexual desde la antropología de la dominación*. Bogotá, Brecha lésbica & Buenos Aires, En la Frontera.

Dalla Costa Mariarosa, James Selma (1972). *The Power of Women and the Subversion of the Community*. Frome & London, Butler & Tanner Ltd.

Davis Angela (1983 [1981]). *Femmes, race et classe*. Paris, Des femmes [éd. originale. *Women, Race & Class*. New York, Vintage Books].

Espinosa Miñoso Yuderkys, Gómez Correal Diana, Ochoa Muñoz Karina (eds) (2014). *Tejiendo de otro modo: feminismo, epistemología y apuestas descoloniales en Abya Yala*. Popayán, Universidad del Cauca.

Falquet Jules (2006). « Hommes en armes et femmes 'de service' : tendances néolibérales dans l'évolution de la division sexuelle et internationale du travail ». *Cahiers du genre*, n° 40 « Travail et mondialisation. Confrontations Nord/Sud ».

— (2009). « La règle du jeu. Repenser la co-formation des rapports sociaux de sexe, de classe et de 'race' dans la mondialisation néolibérale ». In Dorlin Elsa. *Sexe, race, classe. Pour une épistémologie de la domination*. Paris, Puf « Actuel Marx confrontation ».

— (2012). *Les mouvements sociaux dans la mondialisation néolibérale : imbrication des rapports sociaux et classe des femmes (Amérique latine-Caraïbes-France)*. Habilitation à diriger des recherches, sous la direction d'Anne-Marie Devreux.

— (2014). « Le capitalisme néolibéral, allié des femmes ? Perspectives féministes matérialistes et imbricationnistes ». In

Verschuur Christine, Guérin Isabelle, Guétat-Bernard Hélène (eds). *Sous le développement, le genre*. Paris, IRD.

— (2016). « Transformations néolibérales du travail des femmes : libération ou nouvelles formes d'appropriation ? ». In Araújo Guimaraes Nadya, Maruani Margaret, Sorj Bila (eds). *Genre, race, classe. Travailler en France et au Brésil*. Paris, L'Harmattan.

Falquet Jules, Moujoud Nasima (2010). « Cent ans de sollicitude en France. Domesticité, reproduction sociale, migration et histoire coloniale ». *Agone*, n° 43.

Federici Silvia (2013). *La revolución feminista inacabada. Mujeres, reproducción social y lucha por lo común*. México, Escuela Calpulli.

— (2014 [2004]). *Caliban et la sorcière. Femmes, corps et accumulation primitive*. Marseille, Senonevero ; Genève & Paris, Entremonde [trad. fr. Collectif Senonevero ; éd. orginale. *Caliban and the Witch: Women, the Body and Primitive Accumulation*. Autonomedia].

— (2016 [1975]). *Point zéro : propagation de la révolution, salaire ménager, reproduction sociale, combat féministe*. Paris, Éd. iXe [trad. fr. Damien Tissot ; éd. originale. *Revolution at Point Zero: Housework, Reproduction, and Feminism Struggle*. New York, PM Press].

Ferguson Susan, McNally David (2013). "Capital, Labour-Power, and Gender Relations: Introduction to the *Historical Materialism* Edition of *Marxism and the Oppression of Women*". In Vogel Lise. *Marxism and the Oppression of Women: Toward a Unitary Theory*. Chicago, Haymarket Books.

Fougeyrollas-Schwebel Dominique (2000). « Travail domestique ». In Hirata Helena *et al.* (eds). *Dictionnaire critique du féminisme*. Paris, Puf.

Glenn Evelyn Nakano (2009 [1992]). « De la servitude au travail de service : les continuités historiques de la division raciale du travail reproductif payé ». In. Dorlin Elsa (ed). *Sexe, race, classe. Pour une épistémologie de la domination*. Paris, Puf « Actuel Marx confrontation ».

Guillaumin Colette (1992 [1978]). « Pratique du pouvoir et idée de nature. (I) L'appropriation des femmes. (II) Le discours de la nature ». In Guillaumin Colette. *Sexe, race et pratique du pouvoir. L'idée de nature*. Paris, Côté-femmes [rééd. (2016). Paris, Éd. iXe].

— (2002 [1972]). *L'idéologie raciste*. Paris. Gallimard « Folio ».

Juteau Danielle, Laurin Nicole (1988). « L'évolution des formes de l'appropriation des femmes : des religieuses aux 'mères porteuses' ». *Revue canadienne de sociologie et d'anthropologie*, vol. 25, n° 2.

Lugones María (2008). "Colonialidad y género". *Tabula rasa*, n° 9.

Mathieu Nicole-Claude (1991 [1977]). « Paternité biologique, maternité sociale... ». In Mathieu Nicole-Claude. *L'anatomie politique, catégorisations et idéologies du sexe*. Paris, Côté-femmes.

— (1991 [1989]). « Identité sexuelle / sexuée / de sexe ? Trois modes de conceptualisation de la relation entre sexe et genre ». In Mathieu Nicole-Claude. *L'anatomie politique, catégorisations et idéologies du sexe*. Paris, Côté-femmes.

— (2007) (ed). *Une maison sans fille est une maison morte. La personne et le genre en sociétés matrilinéaires et/ou uxorilocales*. Paris, Éd. de la MSH.

Mendoza Breny (2001). "La desmitologización del mestizaje en Honduras: evaluando nuevos aportes". *Mesoamérica*, vol. 22, n° 42.

— (2014). *Ensayos de crítica feminista en nuestra América*. México, Herder.

Mies Maria (1986). *Patriarchy and Accumulation on a World Scale*. London, Zed Books.

Noizet Pascale (1996). *L'idée moderne d'amour. Entre sexe et genre : vers une théorie du sexologème*. Paris, Kimé.

Paredes Julieta (2010). *Hilando fino desde el feminismo comunitario*. La Paz, Comunidad Mujeres Creando Comunidad.

Rubin Gayle (1975). "The Traffic in Women: Notes on the 'Political Economy' of Sex". In Reiter Rayna (ed). *Toward an Anthropology of Women*. New York & London, Monthly Review Press [trad. fr. Nicole-Claude Mathieu (1998). « L'économie politique du sexe. Transactions sur les femmes et systèmes de sexe/genre ». *Les Cahiers du Cedref*, n° 7].

Tabet Paola (1985). « Fertilité naturelle, reproduction forcée ». In Mathieu Nicole-Claude (ed). *L'arraisonnement des femmes. Essais en anthropologie des sexes*. Paris, Éd. de l'EHESS.

— (2004). *La grande arnaque. Sexualité des femmes et échange économico-sexuel*. Paris, L'Harmattan « Bibliothèque du féminisme » [trad. José Contréras ; éd. originale (2004). *La grande beffa. Sessualità delle donne e scambio sessuo-economico*. Rubbettino editore].

Wittig Monique (2007 [1980]). *La pensée straight*. Paris, Éd. Amsterdam.

Quelles politiques sexuelles pour les femmes noires ? [1]

Patricia Hill Collins

Résumé

Partant du constat du silence des femmes noires sur leur sexualité, de l'invisibilité ou du traitement partiel de cet objet dans les recherches noires ou féministes en général, ce texte dresse le tableau des différentes approches possibles de la sexualité, celle des femmes noires en particulier. Si la sexualité peut se penser comme un système d'oppression autonome parallèle aux autres systèmes de race, de classe, de nation, de genre, on peut aussi la penser comme élément particulier de chaque système spécifique d'oppression. Mais l'analyse de la pornographie, de la prostitution, du viol invite plutôt à la penser comme 'site d'intersectionnalité' où se rencontrent et s'entrecroisent différents systèmes d'oppression.

POLITIQUES SEXUELLES — SEXUALITÉ — CORPS — VIOLENCES CONTRE LES FEMMES NOIRES — INTERSECTIONNALITÉ — RACISME — HÉTÉROSEXISME

---

[1] NDLR. Ce texte reprend, avec des coupes, le chapitre 6, “The Sexual Politics of Black Womanhood” de l'ouvrage de Patricia Hill Collins, paru en 1990, *Black Feminist Thought: Knowledge, Consciousness, and the Politics of Empowerment*, p. 123-149. [Copyright 2000 from *Black Feminist Thought. Knowledge, Consciousness, and the Politics of Empowerment* by Patricia Hill Collins. Reproduced by permission of Taylor and Francis Group, LLC, a division of Informa plc]. Les coupes représentées par … dans les citations sont de l'auteure ; celles qui figurent hors citations, mentionnées par […], sont de la rédaction.

> *Même moi je trouvais presque insupportable de la laisser dire ce qui lui était arrivé comme elle le ressentait … Et pourquoi ? Parce que lorsque la vérité éclate, et révèle que le viol n'a rien à voir avec le plaisir, que la souffrance sexuelle infligée dans l'enfance ne s'atténue jamais, que la peur, le silence et le temps n'effacent pas la violence subie, alors vous êtes confrontés à l'horreur absolue que vivent ces milliers d'enfants … qui ont été abusés sexuellement et qui n'ont jamais eu le droit à leurs propres mots pour le dire.*
>
> Alice Walker (1988, p. 57)

Dans *La couleur pourpre*, Alice Walker crée le personnage de Célie, une jeune adolescente noire abusée sexuellement par son beau-père. Célie parvient à trouver sa propre voix en écrivant des lettres à Dieu et en nouant des liens avec d'autres femmes noires, et cette voix lui permet de transcender la peur et le silence de son enfance. En créant Célie et en lui donnant les mots pour dire l'agression sexuelle dont elle a été victime, Walker ajoute la voix de celle-ci aux débats encore hésitants, mais de plus en plus audibles, sur les politiques sexuelles des femmes noires. Cependant, lorsqu'il s'agit d'autres aspects importants de leur sexualité, les femmes noires américaines éprouvent encore d'immenses difficultés à prendre la parole.

Ainsi Evelynn Hammonds n'a-t-elle suscité aucun écho, quand elle a souligné que :

> *La sexualité des femmes noires est souvent évoquée grâce à des métaphores de mutisme, d'espace ou de vision, comme un « néant » ou un désert, à la fois constamment visible (offert à la vue) et invisible, le corps des femmes noires étant déjà colonisé.* (Hammonds 1997, p. 171).

Ce long silence de la part des femmes et des théoriciennes féministes noires s'explique notamment par leur exclusion des positions de pouvoir dans les institutions sociales américaines ; leur voix collective est étouffée par ceux qui contrôlent les écoles, les réseaux d'information, les églises et le gouvernement ; et ce sont ces groupes dominants qui les construisent comme « *incarnation du sexe ; et l'invisibilité des femmes noires qui en découle devient alors l'inexprimé, l'imperceptible — tout ce qui n'est pas blanc* » (*ibid.*, p. 171).

La théorie critique a, elle aussi, analysé la sexualité des femmes noires, mais au prisme de ses propres hypothèses. Les communautés intellectuelles noires américaines en général, et celles travaillant sur les Noir·e·s en particulier, ont soit ignoré la sexualité des femmes noires, ou bien l'ont abordée, mais seulement dans le cadre de questionnements en rapport avec les hommes noirs. Même lorsque les théoriciennes noires s'efforcent de faire reconnaître l'importance de l'oppression de genre, elles abordent rarement la question de la sexualité des femmes noires (Collins 1993, 1998a, p. 155-183). Quant aux études sur les femmes en général, elles s'intéressent aux femmes noires principalement dans le cadre d'analyses comparatistes : leur but étant de construire des coalitions entre toutes les femmes au-delà des différences de race, elles intègrent les femmes noires aux théories féministes préexistantes, souvent pour montrer que leur situation est bien pire. De multiples voix se sont donc élevées pour dire l'expérience des femmes noires, rendant difficile le fait de parler en notre propre nom.

Cela n'explique cependant pas entièrement le silence persistant des Africaines-Américaines (*African-American women*) au sujet de leur sexualité. De nombreuses autres questions se sont déjà révélées difficiles à aborder ouvertement : pourquoi celle-ci reste-t-elle si problématique ? Pour Paula Giddings, cette réticence s'explique en grande partie par le fait qu'il s'agit là du « *dernier tabou* », quand s'élabore « *un discours non seulement sur le genre mais sur le sexe, qui met entre parenthèses la dimension du racisme* » (Giddings 1992, p. 442). Parler des constructions racistes de la sexualité des Noires que les Blancs ont élaborées est acceptable, mais les analyses de la sexualité qui impliquent les hommes noirs restent taboues, car elles transgressent les impératifs de solidarité raciale selon lesquels les femmes noires ne doivent jamais donner la priorité à leurs propres besoins. Et dans ce périmètre restreint, certains sujets sont plus acceptables que d'autres : c'est le cas, par exemple, des viols des femmes noires par des hommes blancs au temps de l'esclavage, mais non des viols de femmes noires par des hommes noirs aujourd'hui. Dans son essai « Souvenons-nous d'Anita Hill et de Clarence

Thomas : ce qui s'est vraiment passé lorsque qu'une femme noire a parlé », Nellie McKay explique pourquoi les Noires ont gardé le silence au sujet de leur sexualité :

> *En Amérique, les femmes noires ont toujours été écartelées entre loyauté de race et loyauté de sexe. Bien sûr, choisir l'une plutôt que l'autre, c'est toujours choisir contre soi ; et pourtant les femmes ont presque toujours choisi la loyauté de race : elles ont sacrifié leur identité de femme, et amputé une partie de leur humanité au bénéfice de la race.* (McKay1992, p. 277-278).

« *Choisir contre soi* » signifie que certains aspects seulement de la sexualité des femmes noires peuvent être analysés : ceux ne fragilisant pas un discours sur la race qui a privilégié historiquement l'expérience des hommes noirs. Mais le prix à payer est l'occultation d'autres aspects : ainsi, le viol, l'inceste, la misogynie dans la culture noire, ou tout autre sujet problématique pour les hommes noirs, restent tabous.

Cependant, le silence des femmes noires peut aussi être motivé par les bénéfices potentiels qui en résultent. Au début du XXe siècle, les femmes blanches actives dans le mouvement des clubs ont réussi bien mieux que les femmes noires à proposer des analyses intra-raciales de la sexualité et des rapports de genre. Dans un contexte de racisme virulent, s'exprimer publiquement sur la question risquait d'accroître la violence sexuelle des hommes blancs à l'encontre des hommes et des femmes noir·e·s. Les femmes blanches qui faisaient ces analyses genrées n'éprouvaient pas de telles craintes. Pour les femmes noires en revanche, dont la régulation du corps renforçait les systèmes de race, de classe et de genre tout à la fois, la protection d'espaces leur permettant de s'auto-définir exigeait souvent que des sujets en apparence très sensibles soient tus en public. Ce silence était particulièrement important dans une culture américaine prompte à accuser les femmes noires d'être d'immorales, des Jezabel [2] avides de sexe : lorsque sa sexualité est étalée en public, tenter de préserver son intimité à tout prix devient essentiel. Pour Hine, cette stratégie a produit une culture de la dissimulation : projeter une image

[2] NDLT. Jezabel : personnage biblique. Femme du roi Ahab d'Israël. Reine cruelle et impie dont le nom est également associé à la débauche et à la luxure.

extravertie dans la sphère publique permettait aux femmes noires de mieux cacher leur monde intérieur. Hine poursuit :

> *Ce n'est que grâce au secret, en s'imposant à elles-mêmes leur propre invisibilité, que la majorité des femmes noires pouvait se ménager l'espace psychique où rassembler les ressources nécessaires pour faire face dans des luttes de résistance trop souvent inégales et disproportionnées.* (Hine 1995, p. 382).

Dans des contextes de violence, quand l'autocensure semble être une protection, le silence fait sens.

À ces trois facteurs convergents encourageant chacun au silence (la suppression de la voix des femmes noires par les groupes dominants, les efforts des femmes noires pour ne pas enfreindre les impératifs de solidarité raciale, et la protection apparemment offerte par une culture de la dissimulation), s'ajoute un quatrième. De manière générale, les Noires américaines ont été très réticentes à reconnaître la contribution importante de la théorie féministe noire lesbienne dans le domaine de la sexualité des femmes noires. Depuis le début des années 1980, les théoriciennes et les activistes noires lesbiennes ont dit l'importance d'analyser l'homophobie et ses ravages pour les Africaines-Américaines. Barbara Smith rappelle que « *l'oppression dont souffrent les homosexuels noirs, hommes ou femmes, est généralisée, constante, et n'a rien d'abstrait. Elle mène parfois à la mort* » (Smith 1983, p. xlvii). Malgré la visibilité accrue des lesbiennes noires en tant que parents (Lorde 1984, p. 72-80 ; Williams 1997), en tant qu'universitaires (Davenport 1996), en tant qu'activistes (Gomez, Smith 1994), en tant qu'historiennes du lesbianisme (Kennedy, Davis 1994, p. 113-131), sans oublier celles qui ont révélé leur homosexualité publiquement (Moore 1997), les questions de l'homosexualité en général et de l'homophobie au sein des communautés noires en particulier, ont été esquivées par les Africaines-Américaines. [...]

L'hétérosexisme comme système de pouvoir

Une conséquence importante de l'activisme lesbien, gay, bisexuel et transgenre a été la reconnaissance de l'hétérosexisme comme système de pouvoir : l'espace politique et intellectuel que ces mouvements se sont approprié a remis en cause la normalité jusque-là présumée de l'hétérosexualité (Jackson 1996 ; Richardson 1996). L'approche traditionnelle qui liait la sexualité aux caractéristiques biologiques individuelles a progressivement fait place à des analyses de l'hétérosexisme comme système de pouvoir, montrant que l'hétérosexisme imprime sur les corps des significations sexuelles tout comme les oppressions de race et de genre impriment sur les corps des significations sociales. L'hétérosexisme se définit alors comme la croyance en la supériorité inhérente d'une forme d'expression sexuelle par rapport à une autre, et donc en sa légitimité à dominer.

Une analyse de la sexualité des femmes noires nécessitera par conséquent un cadre qui permette non seulement de rendre compte de l'hétérosexisme comme système d'oppression, mais aussi de conceptualiser les liens qui le relient aux autres systèmes d'oppression fondés sur la race, la classe et le genre. Deux dimensions interdépendantes de l'hétérosexisme, les dimensions structurelles et symboliques, pourront être envisagées. La dimension symbolique renvoie aux significations sexuelles utilisées pour représenter et juger la sexualité des femmes noires : l'image de la « *hoochie* » [3], par exemple, suggère une sexualité sale, malsaine, immorale, contre-nature. La dimension structurelle, quant à elle, fera porter l'analyse sur l'organisation des institutions sociales et comment celles-ci reproduisent l'hétérosexisme, notamment à travers les lois et les pratiques sociales. Ainsi, refuser de poursuivre les violeurs des femmes noires parce que ces femmes sont considérées comme des 'bêtes de sexe' constitue une pratique sociale qui construit et renforce les structures symboliques. Bien que distinctes analytiquement, ces deux dimensions sont en fait étroitement liées.

Aux États-Unis, le présupposé d'hétérosexualité opère comme une idéologie indiscutée, hégémonique : être hétérosexuel est considéré comme normal, ne pas l'être est suspect. Le système de significations sexuelles associées à l'hétérosexisme est devenu si prégnant que ces significations sont rarement remises en question : ainsi, le terme même de *sexualité* renvoie à l'*hétérosexualité*, considérée comme normale, naturelle, normative.

---

[3] NDLT. « hoochie » : terme qui suggère la vulgarité et la promiscuité (« pouffiasse », « salope », …).

La dimension idéologique de l'hétérosexisme s'inscrit dans un système binaire qui définit l'hétérosexualité comme normale et les autres sexualités comme déviantes. Cette distinction entre deux catégories de sexualité, 'normale' et 'déviante', a des implications importantes en ce qui concerne l'analyse de la sexualité des femmes noires. Le présupposé normatif d'hétérosexualité génère deux catégories distinctes de sexualité 'déviante'. La première renvoie à la sexualité *africaine* ou *noire* qui est construite comme une forme d'hétérosexualité anormale ou pathologique : le mythe de l'hypersexualité des Noir·e·s, de l'appétit sexuel excessif des Africains et Africaines, est ancré dans l'imaginaire des Blancs depuis des siècles et a produit, à des fins de contrôle social, les images genrées du violeur noir et de la Jezabel noire. Dans ce cadre présupposant l'hétérosexualité comme norme, être Blanc définit la catégorie de l'hétérosexualité normale, indépendamment des comportements individuels. Être Noir, en revanche, est le signe d'un appétit sexuel excessif, d'une hyper-hétérosexualité, sauvage, incontrôlée.

Le présupposé normatif d'hétérosexualité génère une deuxième catégorie importante de sexualité 'déviante' : l'*homosexualité*, sexualité anormale, pathologique, par contraste avec l'hétérosexualité. Alors que le problème de la déviance sexuelle africaine ou noire est construit comme provenant d'une prétendue hyper-hétérosexualité des Noir·e·s, le problème de l'homosexualité proviendrait non d'un excès de désir hétérosexuel mais de son absence apparente. Les femmes qui ne manifestent aucun intérêt pour les hommes en tant que partenaires sexuels sont qualifiées de 'frigides' et considérées comme malades si elles se définissent comme hétérosexuelles ; elles sont stigmatisées en tant que lesbiennes dans le cas contraire. [...]

Sexualité et systèmes spécifiques de classe, race, genre et nation

Comprendre comment le système d'oppression que constitue l'hétérosexisme rend vulnérables les femmes noires représente une première approche importante pour analyser la sexualité. Une seconde approche consiste à explorer comment des sexualités construites en lien étroit avec un hétérosexisme indiscuté interagissent avec d'autres systèmes d'oppression spécifiques : la classe, la race, le genre et la nation. Ainsi, l'image normative de la Jezabel réapparaît dans plusieurs systèmes d'oppression. Dans l'oppression de classe, elle encourage l'exploitation sexuelle du corps des femmes noires à travers la prostitution. Elle renforce également l'oppression de race en justifiant les abus sexuels contre les femmes noires. L'idéologie de genre profite elle aussi de cette figure d'une Jezabel souillée qui rend possible la pureté de la femme blanche. Ce à quoi s'ajoutent enfin les politiques des États-nations, qui refusent aux femmes noires un traitement égal au regard de la loi, parce qu'ils les considèrent aussi, implicitement, comme des Jezabel : ainsi, les mères célibataires noires ont dû lutter pour obtenir les aides sociales dont les femmes blanches bénéficient depuis longtemps (Amott 1990) ; les adolescentes noires, que l'on soupçonne d'être incapables de contrôler leur libido, se voient proposer les implants Norplant ou diverses autres méthodes de contraception plus fréquemment que les femmes blanches (Roberts 1997, p. 104-109) ; et comme Anita Hill en a fait l'expérience, les femmes noires ont d'immenses difficultés à obtenir gain de cause dans les cas de harcèlement ou de viol. Ainsi la régulation de la sexualité, mise en œuvre au travers de pratiques symboliques et structurelles, bénéficie-t-elle à chacun des systèmes.

Analyser comment la régulation de la sexualité des femmes noires contribue à renforcer chacun de ces systèmes permet d'explorer les rapports qu'ils entretiennent entre eux. Aux États-Unis, le contrôle du corps des femmes noires a été un enjeu important dans les rapports de classe capitalistes et s'est manifesté de deux façons. Premièrement, les rapports de classe capitalistes ont transformé le corps des femmes noires en objet puis en marchandise. La réification des femmes noires et la marchandisation des corps réifiés qui s'ensuit sont étroitement liées : le fait de transformer le corps des femmes noires en objet permet de le transformer en une marchandise qui peut ensuite être vendue ou échangée sur le marché libre. Les corps-marchandises de toutes sortes deviennent alors des marqueurs de statut dans des hiérarchies de classes qui reposent sur la race et le genre : ainsi, les bébés blancs en bonne santé sont très recherchés sur le marché américain de l'adoption, tandis que les bébés noirs, même en bonne santé, languissent généralement dans des familles d'accueil. Une deuxième caractéristique des rapports de classe capitalistes concerne l'exploitation du corps des femmes noires. Des mécanismes tels que la discrimination à l'emploi, la perpétuation des représentations des femmes noires comme 'bêtes de somme' ou objets de plaisir, et les incitations ou les obstacles à leur reproduction émanant de l'État, ont permis l'exploitation de leur travail, de leur sexualité et de leur fertilité.

Marchandisation et exploitation sont liées, et les formes prises par l'exploitation de la sexualité des femmes noires sont multiples. Parfois, c'est le corps tout entier qui devient une marchandise, comme lors des ventes d'esclaves, lorsque des corps de femmes et d'hommes noirs s'achetaient et se vendaient sur le marché libre. Parfois, seules des parties du corps étaient marchandisées et vendues à des fins de profit. Barbara Omolade introduit cette notion de marchandisation « *au détail* » qui permettait au maître blanc d'utiliser « *chacune des parties du corps de la femme noire* ».

> *Pour lui, elle n'était qu'une marchandise composée de plusieurs parties, et les sentiments et préférences qu'elle pouvait exprimer n'avaient guère d'importance : sa tête et son cœur étaient dissociés de son dos et de ses mains tout comme de son utérus et de son vagin.* (Omolade 1994, p. 7).

La sexualité des femmes noires se trouvait ainsi réduite à un vagin-objet, contrôlé par d'autres, pour être ensuite marchandisé et vendu. L'intérêt persistant de la science occidentale pour les parties génitales des femmes noires prend ici tout son sens, car le fait de réduire les femmes noires à des parties génitales et des vagins-marchandises les transforme, de fait, en prostituées potentielles. De même, la culture populaire contemporaine qui réduit les femmes noires à des *culs,* aboutit elle aussi à une marchandisation des parties du corps. L'étape suivante sera peut-être la marchandisation et l'exploitation de leur utérus. Lorsqu'un juge de Californie déclare qu'Anna Johnson, une Africaine-Américaine, ne peut revendiquer aucun droit en tant que mère pour avoir porté dans son utérus un bébé blanc, le message semble clair : les utérus ne sont que des espaces de stockage, et donc des biens locatifs comme les autres (Hartouni 1997).

De toute évidence, la régulation de la sexualité des femmes noires a été un enjeu important dans le discours et la pratique du racisme. Aux États-Unis, parce que la race a été construite en tant que catégorie biologique ancrée dans le corps, le contrôle de la sexualité noire a joué depuis longtemps un rôle majeur dans la préservation des frontières raciales. Les notions américaines de pureté de la race, définie par des règles comme celle selon laquelle une goutte de 'sang' noir détermine l'identité raciale, ont imposé un contrôle strict de la sexualité et par conséquent de la fertilité des femmes noires, des femmes blanches et des hommes noirs. Officiellement mise en œuvre dans le Sud pour empêcher les Noirs et les Blancs de partager les mêmes lieux publics, la ségrégation provenait en fait de la peur profondément ancrée que « *les fréquentations sociales ne mènent à des fréquentations sexuelles* » (d'Emilio, Freedman 1988, p. 106). Ces dispositifs de contrôle ont affecté divers groupes différemment. Ainsi les hommes blancs des classes aisées ont-ils eu accès au corps de toutes les femmes sans craindre la concurrence sexuelle des autres hommes. L'émergence d'une classe d''hommes blancs en colère' à la suite des réformes sociales des années 1960 et 1970 reflète en partie l'effritement des pratiques blanches suprémacistes qui avaient donné aux hommes blancs un tel pouvoir (Ferber 1998). Les femmes blanches des classes aisées ont, quant à elles, tiré leur valeur de leur virginité pré-maritale ; une fois 'perdue' dans le contexte du mariage hétérosexuel, celle-ci garantissait cependant que tous les enfants seraient biologiquement 'blancs'. Enfin, les Blancs de toutes classes étaient incités à redouter l'assimilation raciale qui, croyaient-ils, les rabaisserait au même statut que les autres races (d'Emilio, Freedman 1988, p. 86). Dans ce contexte, les hommes noirs ont été construits comme des bêtes de sexe violentes, ce qui justifiait non seulement leur persécution par l'État (Berry 1994 [1971]), mais aussi l'interdiction qui leur était faite d'avoir accès au corps des femmes blanches. La sexualité des femmes noires n'a bénéficié d'aucune protection. Les notions de suprématie blanche reposaient donc sur une conception de la différence raciale, « *laquelle différence se fondait en grande partie sur des perceptions de la différence sexuelle*

... qui elle-même reposait sur les représentations des femmes noires » (Giddings 1992, p. 417).

La régulation de la sexualité des femmes noires a également été un enjeu dans l'oppression de genre. La séparation des femmes en deux catégories, les femmes morales et asexuelles auxquelles le mariage offrait une protection, et les autres, immorales et sexuelles, a servi de modèle pour la construction des notions genrées de masculinité et de féminité. Les principaux symboles archétypiques qui représentent les femmes dans la pensée occidentale construisent leur sexualité grâce à une série d'oppositions binaires étroitement liées. Lorsqu'elles se conjuguent, ces oppositions binaires créent une hiérarchie sexuelle avec au sommet, l'expression sexuelle autorisée et à la base, les sexualités interdites. Les présupposés qui définissent les sexualités normales et les sexualités déviantes permettent de classer les femmes selon leur sexualité en femmes de bonne ou de mauvaise vie. D'un côté il y a les vierges, qui se réservent pour leur futur mari et ne sont autorisées à être hétérosexuellement actives qu'après le mariage ; et de l'autre, les putains, ces femmes non mariées qui ne cherchent qu'à se faire 'baiser'. Ce qui importe le plus dans ce contexte, ce n'est pas tant qu'une femme soit vraiment vierge ou pas, mais qu'elle soit capable de se construire comme une jeune fille 'bien'. Lorsque toutes les femmes noires sont assignées à la catégorie des 'filles de mauvaise vie' quel que soit leur comportement réel, et qu'alors l'idéologie de race s'ajoute à celle de genre, la gestion de ce système se trouve grandement facilitée.

Il est essentiel de ne pas oublier que les idées et les pratiques qui semblent naturelles et normales au sujet de la sexualité sont en fait soigneusement élaborées et propagées par les institutions scolaires et religieuses, les médias d'information et, plus important encore, les politiques gouvernementales. Croire que les municipalités, les États ou le gouvernement fédéral ne s'intéressent pas aux questions sexuelles est une erreur : de fait, l'État américain régule la sexualité en légitimant certaines formes plutôt que d'autres via l'impôt, la protection sociale et diverses autres politiques. Il est clair, par exemple, que les politiques de l'État-nation américain ne protègent pas la vie privée des citoyens et des citoyennes de manière identique. Les familles aisées vivant dans des banlieues sécurisées jouissent d'une protection de leur vie privée bien plus grande que les familles pauvres vivant dans des logements sociaux, où la police s'ingère dans l'intimité des familles bien plus souvent qu'elle n'œuvre à la protéger. De la même manière, la loi a fait de la sexualité des femmes noires un bien public : il n'est pour elles aucune forme d'intimité que les Blancs doivent respecter. Barbara Omolade explique :

> *Les hommes blancs ont utilisé leur pouvoir dans la sphère publique pour construire une sphère privée qui leur permette d'assouvir leurs besoins et leur désir pour les femmes noires. Reconnaître ceux-ci ouvertement aurait fragilisé la fabrique fallacieuse de la race dont ils avaient besoin pour continuer d'exercer leur pouvoir dans la sphère publique. Par conséquent, l'histoire des femmes noires en Amérique s'est forgée à la croisée des sphères publiques et privées, et de l'oppression personnelle et politique.* (Omolade 1994, p. 17).

La régulation du corps des femmes noires

La sexualité peut se penser comme système d'oppression autonome, semblable aux oppressions de race, de classe, de nation et de genre, ou comme faisant partie intégrante de chacun de ces systèmes d'oppression spécifiques, ou encore comme le lieu social privilégié où se rencontrent, s'entrecroisent et s'agrègent ces différents systèmes d'oppression ; les oppressions qui s'entrecroisent partagent alors certaines caractéristiques communes. La manipulation et la régulation de la sexualité constituent un tel exemple d'intersectionnalité.

Dans cette perspective, l'analyse des méthodes utilisées pour réguler le corps des femmes noires peut permettre de mieux comprendre comment la sexualité fonctionne comme site d'intersectionnalité. Plus largement, la pornographie, la prostitution et le viol montrent clairement comment des groupes dominants ont tenté de réguler le corps des femmes noires et révèlent le lien qui existe entre les idéologies sexuelles visant à justifier des pratiques sociales et l'utilisation de la force pour maintenir l'ordre social existant. En tant que telles, ces problématiques fournissent un angle d'approche particulièrement intéressant pour expliquer comment la sexualité permet aux oppressions entrecroisées de se construire et de se renforcer les unes les autres.

Pornographie et corps des femmes noires

> *Des siècles durant, la femme noire a été la « source » principale de pornographie pour les hommes blancs d'Europe et d'Amérique. Il suffit de se souvenir des femmes noires utilisées à des fins de reproduction et violées par leur propriétaire pour le plaisir et le profit. Il suffit de se souvenir de tout ce que le « maître » avait la liberté de faire. Mais plus révélateur encore, il suffit d'étudier les vieilles sociétés esclavagistes du Sud des États-Unis pour découvrir le traitement sadique que les Blancs si « galants » faisaient subir aux « jeunes et belles esclaves quarteronnes et octavonnes*[4] *», qui étaient d'autant plus prisées comme maîtresses qu'il devenait de plus en plus difficile de les distinguer des femmes blanches, ce qui était le but recherché.* (Walker 1981, p. 42).

La description qu'Alice Walker fait du viol des esclaves africaines par leur maître « *pour le plaisir et le profit* » réunit plusieurs éléments caractéristiques de la pornographie contemporaine. Premièrement, les hommes blancs utilisaient les femmes noires comme objets de plaisir : cette réification des Africaines-Américaines est à mettre en parallèle avec la représentation des femmes comme objets sexuels offerts aux hommes dans la pornographie (McNall 1983). Ils les exploitaient également à des fins de reproduction, ce qui les dépouillait de leur humanité car seuls les animaux peuvent être contraints à se reproduire : dans la pornographie contemporaine, les femmes sont également déshumanisées lorsqu'elles sont représentées comme chair à plaisir, comme bêtes sexuelles attendant l'arrivée du maître. Deuxièmement, les Africaines-Américaines subissaient des violences sexuelles, et notamment le viol : or la violence, implicite ou explicite, est caractéristique de la pornographie (Eisenstein 1983). Troisièmement, le viol et d'autres formes de violence sexuelle visent à annihiler toute volonté de résistance de la part des victimes afin de les rendre passives et soumises à la volonté

[4] NDLT. Quarteron : personne qui a un quart de sang noir ; octavon : personne qui a un huitième de sang noir.

du violeur : la passivité féminine, le fait que les femmes subissent, est un thème omniprésent dans la pornographie contemporaine (McNall 1983). Quatrièmement, la rentabilité de l'exploitation sexuelle des femmes noires pour les Blancs si 'galants' est comparable aux profits substantiels que les pornographes tirent de la pornographie (Dines 1998). Et dernier point : le fait même de pratiquer 'l'élevage' de 'quarteronnes et d'octavonnes' accentue les dimensions de passivité, de réification et de soumission des femmes noires au pouvoir masculin, et révèle également l'ancrage de la pornographie dans le racisme et le sexisme. Cet 'élevage' liait étroitement le sort des femmes noires à celui des femmes blanches : comme objet pornographique, l'Africaine-Américaine idéale ressemblait à s'y méprendre à une femme blanche et offrait par conséquent les mêmes images de beauté, d'asexualité et de chasteté que celles qui lui étaient assignées. Mais derrière ces apparences se cachait une 'putain' avide de sexe, une 'maîtresse' qui était en fait une esclave prête à satisfaire tous les désirs de son maître.

La pornographie contemporaine repose sur une série d'images iconiques ou de représentations qui focalisent l'attention du spectateur sur la relation entre l'individu représenté et les caractéristiques générales attribuées au groupe auquel cet individu appartient. Les images pornographiques sont iconographiques en ce sens que les réalités qu'elles représentent sont déterminées par la position historique des observateurs et par leur rapport à leur propre époque et à l'histoire des conventions mises en œuvre (Gilman 1985). La pornographie contemporaine, qui met en scène la réification, la domination et le contrôle des femmes, tire probablement son origine du traitement infligé au corps des femmes noires en Europe et aux États-Unis au XIXe siècle, car c'est dans ce contexte qu'ont émergé les images iconiques de la sexualité du corps des femmes noires. De plus, parce qu'il s'agit là de représentations raciales et genrées, ces images iconiques ont des implications non seulement pour le traitement des femmes africaines-américaines mais aussi pour celui des femmes blanches dans la pornographie contemporaine.

Il me semble évident que les Africaines-Américaines ont constitué dès le début l'élément central sur lequel la pornographie repose aujourd'hui, qu'elles n'y ont pas été rajoutées par la suite. Comme le souligne Alice Walker :

> *La pornographie moderne plonge ses racines les plus profondes dans le traitement presque toujours pornographique des femmes noires : dès qu'elles ont été réduites en esclavage ... elles ont été violées, ce qui était l'aboutissement « logique » du sexe et de la violence. En un mot, la conquête.* (Walker 1981, p. 42).

Au XIXe siècle, seul le corps des femmes noires était exhibé publiquement. Dans le Sud esclavagiste, les hommes blancs n'avaient nul besoin d'images pornographiques de femmes car des corps de femmes noires étaient offerts à leur vue lors des ventes aux enchères. Le traitement infligé à Sarah Bartmann au début du XIXe siècle, exemple glaçant de cette réification du corps des Africaines, est à l'origine de l'une des premières images iconiques de leur sexualité. Sous le nom de la Vénus hottentote, et généralement fort peu vêtue, Sarah Bartmann était souvent montrée en spectacle dans des dîners mondains à Paris. C'était une époque où les Européens pensaient que les Africaines et Africains avaient des pratiques sexuelles déviantes et recherchaient des différences physiologiques comme des pénis de grande taille ou des malformations génitales chez les femmes pour en apporter la preuve. Les exhibitions publiques de Sarah Bartmann confortaient ces croyances racistes et sexistes en une sexualité déviante. Après sa mort en 1815, son corps fut disséqué et ses organes génitaux et ses fesses furent exposés en public (Gilman 1985).

Sander Gilman explique comment le public victorien voyait Sarah Bartmann :

> *Il est important de comprendre que le public venait voir non pas les organes génitaux de Sarah Bartmann, mais une autre anomalie qui avait déjà fasciné les premiers voyageurs européens : ses fesses proéminentes, ou stéatopyges ... Sarah Bartmann était ainsi réduite à ses seuls attributs sexuels. Lorsqu'elle est décédée, son corps a été disséqué, et le public qui, de son vivant, avait payé pour voir ses fesses et avait fantasmé sur ses organes génitaux, qu'il imaginait si différents, a eu alors le loisir d'examiner les deux.* (Gilman 1985, p. 213).

Dans ce passage, sans que telle soit son intention, Gilman montre que Bartmann a été utilisée comme objet pornographique de la même manière que les femmes le sont dans la pornographie aujourd'hui. Elle a été réduite à ses attributs sexuels, et ces attributs sont devenus l'image iconique dominante qui a signifié la femme noire tout au long du XIXe siècle. Le fait que Sarah Bartmann était Africaine *et* femme souligne également l'importance du genre dans la préservation des idées de pureté raciale. Parce que Bartmann symbolisait les Noirs en tant que race, les exhibitions publiques dont elle était l'objet servaient aussi à renforcer l'opposition entre les nations européennes dites 'civilisées' et les colonies arriérées et incapables de se développer (Fausto-Sterling 1995). L'image créée pour représenter la femme noire intégrait donc des dimensions de genre, de race, de nation et de sexualité, toutes étroitement liées entre elles ainsi qu'aux structures plus globales de domination politique et d'exploitation économique.

Le traitement pornographique du corps des esclaves africaines et des femmes comme Sarah Bartmann est devenu depuis une industrie de masse. La pornographie transforme toutes les femmes en objet, mais de manière différente en fonction des catégories raciales et ethniques. Les représentations des femmes noires dans la pornographie d'aujourd'hui s'inscrivent dans la continuité du traitement infligé à leur corps dans le passé (Forna 1992). Les Africaines-Américaines sont généralement représentées dans des situations de domination et d'esclavage, soumises, souvent avec deux hommes blancs. Une étude de cinquante-quatre vidéos les a montrées plus fréquemment que les autres, victimes d'agressions puis, après une résistance initiale, finalement consentantes. Comparées aux femmes blanches, les femmes noires sont plus souvent représentées donnant des fellations à genoux (Cowan, Campbell 1994). Selon Russell (1993, p. 45-49), les femmes noires sont comparées à des serpents ; elles ont des rapports sexuels avec des membres de leur famille ainsi qu'avec des animaux ; et elles aiment être violées, surtout lorsque les violeurs sont blancs. Bell remarque que les mises en scène rappellent l'esclavage, « *avec des chaînes, des fouets, des tours de cou, des fers aux poignets* » (Bell 1987, p. 59). Les images pornographiques des femmes blanches sont différentes de celles des femmes de couleur. Dans la pornographie, les femmes noires sont presque toujours représentées brisant leurs chaînes, et les femmes asiatiques subissant des actes de torture (Bell 1987, p. 161).

Le traitement du corps des femmes noires dans la pornographie force à reconsidérer les hypothèses jusque-là dominantes selon lesquelles le racisme se serait greffé sur la pornographie puisque les images des femmes blanches y sont numériquement plus nombreuses. L'expérience des Africaines-Américaines suggère que les femmes noires n'ont pas été ajoutées à une pornographie qui existait déjà, mais plutôt que la pornographie elle-même doit être repensée comme un déplacement qui part de la réification du corps des femmes noires à des fins de domination et d'exploitation pour aboutir, dans les représentations médiatiques, à la réification de toutes les femmes servant les mêmes fins. Au cœur à la fois du racisme et du sexisme se trouvent des notions de déterminisme biologique selon lesquelles les individu·e·s d'origine africaine et les femmes possèdent des caractéristiques biologiques immuables qui les rendent inférieur·e·s à une élite d'hommes blancs (Halpin 1989 ; Fausto-Sterling 1992). Ces croyances racistes et sexistes prennent une dimension sexuelle dans la pornographie. Par ailleurs, le traitement pornographique des Africaines-Américaines n'est pas a-temporel et universel : il est apparu dans le contexte de la colonisation européenne et de l'esclavage aux États-Unis (Torgovnick 1990 ; McClintock 1995). La rentabilité de la pornographie renforce ainsi les rapports de classe capitalistes.

Relier de cette manière les analyses du corps, de la construction sociale de la race et du genre, de la rentabilité de la pornographie et des conceptualisations de la sexualité, qui toutes contribuent à fabriquer les femmes noires comme objets pornographiques, ouvre des perspectives prometteuses pour l'exploration de la pornographie contemporaine. L'analyse de la pornographie comme site d'intersection de multiples oppressions permettra d'appréhender plus finement l'injustice sociale.

S'intéresser aux dimensions raciales de la pornographie constitue une approche possible pour mener à bien cette analyse. Les femmes noires ont souvent souligné que les images de la sexualité des femmes blanches étaient étroitement liées à l'image normative et négative de la sexualité des femmes noires :

> *Aux États-Unis, la peur de la sexualité féminine et la fascination qu'elle exerce ont été projetées sur les femmes noires ; l'image éthérée de la femme respectable est apparue en lien avec celle de l'esclave aux pulsions sexuelles primitives.* (Hall 1983, p. 333).

La pornographie offre de semblables associations (Gardner 1980). Dans une de ses fictions, Alice Walker montre comment un homme noir prend conscience du traitement différent des Africaines-Américaines et des femmes blanches dans la pornographie :

> *Ce qu'il refusait de voir, parce que cela aurait révélé son impuissance à protéger ou à défendre les femmes noires dans un autre domaine encore, c'est que les femmes blanches sont représentées comme des 'objets' dans la pornographie, alors que les femmes noires sont représentées comme des 'bêtes'. Là où les femmes blanches sont représentées, non comme des êtres humains, mais au moins comme des corps humains, les femmes noires ne sont que de la merde.* (Walker 1981, p. 52).

La distinction que Walker fait entre les 'objets' et les 'bêtes' est essentielle pour démêler les dynamiques de genre, de race et de classe dans la pornographie. Dans les oppositions binaires de la pensée sociale occidentale (esprit/corps, culture/nature, homme/femme), les objets occupent une place intermédiaire incertaine. En tant qu'objets, les femmes blanches sont des productions de la culture — ici, de l'esprit de l'homme blanc — qui utilise les matériaux de la nature, à savoir, une sexualité féminine débridée. Mais aucun trait culturel ne vient racheter les femmes noires qui, en tant que bêtes, restent vulnérables au type d'exploitation réservé à la nature dans son ensemble. Les représentations que la pornographie offre des femmes noires — enchaînées, nues, en cage, 'panthères' à la sexualité primitive et exotique (Forna 1992) — renforcent ce thème de la 'sauvagerie' de la femme noire, symbole d'une sexualité féminine débridée. Dans un contexte où la blancheur, symbole à la fois de civilisation et de culture, est utilisée pour distinguer les bêtes des objets, la différence raciale ancrée dans la sexualité devient le trait distinctif qui détermine comment les femmes seront déshumanisées.

Si le fait d'être traitée comme une bête met en jeu des dimensions sexuelles et raciales importantes, c'est le fondement économique d'un tel traitement qui est cependant essentiel. Dans des rapports de classe capitalistes, les animaux sont mis au travail, vendus, abattus et consommés à des fins de profit. Tel est le sort réservé aux Africaines-Américaines lorsqu'elles sont considérées comme des 'bêtes de somme'. L'économie politique de la pornographie fait partie intégrante d'un système de valeurs plus global qui transforme en objet, puis en marchandise qu'il met alors sur le marché, des produits, des idées, des images et des êtres humains. La pornographie joue un rôle clé à la croisée des contradictions qui travaillent les sociétés en mutation (McNall 1983). Ce n'est pas une coïncidence si une biologie raciste, des justifications religieuses de l'esclavage et de la subordination des femmes, ainsi que d'autres théories venant étayer le racisme et le sexisme ont émergé durant une période de bouleversements politiques et économiques au XIXe siècle. Les modes de domination symboliques deviennent particulièrement importants lorsqu'il s'agit de réconcilier des contradictions dans des contextes de mutation politique et économique. Exhiber Sarah Bartmann ou des femmes noires lors des ventes d'esclaves ne relevait pas de l'exercice abstrait et anodin : il s'agissait d'une pratique visant à protéger des intérêts matériels et politiques bien réels. L'évolution actuelle du capitalisme international requiert de semblables justifications idéologiques. La manière dont la pornographie contemporaine est partie prenante dans les transformations du postcolonialisme à l'échelle mondiale en cette fin du XXe siècle rappelle les changements de même ampleur qui ont accompagné le colonialisme au XIXe siècle (Dines 1998).

Le fait d'exhiber les femmes noires en public a peut-être joué un rôle central dans leur déshumanisation et dans l'émergence de l'image iconique de la femme noire comme animal. Yi-Fu Tuan (1984) ouvre une piste d'*analyse* nouvelle lorsqu'il établit un parallèle entre les efforts déployés pour contrôler la nature (notamment les plantes) et domestiquer les animaux, d'une part, et dominer certains groupes humains, de l'autre. Tuan suggère que le fait de mettre des humains sur le même plan que des animaux signifie que ces humains sont plus proches des singes et des ours que des gens 'normaux'. Ce même type de juxtaposition influence également le regard porté sur les animaux en captivité : ces animaux sont alors considérés comme presque humains, mais plus ouvertement charnels et sexuels, ce qui constitue d'ailleurs une source d'attraction majeure pour les visiteurs des zoos modernes. Analysant la popularité des singes dans les zoos, Tuan remarque :

> *Certains visiteurs sont particulièrement attirés par la sexualité ouverte des singes, le voyeurisme n'étant pas prohibé lorsqu'il s'agit de sous-humains.* (1984, p. 82).

Pour Tuan, les exhibitions de Sarah Bartmann et des innombrables esclaves africaines vendues aux enchères, souvent dans une proximité étroite avec des animaux, dans le Sud avant la guerre de Sécession, ont contribué à suggérer leur animalité.

Les écrits scientifiques du XIXe siècle établissent clairement le lien entre les femmes noires et les animaux. Ainsi, dans cette description d'une femme africaine publiée dans un texte anthropologique de 1878, l'équation entre les femmes, les Noirs et les animaux est posée sans aucune ambiguïté :

> *Sa manière de faire la moue ressemblait en tout point à ce que nous avons observé chez l'orang-outan. Ses mouvements avaient quelque chose d'abrupt et de fantastique, comme chez le singe. Son oreille était semblable à celle de nombreux singes ... Ce sont là des caractéristiques animales. Je n'ai jamais vu de tête humaine aussi proche de celle du singe que la tête de cette femme.* (Halpin 1989, p. 287).

Dans un tel contexte, il n'est pas surprenant qu'un médecin européen de renom ait même affirmé que « *l'appétit sexuel des femmes noires était tel qu'elles copulaient avec des singes* » (Gilman 1985, p. 212). Ces croyances se sont ancrées si profondément que la science de la fin du XXe siècle ne les a abandonnées qu'avec difficulté. Le discours sur le Sida, qui associe l'Afrique, les animaux et des sexualités considérées comme déviantes en est un exemple (Watney 1990 ; Hammonds 1997). Comme le suggère Paula Giddings, le fait que des « *revues respectables établissent un lien entre les singes verts et les femmes africaines, par exemple, ou bien font remonter l'origine du Sida aux prostituées africaines — aux organes sexuels pollués des femmes noires — révèle la prégnance continue de l'idéologie raciste* » (Giddings 1992, p. 458).

Dans la pornographie contemporaine, le traitement de toutes les femmes est étroitement lié au fait que les femmes noires sont assimilées à des bêtes. La pornographie transforme les femmes en non-personnes, et les représente souvent comme la somme des parties d'un corps qu'elle a fragmenté. Scott McNall souligne :

> *Cette fragmentation des femmes est à relier à la prédominance des photographies les représentant dans des postures invitant aux pénétrations par l'arrière … Toutes les photographies de ce type réduisent la femme à son système de reproduction, et de plus, la représentent offerte, consentante et disponible, en un mot, soumise … L'autre message que ces photographies nous envoient, c'est que ces femmes ne sont que des bêtes. Rien de plus que des bêtes, parce que comme les chiens — ou plutôt les chiennes — elles sont en chaleur et incapables de se contrôler.* (McNall 1983, p. 197-198).

Si la pornographie peut assimiler de cette manière les femmes à des animaux, c'est que les femmes noires ont préalablement été déshumanisées.

Développer une analyse globale de la place des femmes noires dans la pornographie, et de la pornographie elle-même comme site d'intersection des oppressions, ouvre des perspectives de changement. Pour les intellectuelles féministes noires qui s'intéressent aux politiques sexuelles, la situation est beaucoup plus compliquée que ne l'a suggéré le féminisme occidental, selon lequel 'les hommes oppriment les femmes' parce que ce sont des hommes. Cette approche repose sur l'hypothèse implicite que le genre et la sexualité sont déterminés biologiquement, ce qui n'offre guère de perspective de changement. À l'inverse, les théories féministes noires qui utilisent le paradigme de l'intersectionnalité pour analyser les politiques sexuelles permettent de penser l'action. Les femmes ne sont pas programmées pour être victimes des pornographes, pas plus que les hommes ne le sont pour consommer la pornographie sans réfléchir. […]

Prostitution et exploitation du corps des femmes noires

[…] Pour Yi-Fu Tuan (1984), le pouvoir comme forme de domination implique la nécessité de réduire les humains à une nature animée afin de les exploiter économiquement, ou de les traiter de manière condescendante comme des animaux de compagnie. La domination visant l'exploitation peut être soit cruelle et dénuée d'affection, soit, malgré tout, empreinte d'affection. Dans le premier cas, elle produira la victime : ici, la femme noire considérée comme 'bête de somme' et exploitée pour son travail. L'association de la domination et de l'affection produira quant à elle l'animal de compagnie, l'être subordonné dont la survie dépend du caprice du dominant. On élevait les «*jeunes et belles quarteronnes et octavonnes* » décrites par Alice Walker pour qu'elles deviennent des animaux de compagnie, des esclaves noires 'maîtresses' de leur maître, dont l'existence dépendait de son affection qu'il leur fallait impérativement garder. Le traitement subi par ces femmes est à l'image de celui subi par toutes les femmes africaines-américaines, représentées comme victimes ou animaux de compagnie, réels ou potentiels, d'une élite d'hommes blancs.

Les Africaines-Américaines incarnent à la fois la victime et l'animal de compagnie, et leur survie dépend souvent de leur aptitude à manifester de manière adéquate leur subordination. L'expérience des femmes noires qui travaillent, payées ou non, témoigne de la rudesse de l'existence pour les victimes. Si la vie est difficile pour la victime, l'animal de compagnie subit quant à lui une forme d'exploitation différente. Dans son essai publié en 1943, « Le système du 'Nègre de compagnie' », Zora Neale Hurston dénonce avec mépris la situation en apparence confortable quand l'affection se mêle à la domination. Dans un style oratoire typique des Noir·e·s, Hurston déclare :

> *Mon Frère et mes Sœurs, j'ouvre ce matin le Livre de Dixie … Où il est écrit que « Chaque homme blanc sera autorisé à protéger son Nègre. Oui, il laissera venir à lui un homme noir qu'il protégera et chérira, et cet homme noir sera parfait à ses yeux ».* (Walker 1979, p. 156).

L'animal de compagnie jouit d'un traitement de faveur, mais vit sous la menace constante qu'un jour il ne sera plus 'parfait à ses yeux', que son maître se lassera de lui et le reléguera au statut peu enviable de victime.

La prostitution conjugue l'exploitation à des fins économiques (à savoir la marchandisation de la sexualité des femmes noires) et le traitement avilissant que subit l'animal de compagnie. Le sexe devient une marchandise, non seulement parce qu'il peut s'acheter (d'où la dimension économique de l'exploitation), mais aussi parce qu'un être est totalement aliéné, dissocié de son corps qu'il ne contrôle plus (ce qui renvoie au pouvoir comme domination) (McNall 1983). Les dominants peuvent alors s'approprier ce sexe marchandisé. Lorsque les 'petits Blancs de Long Island' regardent les femmes noires et que la seule chose à laquelle ils pensent alors, c'est le sexe, ils croient pouvoir s'approprier le corps des femmes noires. Lorsqu'ils crient : « *Je parie qu'tu sais qui va s'éclater ce soir* », ils s'attendent à ce que du sexe marchandisé avec des femmes noires qu'ils considèrent comme des 'bêtes' soit meilleur qu'avec des femmes blanches qu'ils considèrent comme des 'objets'. La pornographie et la prostitution transforment le sexe en marchandise et font croire aux 'petits blancs' que les Africaines-Américaines peuvent toutes s'acheter.

Dans le contexte capitaliste européen et américain, la prostitution fait donc partie d'un réseau complexe de rapports politiques et économiques. L'analyse que Gilman propose de l'exhibition de Sarah Bartmann en « Vénus hottentote » (1985) révèle un autre lien inattendu entre la race, le genre et la sexualité dans l'Europe du XIXe siècle : celui qui relie l'image iconique de la femme noire et celle de la prostituée blanche. La femme hottentote symbolisait l'essence de la race africaine, tandis que la prostituée blanche symbolisait celle de la femme sexualisée. La prostituée représentait l'incarnation de la sexualité et de tout ce que l'Europe y associait : la maladie ainsi que la passion. Comme Gilman le souligne :

> *C'est dans cette impureté, cette maladie, que les deux représentations de femmes, la noire et la prostituée, ont été finalement associées. De même qu'un parallèle était effectué entre les organes génitaux de la femme hottentote et ceux, contaminés, de la prostituée, de même … l'idée toute puissante de corruption reliait les deux représentations.* (1985, p. 237).

Ce rapprochement entre les images iconiques des femmes noires et des prostituées blanches révèle le lien étroit qu'entretiennent la race, le genre et la sexualité dans la construction des définitions de la classe sociale.

Dans le Sud esclavagiste, la prostitution imposée aux esclaves africaines fusionnait ces deux images. Le fait que les femmes noires étaient prostituées permettait aux femmes blanches de ne pas l'être ; c'est parce qu'il y avait des 'putains' noires, qu'il pouvait y avoir des 'vierges' blanches. Ce nœud race/genre a permis à l'homme blanc de différencier la femme-corps sexualisée qu'il pouvait dominer et 'baiser', et la femme-esprit asexuée, idéalisée, qu'il pouvait présenter à maman (Hoch 1979, p. 70). La femme dévalorisée sexuellement, qu'elle soit victime car violée ou 'animal domestique' dans un rapport de séduction, pouvait devenir l'aune à laquelle le culte de la vraie féminité s'élaborait. La situation n'offrait que des avantages.

L'image de la lesbienne peut aussi être reliée à celle de la prostituée et à celle des femmes noires symbolisant la race noire. Christian remarque que les écrivaines noires ont complexifié l'image physique des lesbiennes :

> *Le stéréotype corporel de la lesbienne noire était une apparence masculine ; … elle n'était pas tant une femme qu'un homme inaccompli, description parfois également utilisée pour caractériser une femme noire aux traits négroïdes ou au comportement arrogant.* (Christian 1985, p. 191).

Christian souligne bien le lien entre le genre, la race et la sexualité. Le lesbianisme, pratique sexuelle prétendument déviante, se trouve lié aux marqueurs biologiques de race et à une apparence 'masculine'. Ces liens renforcent également la construction de la sexualité des femmes noires comme déviante : se rejoignent alors la 'déviance' sexuelle des femmes noires hétérosexuelles à l'appétit sexuel insatiable, et la 'déviance' des lesbiennes noires qui rejettent ce qui est constitutif de la féminité pour les femmes, à savoir, le contact hétérosexuel avec les hommes.

Viol et violence sexuelle

Aux États-Unis, la contrainte a joué un rôle important dans la mise au premier plan de l'Africaine-Américaine comme image de la femme sexualisée et dans la construction de son expérience avec la pornographie et la prostitution. Ce n'est que contraintes que les femmes noires se sont retrouvées exhibées sur l'estrade lors des ventes dans le Sud, jamais de leur plein gré. Les femmes esclaves n'avaient pas le choix : elles devaient travailler et, si elles refusaient, elles étaient battues et souvent tuées. Les domestiques noires qui refusaient les avances sexuelles de leur employeur perdaient généralement leur emploi et n'en retrouvaient plus. Pour les Africaines-Américaines, la réalité de cette violence, tout comme sa menace, ont joué un rôle de contrôle social (Collins 1998b).

Une des armes les plus redoutables dans la violence sexuelle exercée à l'encontre des Africaines-Américaines a été le viol. Un des thèmes centraux abordés par les femmes noires depuis longtemps dans leurs écrits est la dénonciation des viols et de l'extorsion de faveurs sexuelles que les hommes blancs ont infligés de manière généralisée aux femmes noires. [...]

Le viol et les autres actes de violence manifeste que les femmes noires ont subis, comme les agressions physiques pendant l'esclavage, la violence conjugale, l'inceste et l'extorsion de faveurs sexuelles, sont à la croisée des différentes formes d'oppression qui maintiennent les femmes noires dans une situation de subordination. Ces actes de violence sont les manifestations visibles d'un système d'oppression généralisé et banalisé. La violence contre les femmes noires tend à être légitimée et par conséquent pardonnée, alors qu'une violence semblable qui s'exercerait à l'encontre d'autres groupes ne le serait pas. Historiquement, cette violence a bénéficié du soutien et du contrôle de l'État (James 1996). Certains actes de violence sexuelle infligés aux Africaines-Américaines révèlent comment, de manière plus large, la construction sociale de la violence met en jeu des dimensions de race et de classe. Ainsi, les femmes noires, les hommes noirs et les femmes blanches subissent chacun·e des formes spécifiques de violence sexuelle. Comme Angela Davis le souligne :

> *Ce serait une erreur de considérer que le viol institutionnalisé à l'époque de l'esclavage n'était qu'une expression des besoins sexuels des hommes blancs ... Le viol était une arme de domination, une arme de répression, dont le but inavoué était d'anéantir la volonté de résistance des femmes esclaves et, ce faisant, de démoraliser les hommes.* (Davis 1981, p. 23).

Dans son travail (1978, 1981, 1989), Angela Davis montre comment la violence sexuelle à l'encontre des femmes noires peut être conceptualisée comme site d'intersection de multiples oppressions. Davis suggère que le mythe du violeur noir trouve son origine dans la représentation des Africains-Américains comme bêtes de sexe désirant les femmes blanches, et a justifié une forme spécifique de violence sexuelle infligée aux hommes noirs : le lynchage. Le sens de ce mythe est clair :

> *Il a été systématiquement réactivé lorsque des vagues répétées de violence et de terreur contre la communauté noire requéraient une explication convaincante.* (Davis 1978, p. 25).

Les femmes noires ont elles aussi subi une forme spécifique de violence sexuelle en termes de race et de genre. Traiter les Africaines-Américaines comme des objets pornographiques et les représenter comme des bêtes sexualisées, comme des prostituées, a produit l'image de la Jezabel à des fins de contrôle social. Le viol est devenu la forme spécifique de violence sexuelle infligée aux femmes noires, avec le mythe de la prostituée noire comme justification idéologique.

Le lynchage et le viol, deux formes de violence sexuelle spécifiques en termes de race et de genre, sont devenus indissociables de leurs justifications idéologiques : l'efficacité du système de contrôle social des Africains-Américains a reposé sur les mythes indispensables du violeur et de la prostituée. Davis affirme que représenter les hommes noirs comme des violeurs à des fins de contrôle social a toujours « *renforcé son double inséparable : l'image de la femme noire à la sexualité débridée. Et à juste titre, car une fois qu'il est admis que les hommes noirs ont des pulsions sexuelles incontrôlables, animales, c'est la race toute entière qui devient bestiale* » (Davis 1978, p. 27). Une race 'bestiale' mérite le traitement qui lui est réservé, que ce soit celui de victime ou d'animal de compagnie.

> *Le mythe du violeur appelle le mythe de la putain — et une race de violeurs et de putains ne mérite rien de plus que le châtiment qui lui est infligé.* (Davis 1978, p. 28).

Les femmes noires portent encore le fardeau de la violence sexuelle infligée aux Africains-Américains en général, et de notre histoire en tant que victimes d'un viol collectif en particulier. La manière dont sont traitées les victimes de viol en est un exemple. Ces femmes sont deux fois victimes : victimes du viol tout d'abord (ici, du viol collectif au temps de l'esclavage) ; puis victimes encore, parce que les membres de la famille, de la communauté et des institutions sociales comme le système de justice criminelle, les considèrent comme en partie responsables de ce qui leur arrive. Même si les statistiques actuelles montrent que les femmes noires sont plus en situation de risque que les femmes blanches, les femmes noires portent plainte pour viol moins fréquemment, leurs plaintes donnent moins lieu à des procès, ces procès aboutissent à moins de condamnations et, plus inquiétant encore, elles font moins appel aux services de conseil ou à d'autres formes de soutien.

Une autre conséquence de cet héritage de violence sexuelle se retrouve dans le silence que les femmes noires continuent d'observer au sujet du viol. Mais ce silence cache un autre problème important : la plupart des femmes noires sont violées par des hommes noirs. Si l'héritage historique de la triade constituée par la pornographie, la prostitution et le viol institutionnalisé des femmes noires a pu créer le contexte social plus global dans lequel les Africains-Américains évoluent, la réalité actuelle n'en reste pas moins affligeante : à savoir que de nombreux hommes noirs ont intériorisé les images visant à contrôler les femmes noires. Comme Brother Marquis [5], ils ont l'impression qu'ils ne sont pas vraiment responsables du climat culturel général qui tolère la violence sexuelle, tant qu'ils ne violent pas *eux-mêmes* des femmes. Il leur est alors possible de ne voir ni les viols des femmes noires par d'autres hommes noirs, ni leur propre responsabilité dans la transformation des femmes noires en objets pornographiques ni, dans certains cas, les viols dont ils sont personnellement coupables. Le film à succès de Spike Lee, *She's*

[5] NDLT. Rappeur, membre du groupe 2 Live Crew.

Gotta Have It, en offre un exemple : les femmes et les hommes noir·e·s interrogé·e·s au sujet de ce qui arrive à Nola Darling, l'héroïne à la sexualité libre, ont souvent des interprétations opposées. Les hommes ne prennent pas les protestations de Nola au sérieux et n'y voient qu'un moyen d'accroître le plaisir sexuel de son partenaire masculin. À l'inverse, de nombreuses femmes interprètent sa réaction comme la réaction typique d'une victime de viol. Reconnaissant qu'il est inutile de protester, Nola Darling se soumet. Nola Darling a-t-elle été violée ? Les politiques sexuelles qui construisent les femmes noires en Jezabel et en « *hoochie* » ont-elles un ancrage dans le réel ? Il se peut que la réponse à ces deux questions dépende de qui a le pouvoir de décision.

Traduit de l'anglais (États-Unis) par Brigitte Marrec

Références

Amott Teresa L. (1990). "Black Women and AFDC: Making Entitlement Out of Necessity". In Gordon Linda (ed). *Women, the State, and Welfare*. Madison, University of Wisconsin Press.

Bell Laurie (ed) (1987). *Good Girls/Bad Girls: Feminists and Sex Trade Workers Face to Face*. Toronto, Seal Press.

Berry Mary Frances (1994 [1971]). *Black Resistance, White Law: A History of Constitutional Racism in America*. New York, Penguin.

Christian Barbara (1985). *Black Feminist Criticism, Perspectives on Black Women Writers*. New York, Pergamon.

Collins Patricia Hill (1993). "It's in Our Hands: Breaking the Silence on Gender in African-American Studies". In Pinar Willian F., Castenall Louis (eds). *Understanding Curriculum as Racial Text*. Albany, SUNY Press.

— (1998a). *Fighting Words: Black Women and the Search for Justice*. Minneapolis, University of Minnesota Press.

— (1998b). "The Tie That Binds: Race, Gender and U.S. Violence". *Ethnic and Racial Studies*, vol. 21, n° 5.

Cowan Gloria, Campbell Robin R. (1994). "Racism and Sexism in Interracial Pornography". *Psychology of Women Quaterly*, vol. 18, n° 3.

Davenport Doris (1996). "Black Lesbians in Academia: Visible Invisibility". In Zimmerman Bonnie, McNaron Toni A.H. (eds).

The New Lesbian Studies: Into the Twenty-First Century. New York, Feminist Press.

Davis Angela Y. (1978). "Rape, Racism and the Capitalist Setting". *Black Scholar*, vol. 9, n° 7.

— (1981). *Women, Race and Class*. New York, Random House.

— (1989). *Women, Culture, and Politics*. New York, Random House.

D'Emilio John, Freedman Estelle (1988). "Race and Sexuality". In D'Emilio John, Freedman Estelle. *Intimate Matters: A History of Sexuality in America*. New York, Harper and Row.

Dines Gail (1998). *Pornography: The Production and Consumption of Inequality*. New York, Routledge.

Einsenstein Hester (1983). *Understanding Everyday Racism: An Interdisciplinary Theory*. Newbury Park, CA, Sage.

Fausto-Sterling Anne (1992). *Myths of Gender: Biological Theories about Women and Men*. New York, Basic Books (2d ed.).

— (1995). "Gender, Race and Nation: The Comparative Anatomy of 'Hottentot' Women in Europe". In Terry Jennifer, Urla Jacqueline (eds). *Deviant Bodies: Critical Perspectives on Difference in Science and Popular Culture*. Bloomington, Indiana University Press.

Ferber Abby (1998). *White Man Falling: Race, Gender, and White Supremacy*. Lantham, MD, Rowman & Littlefield.

Forna Aminatta (1992). "Pornography and Racism: Sexualizing Oppression and Inciting Hatred". In Itzin Catherine (ed). *Pornography: Women, Violence, and Civil Liberties*. New York, Oxford University Press.

Gardner Tracey A. (1980). "Racism and Pornography in the Women's Movement". In Lederer Laura (ed). *Take Back the Night: Women on Pornography*. New York, William Morrow.

Giddings Paula (1992). "The Last Taboo". In Morrison Toni (ed). *Race-ing Justice, En-gendering Power: Essays on Anita Hill, Clarence Thomas, and the Construction of Social Reality*. New York, Pantheon.

Gilman Sander L. (1985). "Black Bodies, White Bodies: Toward an Iconography of Female Sexuality in Late Ninetennth-Century Art, Medicine, and Literature". *Critical Inquiry*, vol. 12, n° 1.

Gomez Jewell, Smith Barbara (1994). "Taking the Home Out of Homophobia: Black Lesbian Health". In White Evelyn C. (ed). *The Black Women's Health Book: Speaking for Ourselves*. Seattle, Seal Press.

Hall Jacquelyn Dowd (1983). "The Mind That Burns in Each Body: Women, Rape, and Racial Violence". In Snitow Ann, Stansell

Christine, Thompson Sharon (ed). *Powers of Desire: The Politics of Sexuality*. New York, Monthly Review Press.

Halpin Zuleyma Tang (1989). "Scientific Objectivity and the Concept of 'The Other'". *Women's Studies International Forum*, vol. 12, n° 3.

Hammonds Evelynn M. (1997). "Toward a Genealogy of Black Female Sexuality: The Problematic of Silence". In Alexander M. Jacqui, Mohanty Chandra Talpade (eds). *Feminist Genealogy, Colonial Legacies, Democratic Futures*. New York, Routledge.

Hartouni Valerie (1997). "Breached Birth: Anna Johnson and the Reproduction of Raced Bodies". In Hartouni Valerie. *Cultural Conceptions: On Reproductive Technologies and the Remaking of Life*. Minneapolis, University of Minnesota Press.

Hine Darlene Clark (1995). "For Pleasure, Profit, and Power: The Sexual Exploitation of Black Women. In Smitherman Geneva (ed). *African American Women Speak Out on Anita Hill-Clarence Thomas*. Detroit, Wayne State University Press.

Hoch Paul (1979). *White Hero Black Beast: Racism, Sexism and the Mask of Masculinity*. London, Pluto Press.

Jackson Stevi (1996). "Heterosexuality and Feminist Theory". In Richardson Diane (ed). *Theorising Heterosexuality*. Philadelphia, Open University Press.

James Joy (1996). *Resisting State Violence: Radicalism, Gender, and Race in U.S. Culture*. Minneapolis, University of Minnesota Press.

Kennedy Elizabeth Lapovsky, Davis Madeline (1994). *Boots of Leather, Slippers of Gold: The History of a Lesbian Community*. New York, Penguin.

Lorde Audre (1984). *Sister Outsider*. Trumansberg, NY, Crossing Press.

McClintock Anne (1995). *Imperial Leather: Race, Gender and Sexuality in the Colonial Conquest*. New York, Routledge.

McKay Nellie (1992). "Remembering Anita Hill and Clarence Thomas: What Really Happened When One Black Woman Spoke Out". In Morrison Toni (ed). *Race-ing Justice, En-gendering Power: Essays on Anita Hill, Clarence Thomas, and the Construction of Social Reality*. New York, Pantheon.

McNall Scott G. (1983). "Pornography: The Structure of Domination and the Mode of Reproduction". In McNall Scott (ed). *Current Perspectives in Social Theory, vol. 4*. Greenwich, CT, JAI Press.

Moore Lisa C. (ed) (1997). *Does Your Mama Know? An Anthology of Black Lesbian Coming Out Stories*. Decatur, Red Bone Press.

Omolade Barbara (1994). *The Rising Song of African American Women.* New York, Routledge.

Richardson Diane (1996). "Heterosexuality and Social Theory". In Richardson Diane (ed). *Theorising Heterosexuality.* Philadelphia, Open University Press.

Roberts Dorothy (1997). *Killing the Black Body: Race, Reproduction, and the Meaning of Liberty.* New York, Pantheon.

Russell Diane E.H. (1993). *Against Pornography: The Evidence of Harm.* Berkeley, Russell Publications.

Smith Barbara (1983). "Introduction". In Smith Barbara (ed). *Home Girls: A Black Feminist Anthology.* New York, Kitchen Table Press.

Torgovnick Marianna (1990). *Gone Primitive: Savage Intellects, Modern Lives.* Chicago, University of Chicago Press.

Tuan Yi-Fu (1984). *Dominance and Affection: The Making of Pets.* New Haven, CT, Yale University Press.

Walker Alice (ed) (1979). *I Love Myself When I Am Laughing, And Then Again When I Am Looking Mean and Impressive: A Zora Neale Hurston Reader.* Old Westbury, NY, Feminist Press.

— (1981). "Coming Apart". In Walker Alice. *You Can't Keep a Good Woman Down: Stories.* New York, Harcourt Brace Jovanovich.

— (1988). *Living by the Word.* New York, Harcourt Brace Jovanovich.

Watney Simon (1990). "Missionary Positions: AIDS, Africa, and Race". In Ferguson Russel *et al. Out There: Marginalization and Contemporary Cultures.* New York, New Museum of Contemporary Art & Cambridge, MIT Press.

Williams Rhonda (1997). "Living at the Crossroads: Explorations in Race, Nationality, Sexuality, and Gender". In Lubiano Wahneema (ed). *The House That Race Built: Black Americans, U.S. Terrain.* New York, Pantheon.

Un paradigme féministe matérialiste de l'intersectionnalité [1]

Danielle Juteau

Résumé

Le paradigme féministe matérialiste de l'intersectionnalité introduit les rapports sociaux de sexe dans l'analyse intersectionnelle. *Matérialiste*, il éclaire ce qui est en amont des catégories sociales, les rapports les constituant comme différenciées, hiérarchisées, antagoniques et indissociables ; *féministe matérialiste*, il se penche sur le rapport d'appropriation constitutif des classes de sexe comme facteur explicatif des inégalités entre hommes et femmes. L'examen de la violence exercée contre les femmes fait ressortir son apport spécifique.

FÉMINISME MATÉRIALISTE — INTERSECTIONNALITÉ — RAPPORTS SOCIAUX (SEXE, CLASSE, RACE) — VIOLENCES CONTRE LES FEMMES

Dans un article publié il y a vingt-deux ans sur l'articulation des rapports sociaux (1994), je théorisais les interconnexions entre diverses formes d'oppression et incitais les lecteurs et lectrices à substituer à des catégories souvent inertes les rapports sociaux — ethniques et raciaux, de sexe et de classe — qui en sont constitutifs. J'ajoutais, dans la foulée des critiques du réduction-

[1] Cet article est le chapitre remanié d'un ouvrage paru aux Presses de l'Université de Montréal à l'automne 2015. Je remercie Annie Bidet-Mordrel, Elsa Galerand et Danièle Kergoat pour leur lecture attentive de ce texte et pour leurs suggestions, ainsi que des évaluatrices anonymes pour leurs judicieux commentaires, que j'ai toujours appréciés mais pas toujours suivis.

nisme marxiste (Hall 1985, 1986), qu'il fallait rejeter l'opposition binaire entre infra et superstructure et se pencher sur les liens unissant les instances. Mais les vaillants efforts alors déployés coïncidèrent avec le déclin du marxisme et la montée du poststructuralisme et du postmodernisme ; les rapports sociaux disparurent du discours et de l'analyse.

Depuis, l'intersectionnalité a fait sa fulgurante entrée en scène, elle s'est imposée comme le terme désignant l'articulation des identités et inégalités multiples (Bilge 2009, p. 71), le *must* d'une analyse soucieuse d'appréhender la complexité du réel. Critique de l'universalité supposée de la catégorie 'femmes' et de la sororité comme projet politique unifié, le paradigme intersectionnel est rattaché à la prise de conscience des inégalités et des antagonismes entre femmes et en constitue l'outil d'analyse par excellence.

J'utilise le concept d'intersectionnalité dans son sens large, englobant l'ensemble des travaux sur les interconnexions entre diverses catégories sociales et rapports sociaux — articulation, imbrication, consubstantialité — indépendamment de l'orientation théorique et méthodologique adoptée. Le terme, plus simple que celui d'articulation des rapports sociaux auquel il ne correspond pas tout à fait, est dorénavant entré dans le vocabulaire usuel pour désigner une perspective antiréductionnniste et complexe sur la société pensée comme totalité.

Après avoir présenté ce paradigme [2], ses attributs et ses différences internes, j'examine dans la première section les critiques dont il a fait l'objet et m'attarde sur les travaux qui l'approfondissent et en élargissent la portée. J'interroge ensuite la césure entre l'intersectionnalité et ses antécédents, deux moments souvent envisagés comme étanches, voire opposés, en dépit de la continuité qui leur est sous-jacente. J'identifie leurs ressemblances et leurs dissemblances et m'interroge sur l'arrimage proposé par Pagé (2014). Si ces deux approches s'opposent, s'ignorent ou s'entrecroisent parfois, la perspective féministe matérialiste axée sur les rapports sociaux se distingue des autres. Car si les récents travaux sur les femmes minorisées s'intéressent aux structures de domination, ils réservent le cadre marxisant

---

[2] Pour un examen approfondi, consulter Bilge (2009, 2010, 2014).

aux rapports néocoloniaux et remplacent l'analyse matérialiste des classes de sexe par un constructivisme culturel axé sur le genre, dont la variabilité est imputée à d'autres dominations, raciale et de classe. L'on réduit alors le genre à une catégorie sociale construite certes mais à l'extérieur des rapports de domination exercés par les hommes sur les femmes.

Or justement le paradigme féministe matérialiste de l'intersectionnalité introduit les rapports de sexe dans l'analyse intersectionnelle. Car, voilà bien où réside, au-delà du choix entre articulation, consubstantialité, intersectionnalité ou matrice de la domination, l'enjeu véritable. S'opère alors un déplacement, par rapport aux questions posées, au choix de l'objet et à sa définition, à la perspective adoptée. *Matérialiste*, il éclaire les rapports constituant les catégories sociales comme différenciées, hiérarchisées, antagoniques et indissociables ; *féministe matérialiste*, il se penche sur le rapport d'appropriation constitutif des classes de sexe comme facteur explicatif des inégalités entre hommes et femmes. C'est en ces termes que j'analyserai diverses instances de violence contre les femmes et leur articulation à d'autres rapports sociaux et ferai ressortir la contribution spécifique du paradigme féministe matérialiste de l'intersectionnalité à l'appréhension de la violence.

Le paradigme de l'intersectionnalité et ses antécédents

Caractéristiques communes et différences internes

Parmi les caractéristiques spécifiques de l'analyse intersectionnelle [3], on signale une perspective intégrée qui cerne la complexité des identités et des inégalités sociales ; reconnaît la multiplicité des dynamiques sociétales s'exerçant de façon simultanée et interactive (Stasiulis 1999) ; rejette la hiérarchisation

---

[3] Pour les bilans : Dorlin 2005 ; Poiret 2005 ; Walby 2007 ; Denis 2008 ; Bilge 2009, 2010 ; Galerand, Kergoat 2014 ; Pagé 2014 ; ainsi que des numéros de revue qui lui sont consacrés dont *Nouvelles questions féministes*, vol. 25, n° 3/2006 ; *L'homme et la société*, n° 176-177/2010 ; *Signs*, vol. 38, n° 4/ 2013 (cf. Cho *et al.* 2013) ; *Nouvelles pratiques sociales*, vol. 26, n° 2/2014 ; *Les Cahiers du Cedref*, n° 20/2015 ; *Nouvelles questions féministes*, vol. 34, n° 1/2015 ; *Raisons politiques*, n° 58/2015 ; *¿Interrogations?*, n° 20/2015.

des oppressions ; récuse le modèle additif et envisage l'intersectionnalité comme la théorisation simultanée d'inégalités sociales multiples qu'on doit placer au centre de la théorie sociologique (Walby 2007, p. 451-453).

Les approches intersectionnelles divergent par les niveaux d'analyse retenus, selon que l'on privilégie les identités aux inégalités, le microsocial au macro. Ainsi, Crenshaw (1989) distingue deux types d'intersectionnalité, une liée aux barrières structurelles et l'autre, politique, découlant des intérêts conflictuels des groupes auxquels on appartient. Collins (2000 [1990]), qui déplore le recul des analyses structurelles, utilise le concept d'*intersectionnalité* pour désigner les oppressions imbriquées dans l'expérience des individu·e·s et de *matrice de la domination* pour indiquer leur organisation sociétale. Elle exprime ainsi le malaise ressenti par de nombreuses féministes face aux analyses qui s'éloignent du niveau macro-structurel et demeurent imprécises quant au statut des catégories entrecroisées. Un axe additionnel de différenciation touche aux *pôles théoriques* autour desquels gravitent ces travaux, néo-marxisme, postmodernisme, poststructuralisme (Bilge 2009, p. 73-75).

Une autre critique concerne la persistance d'un certain « *flou autour du terme mutuellement constitutif* » [4]. Aussi faut-il interroger le statut ontologique (qu'est-ce que c'est ?) et épistémologique (comment on la regarde) de l'intersectionnalité (Bilge 2009, p. 77). Cho, Crenshaw et McCall (2013) précisent la spécificité de l'analyse intersectionnelle de la domination [5] alors que Bilge prône une approche holiste où « *le raisonnement se déploie en termes de rapport constituant* [...] » (2010, p. 60). On aurait tort de chercher une définition normative du paradigme intersectionnel, de le coincer dans un moule rigide et univoque, plutôt que d'en accepter les tensions et la fluidité. Bilge suggère (2009, p. 84) de le conjuguer à des théories sociologiques plus générales qui contextualisent et historicisent les structures de

---

[4] L'expression est de Bilge (2009, p. 77).

[5] Elles soutiennent (2013, p. 807) qu'en priorisant les structures de pouvoir qui constituent les sujets à l'intérieur de formations sociopolitiques spécifiques, on ancre les dynamiques intersectionnelles dans le temps et dans l'espace. Les débats porteront alors sur le rapport des catégories et des identités aux dynamiques sociales ainsi qu'aux intérêts politiques.

domination. Recourant à une théorie des systèmes renouvelée (*complexity theory*), Walby (2007, p. 83-84) théorise la profondeur ontologique de chaque relation sociale (genre, classe, ethnicité) au sein de plusieurs domaines. Elle approfondit les structures relationnelles à l'intérieur de chaque structure institutionnelle et propose une approche antiréductionniste qui saisit les interconnexions au-delà du niveau individuel. Si je n'ai personnellement rien contre une approche systémique construite à partir d'un héritage sociologique marxiste et de la *complexity theory*, je me demande néanmoins comment la nouvelle synthèse proposée par Walby éclaire mieux que ses travaux antérieurs (1986) d'orientation féministe matérialiste les interconnexions entre divers systèmes et rapports d'oppression. Ce qui m'amène à interroger la césure entre l'avant et l'après-intersectionnalité caractérisée par l'occultation des rapports de sexe.

L'établissement d'une frontière entre la protothéorie [6] *de l'intersectionnalité et l'intersectionnalité : des féminismes qui s'opposent ?*

D'où vient l'idée d'une frontière, voire d'une opposition entre deux périodes qui correspondent *grosso modo* au passage de la deuxième à la troisième vague féministe ? Plusieurs explications viennent à l'esprit. À la suite de hooks (1981), on associe habituellement le paradigme de l'intersectionnalité à la pensée afro-américaine (Pagé 2014, p. 203), dont la contribution fondamentale à l'analyse intersectionnelle n'est plus à démontrer, pas plus d'ailleurs que la 'maternité' de ce concept introduit par Crenshaw (1989) dans son analyse des stratégies féministes et antiracistes. Toutes s'entendent pour ancrer ce paradigme dans la critique du solipsisme blanc (Rich 1979, p. 299), un féminisme ethnocentrique qui occulte la situation des femmes noires et le statut majoritaire des femmes blanches au sein des rapports sociaux constitutifs des groupes racialisés. Pour les unes, l'analyse intersectionnelle représenterait une césure, un moment où l'hétérogénéité se substitue à l'homogénéité et la parole des femmes minoritaires à celle du groupe dominant. Pour les autres,

[6] Terme proposé par Pagé (2014), dont j'élargis la portée pour inclure les nombreux travaux sur l'interconnexion entre diverses formes d'oppression avant l'entrée en scène du paradigme intersectionnel.

cette césure marquerait un différend théorique et politique, les analyses poststructurelles de l'identité détrônant les analyses structurelles de l'oppression, entraînant le fractionnement de la catégorie femmes et questionnant l'unité du mouvement féministe.

Rappelons que les féministes évoluent à l'intérieur de milieux qui s'ignorent largement, en dépit des réseaux établis et des traductions effectuées, notamment vers l'anglais [7]. Or ces contextes sont reliés par des rapports inégaux qui infléchissent les discours et en orientent la circulation, ce dont bénéficient, différemment certes, les élites intellectuelles des pays dominants, quel que soit leur statut. En vertu de leur centralité, les perspectives en provenance des États-Unis déforment, quand elles ne les voilent pas, des positions théoriques provenant d'ailleurs. Comme le montre Delphy (1995, p. 198-200), des féministes états-uniennes ont établi une équation entre la totalité du féminisme français, désigné comme *French feminist thought* et le courant différencialiste. Les débats, dans les milieux anglophones surtout, se sont vus amputés du féminisme matérialiste, une perspective critique qui s'opposait au courant de la différence ainsi qu'à la tendance 'lutte des classes'. Les luttes féministes, et la théorie sociologique dans son ensemble, s'en sont trouvées amoindries, comme en témoigne l'opposition simpliste entre l'essentialisme et un constructivisme réduit à sa forme culturelle 'on ne naît pas femme, on le devient', qui en a résulté.

L'extension du regard à d'autres contextes sociologiques fait émerger un portrait plus complexe. Après avoir conceptualisé et théorisé la domination masculine et ses diverses facettes, plusieurs travaux féministes l'ont entrecroisée avec d'autres rapports dès la fin des années 1970. L'intersectionnalité apparaît alors comme le point d'arrivée des travaux sur l'imbrication des oppressions et s'inscrit dans la lignée d'analyses féministes visant à briser l'univocité de la pensée dominante. C'est pourquoi l'on re-

[7] Les articles de *Questions féministes* par exemple, ont été pour une large part traduits et publiés par Mary Jo Lakeland, dans la revue *Feminist Issues*, dont elle était l'éditrice. Cependant, si les francophones lisent les traductions de l'anglais et citent les auteures états-uniennes, l'inverse n'est malheureusement pas vrai.

connaît désormais que l'examen des interconnexions est une caractéristique que le féminisme de la troisième vague partage avec la deuxième et non un attribut qui l'en distingue [8].

Intersectionnalité et proto-intersectionnalité : semblables ou dissemblables ?

De part et d'autre, l'on discerne le rejet de l'univocité des catégories sociales, l'abandon du modèle additif et la théorisation des interconnexions entre des inégalités multiples et complexes. Dans les deux cas, l'on distingue les catégories sociales des processus constitutifs, les niveaux individuels des structures globales, les analyses culturelles des rapports de pouvoir (Galerand, Kergoat 2014). Il n'en reste pas moins qu'une différence fondamentale sépare ces deux moments de l'analyse. Les approches intersectionnelles se détacheront, en ce qui a trait aux rapports de sexe, des théories matérialistes, particulièrement quand elles émergent dans des contextes moins marxisants, comme aux États-Unis. Et comme l'intersectionnalité prend son envol à partir de ce pôle, les interconnexions entre diverses formes d'oppression ne seront plus envisagées en fonction de modes de production, d'instances, d'articulation, de patriarcat, de rapports sociaux et encore moins de sexage. On reviendra à l'idéologique, sexisme, hétérosexisme, racisme (Yuval-Davis 2006), accordant une place centrale au genre comme construit culturel acquis par la socialisation. Plus que des mots, c'est un cadre d'analyse qui disparaît.

C'est pourquoi l'arrimage proposé par Pagé (2014) entre la protothéorie de l'intersectionnalité qui a vu le jour au Québec pendant les années 1970 et l'analyse intersectionnelle états-unienne m'apparaît improbable (Juteau 2015). S'il est juste d'affirmer que les féministes québécoises sont bien placées pour effectuer une synthèse entre le féminisme matérialiste, l'analyse de la consubstantialité [9] chez Kergoat (1982) et l'analyse intersectionnelle, il est difficile de conclure que le recours aux rapports sociaux chez les féministes matérialistes renvoie à une

[8] Poiret (2005), Haase-Dubosc, Lal (2006), Walby (2007), Denis (2008), Bilge (2009), Lykke (2010), Juteau (2010), Galerand, Kergoat (2014).

[9] Une analyse qui conserve le bagage théorique, historique et matérialiste de l'héritage marxien.

différence de méthode, au langage utilisé, voire à un simple point d'entrée plutôt qu'à une différence théorique et politique. Car une sociologie des rapports sociaux cherche non seulement à identifier les rapports constitutifs de catégories qui sont entrecroisées, mais elle vise aussi à cerner la dynamique des rapports de force vivants qui se rejouent et se recomposent continuellement (Galerand, Kergoat 2014). Pour réussir, l'arrimage nécessite l'inclusion des rapports sociaux de sexe au sein de l'analyse intersectionnelle.

La violence contre les femmes : des approches féministes différentes

Si le paradigme intersectionnel rejoint sur certains points les travaux antérieurs sur l'articulation, ces derniers s'en démarquent nettement. Portant sur les modes de production domestique, les systèmes dualistes et unifiés, le patriarcat, les classes de sexe, le sexage et la division sexuelle du travail, les travaux féministes d'orientation matérialiste ont théorisé l'un des opérateurs de l'intersectionnalité, les classes de sexe et son articulation à d'autres rapports.

Retour sur le féminisme matérialiste : une approche qui théorise les rapports de sexe

Refusant de céder au « *terrorisme de l'explication unique par le capitalisme* », *Questions féministes* proposait en 1977 (Collectif, p. 6) une analyse matérialiste, et non matérielle, de la domination masculine théorisée en termes d'un rapport social [10] constitutif des hommes et femmes en tant que catégories distinctes et interdépendantes : patriarcat théorisé comme mode de production domestique analytiquement distinct du capitalisme

[10] Le concept de rapport social désigne un principe de division d'une formation sociale, « […] un ensemble de processus qui tendent à séparer la totalité des membres d'une formation sociale en deux ou plusieurs groupements, non seulement *différenciés* par les attributs sociaux […], mais encore *hiérarchisés* entre eux […] et, de ce fait, engagés dans une *lutte perpétuelle*, le plus souvent sourde et latente, mais pouvant devenir manifeste et ouverte […]. Cette lutte empêche les rapports sociaux de se fixer et plus encore de se figer dans une forme ou formule définitive » (Bihr 2011).

chez Delphy (1970), identité de sexe et sexe social chez Mathieu (1989), classes de sexe et sexage chez Guillaumin (1978). Le rapport de sexage renvoie à l'appropriation des femmes, de leur corps, de leur travail et des fruits de leur travail, un rapport qui comporte un travail d'entretien physique, émotif et intellectuel des êtres humains, effectué hors salariat dans le cadre de la famille et d'autres institutions. Divers moyens assurent le maintien de l'appropriation de la classe des femmes : le marché du travail où leur salaire demeure inférieur à celui des hommes ; le confinement dans l'espace ; la démonstration de la force, telle la violence, physique, verbale, psychologique, exercée contre elles ; la contrainte sexuelle — viol, provocation, drague ; enfin, l'arsenal juridique et le droit coutumier (Guillaumin 1978, p. 24-26). Autant de moyens économiques, politiques, juridiques pour apeurer et soumettre la classe des femmes. En tenant compte du fondement spécifique de l'appropriation des femmes et des instances qui en assurent la reproduction, on peut articuler les rapports de sexe à d'autres rapports plutôt que de les y réduire. En plaçant les rapports sociaux de sexe au centre de l'analyse, celle-ci fait voler en éclats l'idée d'un rapport social unique dont l'instance économique détermine l'ensemble d'une formation sociale.

Le paradigme féministe matérialiste de l'intersectionnalité se démarque des études qui examinent la situation des femmes principalement en fonction des rapports de classe et des rapports postcoloniaux. Il échappe au réductionnisme horizontal, qui omet les rapports de sexe en tant qu'analytiquement distincts, et au réductionnisme vertical, qui n'en spécifie pas les instances ou structures institutionnelles. Ainsi, ce qui est souvent absent de ces études, ce sont les différences intercatégorielles produites par le rapport constitutif des hommes comme majoritaires et des femmes comme minoritaires. L'inclusion de ce rapport et des instances qui lui sont propres complexifie l'analyse des liens qui structurent une société [11], comme j'ai tenté de le montrer dans le cadre d'une journée de réflexion « 25 ans après

[11] Pour une analyse féministe matérialiste qui ne réduit pas la structure des formations sociales à une seule ligne de détermination, voir Galerand (2006, 2007).

Polytechnique : contrer l'effacement, prendre sa place »[12]. On m'avait alors demandé de revenir sur la tuerie de l'École Polytechnique et de me pencher sur les actions violentes qui perdurent aujourd'hui à l'égard des femmes autochtones et non autochtones. Si ces dernières diffèrent sensiblement les unes des autres, en vertu notamment de leur rapport distinct au colonialisme, au néolibéralisme, au racisme, elles s'inscrivent toutes dans des rapports sociaux spécifiques que dévoilera l'analyse féministe matérialiste.

La violence contre les femmes autochtones au Canada : l'impact du colonialisme et du racisme

Rappelons l'ampleur de la violence contre les femmes autochtones au Canada, 1 186 cas répertoriés de femmes disparues ou assassinées depuis 1980 — cela correspondrait proportionnellement à 35 000 femmes canadiennes ou à 8 250 femmes québécoises —, le mutisme et l'indifférence qui l'entourent, le refus d'une commission d'enquête publique nationale par le gouvernement conservateur. Aussi le Premier ministre Stephen Harper — défait aux élections du 19 octobre 2015 —, estime-t-il que les enquêtes policières, et non une enquête nationale, sont la meilleure façon de traiter et de résoudre les meurtres et les enlèvements de femmes autochtones[13]. Or, comme l'écrivaient Femmes autochtones du Québec (FAQ) :

> *Une commission nationale d'enquête publique et un plan d'action national* [...] *aideraient à répondre aux problèmes systémiques qui empêchent les femmes autochtones de vivre véritablement en sécurité partout au Canada* (2014).

Et quels sont ces facteurs systémiques ? D'après des textes féministes en provenance de l'Association des femmes autochtones du Canada (AFAC) et des FAQ, Montminy *et al.* (2010) et de Walter (2014), il s'agit principalement du colonialisme, de ses

---

[12] Journée de réflexion organisée le 28 Octobre 2014 par la Fédération des femmes du Québec (FFQ), en collaboration avec des groupes féministes des universités montréalaises.

[13] Or, le 8 décembre 2015, le gouvernement libéral de Justin Trudeau a décidé de lancer une consultation auprès des familles et des proches des femmes autochtones disparues ou assassinées avant de définir le mandat de la commission d'enquête.

séquelles et de ses formes actuelles, du racisme et de la pauvreté, des facteurs qui se conjuguent pour générer la surreprésentation des femmes autochtones [14] parmi les femmes violentées. Dans un livre important, préfacé par Widia Larivière, cofondatrice du mouvement Idle no More [15], Walter prône une perspective de décolonisation qui revalorise le pouvoir des femmes autochtones (2014, p. 12). Elle y rappelle le *continuum* des vulnérabilités qui s'enchaînent, où des jeunes femmes voulant échapper à la pauvreté et à la violence dans leur communauté se retrouvent en milieu urbain où de nouvelles vulnérabilités les fragilisent davantage. Aussi écrit-elle : « *Et cette violence qui semble essentiellement sociale a pour racines la violence raciale exercée contre les Premières Nations du Canada depuis le XVI*ᵉ *siècle* » (2014, p. 67), puisque, en bout de ligne, l'identité autochtone serait la cause de toutes ces vulnérabilités (*ibid.*, p. 68). Or, si ces facteurs rendent compte des différences internes à la catégorie 'femmes', les différences intercatégorielles entre les femmes et les hommes violentés par l'autre sexe, ne sont pas abordées [16].

Ainsi, Montminy *et al.* (2010, p. 55) affirment que les Autochtones définissent la violence familiale « *comme une conséquence de la colonisation, de l'assimilation forcée et du génocide culturel* ». Tout en reconnaissant que la violence contre les femmes revêt des caractéristiques similaires à celles des femmes non autochtones, elles montrent que la violence familiale — qui

[14] Dans le rapport publié en mai 2014 par la Gendarmerie royale du Canada (GRC), on apprend que les femmes autochtones ne représentent que 4,3 % de la population du Canada, mais 16 % des homicides où une femme a été tuée et 11,3 % des disparitions de femmes.

[15] Idle no More est un mouvement de contestation organisé par des femmes autochtones en octobre 2012 qui a reçu l'appui de nombreux segments de la population. Son nom fait référence à la fin d'une certaine passivité et à la volonté de se mobiliser pour agir.

[16] Pour certaines infractions, le taux de violences déclarées par la police était en 2011 beaucoup plus élevé chez les femmes que chez les hommes. Ainsi, les femmes étaient onze fois plus susceptibles que les hommes d'être victimes d'une agression sexuelle, trois fois plus susceptibles d'être traquées (harcelées criminellement) et deux fois plus susceptibles de recevoir des appels téléphoniques indécents ou harcelants. Les hommes sont responsables de 83 % des actes de violence contre les femmes déclarés à la police (Statistique Canada, 2013, p. 8).

inclut la violence conjugale, la violence contre les enfants et contre les personnes âgées — dont les femmes autochtones sont victimes se distingue tant par ses formes et sa fréquence que par sa gravité. Affirmant que « *les expériences des femmes sont trop variées pour qu'on puisse ramener leur expérience de la violence à la seule différence de genre* » (*ibid*., p. 55), elles cherchent, à l'aide du cadre théorique de l'intersectionnalité, « *comment certaines problématiques, reliées à la spécificité du contexte politique, historique, social, économique et culturel des populations autochtones, agissent en synergie et augmentent la vulnérabilité à la violence* ».

Sans nier la spécificité des femmes autochtones par rapport aux femmes non autochtones et tout en reconnaissant que « *la seule différence de genre* » ne suffit pas à expliquer leur situation, faut-il pour autant éliminer cette dernière ? Ici, la « *différence de genre* » renvoie à une différence culturellement construite, la catégorie 'femmes' n'étant pas problématisée et ses fondements, peu explicités. L'analyse intersectionnelle sert à élucider les facteurs — rapports de classe et colonio-racistes — responsables des différences internes à une catégorie genrée plutôt qu'aux rapports constitutifs des différences intercatégorielles que l'analyse féministe matérialiste introduit comme troisième pôle de l'articulation. Fait à remarquer, Montmany *et al.* n'utilisent pas le concept de féminicide [17] que l'on retrouve dans les travaux sur la violence contre les femmes racisées à Ciudad Juárez (Mexique), lesquels intègrent les rapports sociaux de sexe à l'analyse intersectionnelle [18].

Or, comment approfondir la dynamique des rapports sociaux de sexe et la place spécifique qu'y occupe la violence ? Sur quoi

---

[17] Selon Falquet (2014), le féminicide renvoie au meurtre des femmes en raison de leur sexe, la haine des femmes étant ici rattachée à des liens structurels. Utilisé comme concept spécifique par Lagarde, il possède deux dimensions : « un crime de genre, mysogyne, de haine contre les femmes qui jouit d'une grande tolérance sociale ; l'État jouerait un grand rôle dans son impunité ».

[18] Des contraintes d'espace m'empêchent d'examiner les travaux sur la violence envers les femmes racisées à Ciudad Juárez. Les analyses de Falquet (2014) et de Labrecque (2012) incluent à part entière les rapports hétéro-patriarcaux qu'elles articulent à d'autres rapports sociaux, capitalistes, ethnico-nationaux et colonio-racistes, dont ils ne sont pas tributaires.

repose-t-elle et comment opère-t-elle ? J'aborderai maintenant, dans un souci de comparaison de l'analyse intersectionnelle, un cas de violence contre des femmes non autochtones et non racisées, au Canada et aux États-Unis.

La tuerie à l'École Polytechnique et exemples plus récents

Le 6 décembre 1989, Marc Lépine est entré à Polytechnique, un édifice peu accessible situé sur le sommet de la colline, il a assassiné quatorze femmes, dont treize étudiantes et en a blessé autant, en criant « *vous êtes une gang de féministes ! J'haïs les féministes* ». Or, les médias se sont longtemps interrogés sur son mobile, on a cherché du côté de ses antécédents familiaux et problèmes psychologiques, on a conclu à la folie… un fou ! De la folie ? « *Oui, bien sûr* » répond Guillaumin (1990, p. 197), « *éthiquement, oui, folie. Affectivement et ou psychologiquement, oui, folie. Mais socialement, sociologiquement, politiquement ? Car c'est un acte politique, son auteur l'a dit* ».

On préfère, rappelle Guillaumin, les explications qui invoquent des raisons conjoncturelles et superficielles, « […] *évitent l'essentiel, le noyau sociologique de l'acte* » et cela même si l'auteur de l'attentat explicite dans une lettre le sens de l'acte commis (*ibid.*, p. 199). L'effet de dénégation est tel que l'ensemble des femmes ne peut pas ou ne veut pas reconnaître une haine qui les vise en tant que telles. Parce que, ajoute-t-elle, « *les femmes sont, en tant que groupe social, l'objet d'un déni de réalité : dès qu'il est visé en tant que tel, il n'existe plus, il se dissout dans les particularités* » (*ibid.*, p. 200). La disparition advient par deux moyens : d'une part, leur réduction à un trait qualificatif, des épouses, des vieilles femmes, des prostituées, des féministes, des Autochtones, des mères, des immigrantes, des lesbiennes ; de l'autre, l'attention portée à la psychologie et à la vie du meurtrier.

Un cas plus récent de violence contre les femmes permet d'approfondir l'analyse [19]. Anita Sarkeesian (2014), critique féministe de la culture pop et vidéo-blogueuse américano-canadienne a dû annuler en octobre dernier sa conférence à la Utah State University. L'auteur d'un courriel envoyé à l'univer-

[19] D'autres cas sont examinés dans Juteau (2015).

sité menaçait, si cette dernière avait lieu, de mettre à exécution une attaque dans le style du massacre de Montréal en 1989 [20]. Sarkeesian évalue diverses tendances antiféministes des jeux vidéo. Il existe, dit-elle, une toxicité dans la culture du *gaming* et dans la culture *tech*, qui impulse cette haine misogyne, ce *backlash* réactionnaire contre les femmes qui ont quelque chose à dire, surtout celles qui sont critiques ou qui sont féministes. Il y a un effort immense pour nous faire taire, et quand ils échouent, ils essaient de nous discréditer afin de nous expulser. L'on se demandait autrefois si le harcèlement des femmes était réel, maintenant on ne peut plus en douter. Elle a annulé sa présentation quand sa demande d'utiliser des détecteurs de métaux fut refusée.

Contribution du féminisme matérialiste à l'analyse intersectionnelle de la violence contre les femmes

En englobant une pluralité de contextes temporels, spatiaux et théoriques qui ont vu naître les interrogations sur l'intersection entre des formes différentes d'oppression, on a pu entrevoir ce qui est habituellement imperceptible dont la modification des catégories avec lesquelles on entrecroise le genre, les classes sociales se voyant remplacées par les groupes ethniques et racisés ; le passage des rapports sociaux aux catégories sociales ou à la matrice de la domination ; l'absence d'interrogations sur la catégorie 'femmes'. Émergent alors les liens entre des points que l'on peut désormais connecter : un constructivisme, en ce qui a trait à la catégorie 'femmes', qui se limite à l'enculturation [21] ; la dématérialisation des rapports de sexe qui en résulte et, conséquemment, le recours à d'autres rapports de domination comme facteurs explicatifs de la subordination des femmes. Les inégalités entre hommes et femmes, dont on

[20] « Anita Sarkeesian représente tout ce qui ne va pas avec LA femme féministe, et elle va mourir en hurlant comme la petite pute lâche qu'elle est. Je vais écrire mon manifeste avec son sang, et vous serez tous témoins de ce que les mensonges et le poison ont fait aux hommes américains » (ma traduction) (*ibid.*)

[21] En d'autres mots, à une catégorie résultant de la socialisation et non des rapports sociaux.

reconnaît l'existence, seraient redevables à la mondialisation, au colonio-racisme et au néolibéralisme. Or si ces inégalités sont modelées par d'autres rapports sociaux, on ne peut les y réduire. Par un curieux revirement, les analyses féministes qui les premières ont insufflé une impulsion aux travaux sur les intersections sont quasi absentes du paradigme de l'intersectionnalité. Cette occultation des rapports de sexe n'est pas sans affecter ce qui est dévoilé et ce qui ne l'est pas, ce qui est dit et ce qui ne l'est pas, les questions posées et celles qui ne le sont pas, comme l'indiquent les analyses précédentes.

Dans le cas des femmes autochtones au Canada, les liens entre la violence socioéconomique — elle-même tributaire de la violence coloniale et de ses séquelles — et la violence sexuelle apparaissent clairement alors que les rapports de sexe demeurent en filigrane. Dans le cas des féminicides à Ciudad Juárez, qui touchent des femmes possédant des statuts minoritaires imbriqués, les inégalités entre les hommes et les femmes font souvent partie de l'analyse. Elles sont envisagées en termes de domination masculine, de patriarcat et quelquefois de rapports de sexe, et conjuguées au néolibéralisme et au colonio-racisme.

En revanche, les autres cas explorés traduisent une facette différente de l'articulation des rapports sociaux. À Polytechnique, treize étudiantes, blanches et de classe moyenne — ou qui y parviendront après l'obtention du diplôme et d'un emploi : ni colonialisme, ni racisme, ni classisme ne s'exercent contre des femmes qui appartiennent, du point de vue de ces rapports, au groupe majoritaire. Des femmes qui possèderont un capital permettant d'accéder à des postes bien rémunérés qui leur étaient jadis interdits et de se soustraire à certains aspects de l'appropriation collective. Or, justement, un membre de la classe des hommes vient leur rappeler, comme à d'autres femmes contrevenant aux normes patriarcales, que la transgression n'est pas permise et qu'elle ne restera pas impunie. La démonstration de la force, telle la violence, physique, verbale, psychologique et la contrainte sexuelle sous forme de viol, de provocation, de drague, autant de moyens utilisés pour mater celles que le salaire affranchit partiellement, de manière à assurer le maintien de l'appropriation et la reproduction des classes de sexe [22].

Le cas de Sarkeesian est exemplaire à cet égard. C'est dans des circonstances bien précises que la violence des hommes contre les femmes, ses causes et ses mobiles, deviennent visibles. L'existence d'un crime commis contre des femmes en vertu de leur appartenance à un groupe social visé en tant que tel — ce que les meurtriers clament dorénavant haut et fort — devient patente quand la violence frappe les femmes qui sont les moins femmes [23], en d'autres mots qui échappent partiellement à leur statut minorisé de femmes. Ce qui est moins paradoxal qu'on pourrait le croire. Car en l'absence d'autres facteurs derrière lesquels l'explication peut être dissimulée, ce qu'on n'a pas voulu, ou pu, admettre, le noyau sociologique de l'acte, se manifeste distinctement.

Questions et objets de recherche : un choix socialement enraciné

On a vu que les féministes s'entendent pour reconnaître la co-construction des formes de domination ainsi que l'impossibilité de hiérarchiser *a priori* leurs interconnexions. Comme la sélection des questions et des objets de recherche n'est pas déterminée par la théorie de l'intersectionnalité, d'autres facteurs interviennent dans le choix de l'*explanandum*, en d'autres mots du rapport social dont on veut rendre compte et des rapports qui viennent l'infléchir. Si le rapport aux valeurs [24]

---

[22] La visibilité de la violence contre les femmes s'étant accrue, les agressions tues remontent à la surface, les langues se délient et, fait relativement nouveau, les meurtriers eux-mêmes explicitent leur motif, tuer les femmes qui transgressent, en osant les rejeter, en n'étant pas à leur place (femmes autochtones) ou en prenant *leur* place (polytechniciennes et blogueuse).

[23] « Car les femmes les plus femmes, celles qui correspondent le plus pleinement à l'actuelle 'identité' de notre classe, ce sont les femmes aux salaires de misère, et celles dont le mari s'oppose à ce qu'*elles* fassent grève, les femmes sans salaire du tout, les femmes violées, les femmes battues, les femmes délaissées avec les enfants à leur charge » (*Questions féministes* 1977, p. 17-18). C'est dans ce sens que les étudiantes de Polytechnique, celles de Santa Barbara et Sarkeesian représentent, elles, des femmes qui sont le moins femmes.

[24] Pour Weber (1963 [1919], p. 77), le rapport aux valeurs est l'expression de la volonté du chercheur et, par conséquent, la sélection et la constitution de l'objet dépendent de la volonté libre de l'historien ou du sociologue qui sont

oriente la constitution des objets, la sélection et l'organisation des faits étudiés, le point de départ de toute investigation est socialement enraciné, rattaché à la position sociale des chercheurs et, par conséquent, à un *standpoint,* un angle d'analyse qui n'est pas indépendant du politique. Ainsi, les féministes matérialistes s'intéresseront-elles autant aux différences intercatégorielles qu'intracatégorielles, théorisant le fondement social de la catégorie 'femmes' et non seulement son hétérogénéité.

En optant pour le paradigme féministe matérialiste de l'intersectionnalité, on opte pour un paradigme qui envisage un crime contre des femmes comme un crime contre une « [...] *classe sociologiquement définie dans un rapport d'oppression, matériel et historique* [...] » (Collectif de *Questions féministes* 1977, p. 16).

L'analyse structurelle de la violence contre les femmes, de la violence sexuée et sexiste, se centre alors sur le rapport de force qui *transforme* les femmes *en* femmes, car « *les sexes ne sont pas de simples catégories biosociales, mais des classes (au sens marxien) constituées par et dans le rapport de pouvoir des hommes sur les femmes* » (Mathieu 2004 [2000]).

On abordera alors la violence contre les femmes comme un moyen de leur appropriation dans ses liens à la classe et au pouvoir néocolonial, tout en rappelant que réduire l'oppression des femmes aux autres rapports sociaux, c'est en évacuer le mécanisme central dont l'analyse intersectionnelle ne peut faire l'économie.

Références

Bihr Alain (2011). « Sur les rapports sociaux et leur articulation ». http://alencontre.org/debats/sur-les-rapports-sociaux-et-leur-articulation.html

Bilge Sirma (2009). « Théorisations féministes de l'intersectionnalité ». *Diogène*, n° 225.

— (2010). « De l'analogie à l'articulation : théoriser la différenciation sociale et l'inégalité complexe ». *L'homme et la société*, n° 176-177.

---

néanmoins, et ici c'est moi qui écris, enracinés dans des contextes socio-historiques et des places spécifiques au sein des rapports sociaux.

— (2014). « La pertinence de Hall pour l'étude de l'intersectionnalité ». *Nouvelles pratiques sociales*, vol. 26, n° 2.

Cho Sumi, Crenshaw Kimberlé Williams, McCall Leslie (2013). "Toward a Field of Intersectionality Studies: Theory, Applications and Praxis". *Signs*, vol. 38, n° 4.

Collectif de *Questions féministes* (1977). « Variations sur des thèmes communs ». *Questions féministes*, n° 1.

Collins Patricia Hill (2000 [1990]). *Black Feminist Thought: Knowledge, Consciousness, and the Politics of Empowerment*. New York, Routledge.

Crenshaw Kimberlé Williams (1989). "Demarginalizing the Intersection of Race and Sex: A Black Feminist Critique of Antidiscrimination Doctrine, Feminist Theory and Antiracist Politics". *University of Chicago Legal Forum*.

Delphy Christine (1970). « L'ennemi principal ». *Partisans*, n° 54-55. Réédité dans (1998). *L'ennemi principal 1. Économie politique du patriarcat*. Paris, Syllepse.

— (1995). "The Invention of French Feminism: An Essential Move". *Yale French Studies*, n° 87 [trad. fr. (1996). « L'invention du 'French Feminism' : une démarche essentielle ». *Nouvelles questions féministes*, vol. 17, n° 1, reproduit dans (2001). *L'ennemi principal 2. Penser le genre*. Paris, Syllepse].

Denis Ann (2008). "Review Essay. Intersectional Analysis: A Contribution of Feminism to Sociology". *International Sociology*, vol. 23, n° 5.

Dorlin Elsa (2005). « De l'usage épistémologique et politique des catégories de 'sexe' et de 'race' dans les études sur le genre ». *Cahiers du genre*, n° 39.

Falquet Jules (2014). « Des assassinats de Ciudad Juárez au phénomène des féminicides : de nouvelles formes de violence contre les femmes ? ». *Contretemps* : http://www.contretemps.eu/interventions/assassinats-ciudad-ju%C3%A1rez-ph%C3%A9nom%C3%A8ne-f%C3%A9minicides-nouvelles-formes-violences-contre-femm

Femmes autochtones du Québec (2014). www.faq-qnw.org.

Galerand Elsa (2006). « Retour sur la genèse de la Marche mondiale des femmes (1995-2001). Rapports sociaux de sexe et contradictions entre femmes ». *Cahiers du genre*, n° 40.

— (2007). « Les rapports sociaux de sexe et leur (dé)matérialisation : retour sur le corpus revendicatif de la Marche mondiale des femmes de 2000 ». Thèse de doctorat en sociologie, Université

Versailles Saint-Quentin-en-Yvelines, Université du Québec à Montréal.

Galerand Elsa, Kergoat Danièle (2014). « Consubstantialité *vs* intersectionnalité ? À propos de l'imbrication des rapports sociaux ». *Nouvelles pratiques sociales*, vol. 26, n° 2.

Guillaumin Colette (1978). « Pratique du pouvoir et idée de nature (1). L'appropriation des femmes ». *Questions féministes*, n° 2.

— (1990). « Folie et norme sociale. À propos de l'attentat du 6 décembre ». *Sociologie et sociétés*, vol. 22, n° 1.

Haase-Dubosc Danielle, Lal Maneesha (2006). « De la postcolonie et des femmes : apports théoriques du postcolonialisme anglophone aux études féministes ». *Nouvelles questions féministes*, vol. 25, n° 3.

Hall Stuart (1985). "Signification, Representation, Ideology: Althusser and the Post-Structuralist Debates". *Critical Studies in Mass Communications*, vol. 2, n° 2 [trad. fr. Christophe Jaquet et Kolja Lindner (2012). « Signification, représentation, idéologie : Althusser et les débats poststructuralistes ». *Raisons politiques*, n° 48].

— (1986). "Gramsci's Relevance for the Study of Race and Ethnicity". *Journal of Communication Inquiry*, vol. 10, n° 2. [trad. fr. Amélien Blanchard et Florian Vörös (2013). « La pertinence de Gramsci pour l'étude de la race et de l'ethnicité ». In Hall Stuart. *Identités et cultures 2. Politiques des différences*. Éd. établie et présentée par Maxime Cervulle. Paris, Éd. Amsterdam].

hooks bell (1981). *Feminist Theory from Margins to Center*. Boston, South End Press.

¿Interrogations? (2015). « Penser l'intersectionnalité », n° 20 : http://www.revue-interrogations.org/-No20-Penser-l-intersectionnalite-].

Juteau Danielle (1994). « De la fragmentation à l'unité. Vers l'articulation des rapports sociaux ». In Collectif. *L'égalitarisme en question*. Montréal, Fides « Cahiers de recherche éthique », n° 18.

— (2010). « 'Nous' les femmes : sur l'indissociable homogénéité et hétérogénéité de la catégorie ». *L'homme et la société*, n° 176-177.

— (2015). *L'ethnicité et ses frontières*. 2e éd. revue et mise à jour. Montréal, Les Presses de l'Université de Montréal.

Kergoat Danièle (1982). *Les ouvrières*. Paris, Le Sycomore.

L'homme et la société (2010). « Prismes féministes. Qu'est-ce que l'intersectionnalité ? », n° 176-177.

Labrecque Marie-France (2012). *Féminicides et impunité. Le cas de Ciudad Juárez*. Montréal, Écosociété.

Les Cahiers du Cedref (2015). *Intersectionnalité et colonialité. Débats contemporains*, n° 20.

Lykke Nina (2010). *Feminist Studies: A Guide to Intersectional Theory, Methodology and Writing*. New York, Routledge.

Mathieu Nicole-Claude (1989). « Identité sexuelle/sexuée/de sexe ? Trois modes de conceptualisation du rapport entre sexe et genre ». In Daune-Richard Anne-Marie, Hurtig Marie-Claude, Pichevin Marie-France (eds). *Catégorisation de sexe et constructions scientifiques*. Paris, ADAGP.

— (2004 [2000]). « Sexe et genre ». In Helena Hirata, Laborie Françoise, Le Doaré Hélène, Senotier Danièle (eds). *Dictionnaire critique du féminisme*. Paris, Puf.

Montminy Lise, Brassard Renée, Jaccoud Mylène *et al.* (2010). « Pour une meilleure compréhension des particularités de la violence familiale vécue par les femmes autochtones au Canada ». *Nouvelles pratiques sociales*, vol. 23, n° 1.

Nouvelles pratiques sociales (2014). « Intersectionnalité : regards théoriques et usages en recherche et intervention féministes ». Vol. 26, n° 2.

Nouvelles questions féministes (2006). « Sexisme, racisme, et postcolonialisme ». Vol. 25, n° 3.

— (2015). « Imbrication des rapports de pouvoir ». Vol. 34, n° 1.

Pagé Geneviève (2014). « Sur l'indivisibilité de la justice sociale ou pourquoi le mouvement féministe québécois ne peut faire l'économie d'une analyse intersectionnelle ». *Nouvelles pratiques sociales*, vol. 26, n° 2.

Poiret Christian (2005). « Articuler les rapports de sexe, de classe et interethniques. Quelques enseignements du débat nord-américain ». *Revue européenne des migrations internationales*, vol. 21, n° 1.

Raisons politiques (2015). « Les langages de l'intersectionnalité ». N° 58.

Rich Adrienne (1979). "Disloyal to Civilization: Feminism, Racism, Gynephobia". In Riche Adrienne. *On Lies, Secrets and Silence: Selected Prose, 1966-1978*. New York, Norton.

Sarkeesian Anita (2014). « Contre la misogynie des jeux vidéos ». Anita Sarkeesian on GamerGate: "We Have a Problem and We're Going to Fix This" : http://www.rollingstone.com/culture/features/anita-sarkeesian-gamergate-interview-20141017

Signs (2013). "Intersectionality: Theorizing Power, Empowering Theory". Vol. 38, n° 4.

Stasiulis Daiva (1999). "Feminist Intersectional Theorizing". In Li Peter (ed). *Race and Ethnic Relations in Canada*. Toronto, Oxford University Press Canada (2e éd.).

Statistique Canada, Gouvernement du Canada (2013). Article Juristat, « Mesures de la violence faite aux femmes : tendances statistiques » : http://www.statcan.gc.ca/pub/85-002-x/2013001/article/11766-fra.htm

Walby Sylvia (1986). *Patriarchy at Work: Patriarcal and Capitalist Relations in Employment.* Minneapolis, University of Minnesota Press.

— (2007). "Complexity Theory, Systems Theory, and Multiple Intersecting Social Inequalities". *Philosophy of the Social Sciences*, vol. 37, n° 4.

Walter Emmanuelle (2014). *Sœurs volées. Enquête sur un féminicide au Canada*. Montréal, Lux Éditeur.

Weber Max (1963 [1919]). *Le savant et le politique*. Paris, Union générale d'éditions.

Yuval-Davis Nira (2006). "Intersectionality and Feminist Politics". *European Journal of Women's Studies*, vol. 13, n° 3.

De la centralité politique du travail : les apports du féminisme matérialiste

Alexis Cukier

Résumé

L'article examine les apports du féminisme matérialiste pour penser la centralité politique du travail, et plus particulièrement la fonction du travail dans un projet de démocratisation de l'ensemble des rapports sociaux. Il analyse d'abord la manière dont le féminisme matérialiste transforme la compréhension et l'extension du concept de travail, puis la question du rapport spécifique de la classe des femmes au travail, enfin le problème du rapport d'une politique féministe du travail à l'État. Il défend que le féminisme matérialiste permet d'opposer au néolibéralisme la perspective d'un 'travail démocratique', en insistant sur la nécessaire *pars destruens* d'un tel travail.

FÉMINISME MATÉRIALISTE — TRAVAIL (CONCEPT DE) — RAPPORTS SOCIAUX — CLASSE DES FEMMES — TRAVAIL DÉMOCRATIQUE

Le féminisme matérialiste — entendu ici au sens spécifique des théories féministes qui affirment le caractère crucial du travail pour expliquer les représentations et les rapports sociaux, notamment les rapports sociaux de sexe (voir Kergoat 2012a, p. 19 *sq.* ; Delphy, 2013a [1998], p. 17 *sq.*) — a contribué de manière décisive à la démonstration de la centralité politique du travail. On peut comprendre cette thèse de diverses manières ; *centralité géométrique* : le procès, l'organisation et la division du travail constituent un enjeu politique central dans les sociétés capitalistes ; *centralité constitutive* : le travail fonde, structure et organise systèmes, institutions et pratiques politiques ; *centralité dynamique* : le travail est ce à partir de quoi il est possible de maintenir ou transformer la société, et donc le principal instrument de l'action politique. Or les analyses des rapports sociaux de sexe, de la division sexuelle du travail et du mode de production domestique, ainsi que du rapport spécifique de la classe des femmes au travail et à l'État éclairent ces trois aspects de la centralité politique du travail d'un nouveau jour (au sujet des apports du féminisme matérialiste à d'autres dimensions de la centralité du travail, notamment psychiques et sociales, voir Molinier 2008, p. 229 *sq.* ; Dejours, Deranty 2010, p. 173 *sq.*).

À partir de sa remise en question de la définition du travail (Hirata, Zarifian 2000), le féminisme matérialiste montre notamment que la distinction, dans les sociétés capitalistes, entre les institutions politiques (l'État) et les institutions économiques (le marché et l'entreprise), ne doit pas conduire à opposer ces deux fonctions du travail : fonction économique de production des biens et des services, et fonction politique de reproduction et transformation des rapports sociaux. Ce faisant, le féminisme matérialiste parvient notamment à éviter deux écueils classiques des thèses de la centralité du travail (Fischbach 2015, p. 192 *sq.*) :

- l'économicisme, qui, de la notion de centralité constitutive du travail, fait dériver abusivement la thèse de la « *détermination par l'économique en dernière instance* » (Delphy 2013b [2001], p. 23 *sq.*) et ne considère que la dimension économique du travail ;
- l'anhistoricisme, qui fait de la centralité géométrique du travail un invariant anthropologique sans questionner les évolutions historiques de la définition du travail et ses enjeux politiques.

Dans le cadre de mes recherches en cours sur les rapports entre travail et démocratie (Cukier 2016b), j'examinerai plus particulièrement les apports du féminisme matérialiste à la perspective d'un 'travail démocratique' : la possibilité réelle que le procès, l'organisation et la division sociale du travail soient mis au service d'un processus de transformation démocratique de l'ensemble des rapports sociaux. La 'démocratie', en ce sens, ne désigne pas un régime politique, une forme institutionnelle ou un idéal éthique, mais une activité d'auto-organisation et de planification sociales par la médiation de la transformation des institutions. La thèse du travail démocratique — approchée pour la première fois au sein de la philosophie sociale par John Dewey, pour lequel « *la démocratie signifie que tout individu doit avoir en partage le pouvoir de déterminer les conditions et les finalités de son propre travail* » (Dewey 2008, p. 211, je traduis) — affirme que cette activité démocratique doit devenir la fonction principale du travail. Il s'agit, d'un point de vue théorique, de dépasser l'opposition — structurante pour la philosophie sociale depuis Karl Marx et John Dewey — entre deux modèles des rapports entre travail et transformation sociale : le modèle de la lutte des classes, pour lequel les transformations institutionnelles conquises par la lutte politique sont la condition de la transformation démocratique du travail ; et le modèle des capacités, pour lequel la réorganisation émancipatrice du travail est la condition du développement des capacités des individus à transformer l'ensemble des institutions. Cette perspective permet également de critiquer deux impasses politiques qui ont pu être associées à ces deux modèles : le socialisme étatiste, selon lequel il suffit de conquérir le pouvoir d'État pour envisager ensuite une transformation démocratique du travail, et le socialisme utopique, selon lequel il suffit de démocratiser l'activité sur les lieux de travail pour transformer démocratiquement la société.

Dans cet article, je soutiendrai ainsi que les apports du féminisme matérialiste à la thèse de la centralité politique du travail permettent d'opposer au néolibéralisme, comme système mondial des rapports sociaux de classe, de sexe et de race aujourd'hui, la perspective d'un travail démocratique, en insistant non seulement sur la production d'institutions démocratiques mais aussi sur la destruction des institutions capitalistes, racistes et patriarcales.

Le propos de cet article s'organise en deux temps. J'examinerai d'abord ce qu'on peut appeler la 'politisation' du concept de travail dans certaines analyses de Danièle Kergoat, Christine Delphy et Silvia Federici. J'aborderai ensuite le problème stratégique des moyens de la transformation des rapports sociaux, à partir de l'analyse du rapport spécifique de la classe des femmes au travail, puis à l'État, par le féminisme matérialiste.

Le concept de travail : une définition politique

Le geste de déconstruction et de reconstruction du concept de travail opéré par le féminisme matérialiste ne se résume pas à la prise en compte du travail domestique et du sexe du travail salarié. Dans « Le concept de travail » du *Dictionnaire critique du féminisme*, Helena Hirata et Philippe Zarifian (2000) montrent qu'il ne s'agit pas seulement pour le féminisme matérialiste d'intégrer le travail gratuit des femmes au concept générique de travail, ni même d'en proposer une historicisation radicale, mais encore et surtout de mettre en relief les enjeux politiques centraux du travail moderne que sont la captation du temps et la production du vivre. L'analyse des rapports sociaux de sexe permet en effet d'élargir celle de la captation du temps au travail domestique, d'ouvrir sur l'articulation entre rapports de sexe et de classe, et de faire apparaître le rôle primordial du travail (salarié et gratuit) des femmes dans la production du vivre en société, mettant en cause la séparation idéologique entre les sphères de vie privée, salariale et politique. La problématisation de la division sexuelle du travail et des rapports sociaux de sexe permet ainsi de s'opposer à toute forme d'économicisme dans la définition même du travail et de faire de cette définition un enjeu politique.

Le travail comme production du vivre en société et enjeu des rapports sociaux

Comme le montre Kergoat dans une remarque critique à l'égard de l'économicisme d'une partie du courant féministe 'lutte des classes' :

> *Pour nombre de marxistes, c'était la division sexuelle du travail qui expliquerait la situation genrée. Je pense au contraire qu'elle n'est pas cause mais conséquence : elle exprime la place des sexes dans les rapports de production (au sens large) et dans la division sociale du travail. C'est cela que j'entends par : la division sexuelle du travail est l'enjeu des rapports sociaux de sexe.* (Kergoat 2012a, p. 18, note 24).

Le travail est considéré comme ce à partir de quoi on peut reproduire et transformer la société, si bien qu'il constitue le principal moyen de l'exercice du pouvoir politique, et *c'est pour-*

quoi l'enjeu central de la politique est le contrôle du travail. Cette critique de l'approche économiciste de la centralité politique du travail implique également une redéfinition du concept de rapport social, développée dans « Dynamique et consubstantialité des rapports sociaux » : « *Un rapport social est une relation antagonique entre deux groupes sociaux, établie autour d'un enjeu* », à quoi l'auteure ajoute que ce « *rapport de production matérielle et idéelle* » (Kergoat 2012d [2009], p. 126) n'est pas figé mais en mouvement. Cette définition permet ainsi de comprendre qu'« *en ce qui concerne le rapport social de sexe, ces enjeux sont la division du travail entre les sexes et le contrôle de la sexualité et de la fonction reproductive des femmes* » (*ibid.*, p. 135). La classe — au sens d'un groupe social organisé par des intérêts politiques — des hommes, pour acquérir, perpétuer ou renforcer sa domination politique, s'approprie le travail de la classe des femmes et leur sexualité et fonction reproductive, et exclut le travail domestique et la sexualité de la définition du travail. Autrement dit : la délimitation et l'appropriation du travail est l'enjeu politique majeur des sociétés modernes, parce que le travail n'a pas seulement une fonction économique, celle de produire des biens et des services, mais aussi, et d'abord, une fonction politique, celle de produire — reproduire, contrôler, transformer — les rapports sociaux.

Cet argument éclaire également, par exemple, la référence de Danièle Kergoat et Elsa Galerand à la définition anthropologique du travail de Maurice Godelier :

> *Quant au travail entendu sous le concept de division sexuelle du travail, il désigne dès lors toutes les activités humaines de production du vivre en société (Godelier, 1984 ; Hirata & Zarifian, 2000). Cette redéfinition contient, à nos yeux, un potentiel particulièrement subversif, qui vient renouveler la critique de l'économie politique, dans la lignée des recherches qui — depuis les années 1970 — démontrent l'insuffisance des compréhensions resserrées du travail conduisant à exclure l'ensemble du travail gratuit des raisonnements sur la société salariale : tâches ménagères, travail d'entretien physique des membres de la famille, de* care, *ou de santé (Cresson, 2006), maintien du réseau amical et familial (Chabaud-Rychter* et al., *1985), production d'enfants (Vandelac, 1985 ; Tabet, 1998).* (Galerand, Kergoat 2014).

Il convient de remarquer cependant que chez Godelier, cette « *production du vivre en société* » renvoie à une définition du travail (au sens moderne) comme « *les diverses manières inventées par l'homme pour agir sur son environnement naturel et en extraire les moyens matériels de son existence sociale* » (Godelier 2010), qui reconduit notamment l'exclusion du travail d'entretien physique, de *care*, de santé, de maintien des relations sociales et de production d'enfant. Pour Godelier, en effet, l'essentiel est de démontrer la thèse selon laquelle les sociétés capitalistes ont dissocié la production (entendue au sens exclusivement économique) des autres domaines de la vie sociale (voir également Godelier 1978), ce qui paraît exclure *a priori* du domaine de la production le travail domestique qui se fait dans la famille. Parce qu'il n'interroge pas le sens de cette thèse sociologique de la différenciation fonctionnelle entre sphères économique et politique dans les sociétés capitalistes, l'auteur ne peut aller au bout de la politisation du concept de travail. On retrouve ce problème, par exemple, dans le marxisme politique d'Ellen M. Wood : parce qu'elle ne prend pas en compte la division sexuelle du travail et les rapports entre travail domestique et travail salarié, elle peut dériver de son analyse générale de « *la séparation du politique et de l'économique dans le capitalisme* » (voir Wood 1981 et 2015, p. 136) la thèse spécifique, fort contestable, selon laquelle une « *séparation claire entre les relations familiales et l'organisation du marché du travail s'est développée sous le capitalisme* » (*ibid.*, p. 141). Une telle position non seulement privilégie le point de vue des hommes sur le rapport entre travail et politique au détriment de celui des femmes, mais encore se prive d'une analyse de ce qui, dans les sociétés capitalistes et patriarcales, résiste à cette séparation entre fonctions économique et politique du travail.

On voit que définir le travail comme « *production du vivre en société* » ne peut consister seulement à retrouver une définition anthropologique universelle du travail derrière sa restriction par la société salariale. Le renouvellement de la critique de l'économie politique par le féminisme matérialiste s'appuie plutôt sur l'analyse de l'accès privilégié de la classe des femmes, précisément parce qu'elle est exploitée *et* opprimée, à la compréhension de la fonction politique du travail, au fait que c'est d'abord en travaillant et en faisant travailler que l'on reproduit ou transforme les rapports sociaux. C'est pourquoi on peut considérer que la classe des femmes est aussi structurellement mieux placée que celle des hommes pour porter le projet d'une politique démocratique du travail, pour revendiquer que son travail (salarié ou gratuit) produise certes du vivre en société, mais pas n'importe comment : non pas au service de la reproduction et production des institutions et rapports sociaux capitalistes, patriarcaux et racistes mais pour produire des institutions et rapports sociaux démocratiques. C'est le premier apport majeur du féminisme matérialiste à l'analyse des enjeux politiques du travail : en redéfinissant le travail à partir du point de vue de la classe des femmes, montrer que ce dernier implique l'exigence de libérer la fonction démocratique du travail.

Le mode de production domestique : une théorie économiciste ?

Il pourrait sembler à première vue que le féminisme matérialiste de Christine Delphy privilégie une approche économique (voir notamment Barrett, McIntosh 1979) au détriment d'une approche politique du concept de travail :

> *En 1970, j'ai formulé trois thèses ou hypothèses de travail : 1. Le patriarcat est le système de subordination des femmes aux hommes dans les sociétés industrielles contemporaines 2. Ce système a une base économique 3. Cette base est le mode de production domestique.* (Delphy 2013a [1998], p. 8-9).

Cependant, ces arguments n'impliquent pas l'affirmation d'une primauté ontologique ou méthodologique des rapports économiques sur les rapports politiques. En effet, qu'est-ce qui maintient et reproduit ces rapports de production ? Dans « L'ennemi principal » (2013a [1998]), Delphy montre en effet que le mode de production domestique dépend d'une lutte de classes de sexe au niveau des institutions et de l'État :

> *La gratuité du travail des femmes est institutionnalisée non seulement dans la pratique mais dans la comptabilité de l'État (statut d'aide familiale) et dans les revendications des partis de l'opposition.* (*ibid.*, p. 37).

Certes, y est aussi affirmé que c'est l'industrialisation qui constitue la cause du fait que « *l'appropriation de la force de travail des femmes tend à se limiter à l'exploitation (la fourniture gratuite par elles) du travail domestique et d'élevage des enfants* » (*ibid.*, p. 42). Cependant, la conclusion de l'article insiste sur l'idée que c'est l'institution politique de la famille qui permet cette exploitation des forces productives et reproductives des femmes, si bien qu'« *établir pourquoi et comment ces deux exploitations sont conditionnées et renforcées l'une par l'autre, et ont le même cadre et le même moyen institutionnel : la famille, doit être l'un des premiers objectifs du mouvement* » (*ibid.*, p. 51). C'est d'ailleurs à l'occasion de son analyse critique de l'« *exploitation familiale* » (Delphy, Leonard 1992) que Delphy poursuit sa politisation du concept de travail, en faisant explicitement du contrôle de la production l'enjeu des rapports de domination du groupe des hommes sur celui des femmes :

> *La raison pour laquelle ces deux groupes sont distingués socialement est précisément qu'un de ces deux groupes domine l'autre afin de pouvoir utiliser son travail.* (p. 258).

La réponse de Delphy à la critique d'économicisme comporte ainsi trois dimensions. La première rend indissociable explication économiciste et naturalisation des rapports sociaux de sexe, du travail et de la valeur, pour rejeter l'ensemble de ces positions (Delphy 2003b). La deuxième conteste, à partir notamment de l'analyse des rapports entre institutions du travail et de la famille, l'autonomie prétendue du domaine économique (voir notamment Delphy 2013b [2001], p. 21-22). La troisième, enfin, pose la définition politique du travail au fondement du matérialisme :

> *Par ailleurs, ma critique de l'économisme m'amenait à étudier un jour ou l'autre le substrat conventionnel — et dans nos sociétés où la convention est écrite, le Droit — sur lequel reposent les rapports entre les personnes pour produire et distribuer des biens, rapports que l'on appelle l'économie.* [...] *toute distribution de richesses et de pouvoir repose sur une convention sociale, donc humaine, convention qui est incorporée dans le droit et la coutume, mais aussi dans de nombreuses autres institutions et procédures : ce sont des rapports sociaux matériels. Le matérialisme n'est rien d'autre que la primauté théorique donnée à ce rapport.* (*ibid.*, p. 23).

À la lumière de cette critique de l'économicisme, les arguments des textes pionniers des années 1970 s'éclairent d'un autre jour. Ainsi, par exemple, l'explication que donne « Travail ménager ou travail domestique ? » (Delphy 2013a [1998]) du critère qui sépare travail ménager — considéré comme improductif — et travail salarié renvoie à des facteurs non pas économiques mais politiques : le type de subordination définissant la division du travail, elle-même instituée par l'État et en l'occurrence la Comptabilité nationale. Ainsi, ce qu'il faut expliquer, en fin de compte, c'est bien « *comment et pourquoi cet organisme établit cette coupure arbitraire* » (*ibid.*, p. 60). Et on sera attentif à la manière dont Delphy formule sa critique de la naturalisation de cet arbitraire : si le travail ménager est gratuit (ni rémunéré ni échangé), ce n'est pas en raison « *de la nature des services qui le composent* » ou « *en raison de la nature des personnes qui le fournissent* » mais « *en raison de la nature particulière du contrat qui lie la travailleuse — l'épouse — au ménage, à son 'chef'* » (*ibid.*, p. 63). Cette subordination contractuelle peut certes exister sans institution étatique *ad hoc*, mais il est toujours nécessaire qu'elle repose sur une 'convention sociale', c'est-à-dire sur un rapport de force politique, un rapport social de domination renforcé par des institutions. Ces analyses ouvrent ainsi la voie d'une articulation entre critique de l'extension du concept de travail, politisation de sa compréhension et analyse des enjeux de la lutte politique de la classe des femmes (cf. *infra*).

La fonction politique centrale du concept de travail

Bien qu'elle ne qualifie pas sa propre position en termes de 'féminisme matérialiste' — qu'elle renvoie au féminisme radical états-unien de la fin du XIXe siècle (Federici 2012) — l'une des particularités des analyses de Silvia Federici est de radicaliser ce geste critique de politisation du concept de travail. Dans l'article "Wages againt Housework" (1975), l'auteure défend ainsi la revendication d'un salaire domestique — élaboré dans le mouvement Wages for Housework Movement, auquel prirent également part notamment Mariarosa Dalla Costa et Selma James —, à titre d'instrument de la lutte des femmes pour la réappropriation du pouvoir politique en vue de se retourner contre l'exploitation du travail domestique. Or cette revendication transitoire, défend l'auteure, ne relève pas d'une position économiciste, dans la mesure où le salaire, tout comme le travail lui-même, doit être analysé en termes politique et non seulement économique :

> *Contre toute accusation d'« économicisme », il faut rappeler que l'argent est du capital, et c'est donc le pouvoir de commander le travail.* […] *Nous ne devrions pas sous-estimer le pouvoir du salaire pour démystifier la féminité et rendre visible notre travail — faire voir notre féminité définie comme travail — dans la mesure où cette absence de salaire a précisément été un facteur si puissant de la formation de ce rôle et de l'invisibilité de notre travail.* (Federici 1975, p. 19).

Autrement dit, pour Federici, la revendication d'un salaire ménager est fondée dans le diagnostic selon lequel l'exploitation économique de la valeur est aussi et d'abord un instrument de domination politique.

Dans *Caliban et la sorcière* (2014a [2004]), l'auteure examine cette fonction politique du travail d'un point de vue historique en montrant comment la subordination des femmes s'explique par un processus politique de capture violente de leur force de travail. En réactualisant dans une perspective féministe le concept d'« *accumulation primitive* », Federici examine trois phénomènes historiques selon elle décisifs pour le développement du capitalisme :

> *1. Le développement d'une nouvelle division sexuée du travail assujettissant le travail des femmes et leur fonction reproductive à la reproduction de la force de travail 2. La construction d'un nouvel ordre patriarcal, fondé sur l'exclusion des femmes du travail salarié et leur soumission aux hommes 3. La mécanisation du corps prolétaire et sa transformation, dans le cas des femmes, en une machine de production de nouveaux travailleurs.* (*ibid.*, p. 20).

Le caractère gratuit du travail domestique s'explique donc par la capture violente de la 'force de travail' des femmes, similaire selon elle à l'« *enclosure* » des terres communales et plus généralement au processus politique d'appropriation privative des biens communs (voir notamment *ibid.*, p. 196). Si le problème des continuités et ruptures historiques entre oppression des femmes dans les sociétés précapitalistes et capitalistes n'est pas réglé par cette analyse (pour une critique dans une perspective marxiste, voir Artous 2014), ni celui du rapport entre servage et sexage (à ce sujet, voir Guillaumin 1992), la politisation des concepts de la critique matérialiste de l'économie politique (le travail et en l'occurrence la valeur et l'accumulation primitive), permet de montrer que la dévalorisation du travail domestique dans les sociétés capitalistes et patriarcales s'est construite au sein d'un processus politique d'appropriation de la force de travail des femmes et de contrôle de leur production.

Ces trois analyses permettent donc d'éclairer la fonction politique centrale du concept de travail, contre ses diverses formes de dépolitisation, qui privilégient sa fonction de (re)production de valeur au détriment de sa fonction de (re)production des rapports sociaux en divisant la réalité sociale en catégories arbitraires, et notamment en opposant 'famille' et 'travail' :

> *Cette division « famille-travail », constitutive du concept de travail lui-même, révèle donc l'une des fonctions politiques centrales du concept de travail, à savoir : taire la lutte politique et économique ayant historiquement opposé les hommes aux femmes pour le « contrôle » de la production-reproduction de l'espèce, camouflant ainsi sous des termes supposément neutres et unitaires les rapports de classes sexuelles.* (Vandelac 1981, p. 24).

À l'inverse, ces différentes versions de la repolitisation du concept de travail par le féminisme matérialiste associent donc de manière étroite les fonctions économiques — la production des biens et des services — et politique — la reproduction et la transformation des rapports sociaux — du travail. Or ce geste critique permet non seulement de renouveler la critique matérialiste de l'économie politique mais encore de préciser ce en quoi le travail peut constituer un « *levier possible de solidarité et d'émancipation collective* » (Galerand, Kergoat 2014) et de renouveler la perspective d'une politique démocratique du travail.

Rapports de la classe des femmes au travail et à l'État

Quelles sont les conséquences de cette politisation du concept de travail pour l'analyse des rapports entre travail et transformation sociale ? À première vue, il semble que les modèles de la lutte des classes et du développement des capacités demeurent inchangés. Avec le modèle de la lutte des classes, il s'agit de promouvoir la lutte politique des femmes comme moyen d'une prise de pouvoir dans les appareils étatiques permettant de libérer le travail des femmes de l'oppression patriarcale ; comme par exemple dans « L'ennemi principal » :

> *La libération des femmes ne se fera pas sans la destruction totale du système de production et de reproduction patriarcal* [et cela] *ne pourra se faire sans une révolution, c'est-à-dire la prise du pouvoir politique.* (Delphy 2013a [1998], p. 52).

Et dans le modèle des capacités, c'est d'abord à partir du travail que le renforcement du pouvoir d'agir collectif des femmes doit être pensé et construit ; comme par exemple dans « Réflexions sur l'exercice du pouvoir par des femmes dans la conduite des luttes. Le cas de la Coordination infirmière » de Kergoat, qui défend l'invention de « *modèles de contre-pouvoir collectifs quant à l'organisation et à la gestion même du travail dans le contexte économique actuel* » (Kergoat 2012c [1993], p. 308). Pourtant — tout comme certaines analyses de Marx, présentant par exemple comme une « *victoire de l'économie politique de la classe ouvrière* » à la fois la conquête politique d'un droit du travail et les premières réalisations économiques du mouvement coopératif (Marx, 1864) —, les analyses des rapports de la classe des femmes au travail et à l'État permettent de dépasser cette opposition entre stratégies centrées sur la conquête politique des appareils étatiques ou sur l'auto-organisation économique.

Le rapport au travail : au-delà de l'opposition entre instrumental et politique

Dans « Le potentiel subversif du rapport des femmes au travail », Elsa Galerand et Danièle Kergoat examinent la question de ce qui peut être considéré comme subversif et potentiellement émancipateur dans le rapport des femmes au travail. Les auteures répondent en mettant en relief « *l'indissociabilité des deux sphères d'activité (productives et reproductives)* » du fait de la position des femmes dans la division sexuelle du travail, qui permet notamment de remettre en cause la séparation « *privé (hors du travail) vs public (le travail)* » (Galerand, Kergoat 2012 [2008], p. 266). Cette analyse permet de remettre en cause l'opposition, classique dans les approches libérales mais présente parfois aussi dans les conceptions critiques du travail, entre rapport instrumental (en termes de rémunération ou d'utilité) et rapport politique (en termes de justice ou de participation) au travail.

Les auteures proposent notamment d'expliquer le constat paradoxal d'un plus grand degré de satisfaction au travail chez les travailleuses du *care* par rapport aux ouvrières non qualifiées de l'industrie, en montrant d'une part que le travail du *care* permet d'œuvrer au « *rétablissement de la continuité* » (*ibid.,* p. 274) entre travail salarié et travail domestique ; d'autre part d'avoir le sentiment que son travail est « *socialement utile* ». Or ces critères de la continuité et de l'utilité ne doivent pas être seulement interprétés en termes de réalisation de soi ou de travail bien fait, mais dans le cadre de l'analyse d'une exigence démocratique de participation au contrôle du procès de production. Même si elle ne s'appuie malheureusement pas sur les travaux du féminisme matérialiste, c'est ce que montre par exemple Isabelle Ferreras dans *Critique politique du travail* (2007). À partir d'une enquête auprès de caissières de supermarché, elle défend l'idée que les attentes expressives et politiques à l'égard du travail augmentent à l'heure de l'économie des services, et que les attentes de réalisation de soi, de justice, d'autonomie, de participation à la délibération et aux décisions relèvent d'un rapport politique au travail :

> *C'est pourquoi les caissières se trouvent prises dans une tension constante entre d'une part, la soumission à un régime d'interaction domestique, promu par l'entreprise et relayé par une partie de la clientèle, et d'autre part un vécu subjectif de l'expérience du travail à la caisse qui renvoie au régime d'interaction civile propre à la sphère publique.* (*ibid.*, p. 17).

Cependant, les analyses du féminisme matérialiste permettent d'apporter une correction décisive à cette thèse d'une « *intuition démocratique* », pour reprendre le terme de l'auteure, dans le rapport au travail. D'une part, du point de vue de la classe des femmes, il est inexact de présenter l'évolution historique du rapport au travail depuis le XIXe siècle comme une disjonction progressive entre rapport instrumental (ancré dans l'espace domestique) et rapport politique (ancré dans l'entreprise comme espace public) au travail. Les enquêtes sociologiques de Kergoat sur la Coordination des infirmières montrent par exemple que leurs revendications et répertoire d'action rétablissent une forme de continuité entre travail salarié et travail domestique (y compris celui des familles) :

> *Seules des femmes, les infirmières en l'occurrence, par leur place spécifique dans les rapports de production et dans les rapports sociaux de sexe, peuvent formuler un tel complexe d'objectifs.* (Kergoat 2012b [1991], p. 296).

Il ne s'agit donc pas seulement de modifier l'organisation du travail, comme chez Ferreras, mais aussi de transformer son procès — ce que et comment on produit —, et en l'occurrence de « *contester l'orientation politique que représente l'hégémonie de la médecine réparatrice au détriment de la médecine préventive* » (*ibid.*, p. 297). Or c'est à partir de ces revendications concernant le procès de travail que les infirmières se confrontent à l'État : il ne s'agit pas seulement d'opposer le privé au politique (comme le formule un membre du cabinet Evin : les « *problèmes de vie quotidienne* » sont incompatibles avec la logique de l'État), mais d'exiger une transformation conjointe de la production économique des services et de la production politique des rapports sociaux. C'est cette perspective d'une démocratisation du procès de travail qui permet d'envisager de transformer l'organisation et la division du travail, salarié comme militant : « *le besoin d'unité et de démocratie* » dans leur travail explique « *le sentiment que les organisations syndicales, telles qu'elles fonctionnent actuellement, ne pouvaient représenter la nouvelle figure salariale (féminine) qu'elles préfigurent* » (*ibid.*, p. 298). L'exigence d'être représentée dans les institutions est donc comprise dans celle, plus fondamentale, d'une participation démocratique à la décision concernant ce que travailler doit signifier concrètement.

Afin de rendre compte de la portée émancipatrice de ce rapport politique de la classe des femmes au travail, paraissent manifestement insuffisantes les théories de l'‘*agency*’, de l'‘*empowerment*’ ou des ‘*capabilities*’ qui se sont construites, historiquement et théoriquement, contre la thèse matérialiste de la centralité du travail (voir par exemple Hartley 2009 ; et la critique de la déconnection des problèmes posés par une « *éducation démocratique* » et par un « *travail démocratique* » chez Martha Nussbaum dans Cukier 2015). Au contraire, les théories du *care*, lorsqu'elles sont énoncées en termes politiques et élaborées à partir du travail comme chez Pascale Molinier (2013), convergent avec les analyses du féminisme matérialiste et permettent de rendre compte des rapports de pouvoir liés à l'inégale répartition du travail du *care* ainsi que de promouvoir, à l'inverse, « *une société organisée centralement à partir du travail du* care » (*ibid.*, p. 28 ; pour une discussion des apports de l'auteure à la question de l'émancipation du travail, voir Cukier 2013 ; voir aussi Glenn dans ce numéro). Mais s'il faut examiner les conditions sociales d'un travail de production des relations sociales plus égalitaires, il paraît également nécessaire d'envisager le travail de démantèlement des institutions de la domination. Un projet de démocratisation des rapports sociaux ne semble pas pouvoir s'appuyer seulement sur le potentiel émancipateur du travail du *care* : il doit chercher aussi à réaliser les attentes politiques qui, depuis l'ensemble des activités y compris dans d'autres secteurs économiques, anticipent la libération de la fonction politique du travail et l'avènement d'un travail démocratique. À partir de l'analyse du potentiel politique du rapport au travail par le féminisme matérialiste, il s'agit donc de concevoir comment le procès du travail, ce que l'on fait en travaillant, pourrait contribuer à l'abolition progressive de la division patriarcale, raciale et capitaliste du travail.

C'est en raison de ce possible réel d'un travail démocratique à l'œuvre dans le rapport au travail de la classe des femmes que le projet de « *dé-démocratisation* » (Brown 2007) du néolibéralisme cible en premier lieu les femmes. Dans « L'État néolibéral et les femmes », Jules Falquet montre ainsi que les femmes indiennes au Mexique constituent les premières cibles des politiques néolibérales parce qu'elles sont à la fois « *le segment de la main-d'œuvre le plus important pour le système d'accumulation néolibéral et la réalisation concrète du travail* » et — du fait notamment de la politisation des activités dévalorisées auxquelles elles sont assignées — les principales promotrices d'un « *projet politique alternatif dans l'espace politique, qu'elles tentent de construire non sans mal entre les sirènes de la persuasion et la répression brutale qui les vise directement* » (Falquet 2010, p. 240). C'est ce que donne également à voir par exemple l'article de Paula Banerjee (2010) dans le même ouvrage, en examinant comment le travail militant des femmes pacifistes en

Inde du Nord-Est permet d'articuler concrètement revendications économiques, notamment concernant les droits de propriété, et lutte politique pacifiste.

Le rapport de la classe des femmes au travail constitue ainsi un point d'appui puissant pour défendre la perspective d'un travail démocratique, comme en attestent de nombreux exemples de luttes des femmes qui, à partir de leur travail, remettent en cause les institutions des rapports sociaux de sexe mais aussi de classe et de race.

Le rapport à l'État : produire et détruire les institutions

Reste à envisager la manière dont le féminisme matérialiste peut articuler les dimensions de « *destruction de la machinerie d'État* » (Marx 1984 [1852], p. 186) et de production de nouvelles institutions permettant d'instaurer « *la forme politique* » de « *l'émancipation économique du travail* » (Marx 1972 [1871), p. 45). Je commencerai à cet égard par examiner certains arguments de « Par où attaquer le 'partage inégal' du 'travail ménager' ? » (Delphy 2003a) qui, dans une conjoncture politique spécifique, se confronte au problème stratégique du rapport aux institutions étatiques.

On peut tout d'abord distinguer, du point de vue des luttes de la classe des femmes, trois fonctions politiques de l'État, en tant qu'il : 1. tolère l'exploitation, en n'accordant pas aux femmes de droits sociaux spécifiques (par exemple une retraite après le divorce) ; 2. encourage l'exploitation, « *en omettant, par exemple, de considérer le travail des femmes d'indépendants comme ce qu'il est : une forme de travail au noir* » (*ibid.*, p. 65) ; 3. subventionne l'exploitation : par exemple en payant la couverture maladie des femmes au foyer à la place de leurs maris qui exploitent leur travail domestique. Dans cette perspective, les propositions politiques transitoires défendues par Delphy s'organisent dans cet article autour de la revendication que « *l'État cesse de subventionner le système patriarcal* » (*ibid.*, p. 66). L'auteure met en avant une conception essentiellement négative de la fonction de l'État dans une stratégie d'émancipation féministe : il s'agit de faire sauter les verrous institutionnels qui renforcent la domination de la classe des hommes. Elle insiste notamment sur l'échec des politiques volontaristes d'ouverture de crèches et de mise au travail salarié des femmes en RDA, qui ne sont pas parvenues à régler le problème de la triple journée de travail des femmes. Si bien que, du point de vue du rapport à l'État, elle préconise de promouvoir « *non pas des leviers pour changer d'un jour à l'autre la situation, mais des revendications qui pourraient, si elles étaient satisfaites, saper au moins quelques-uns des piliers institutionnels qui étayent la construction de cette inégalité privée* » (*ibid.*, p. 48).

Il n'est donc pas question ici de revendiquer un nouveau dispositif étatique plus favorable à la lutte de la classe des femmes, ce qui reconduirait la stratégie typique du mouvement ouvrier traditionnel, conçu pour bénéficier aux hommes. À cette version de la lutte des classes, Delphy en oppose donc une autre : en proposant de pénaliser financièrement le temps libre des hommes, il ne s'agit donc pas tant de renforcer les positions de la classe des femmes en construisant des institutions de l'émancipation que de s'attaquer aux bases économiques et politiques de la domination de la classe antagonique, autrement dit de détruire les institutions de l'oppression.

Quoique présentée dans ce texte de Delphy en rapport à un contexte historique spécifique, cette position paraît d'actualité, à l'heure où le néolibéralisme multiplie les institutions étatiques et para-étatiques renforçant les rapports de domination de sexe, de classe et de race. C'est l'un des apports des travaux de Jules Falquet que d'avoir examiné, dans la perspective du féminisme matérialiste et donc en maintenant la thèse de la centralité politique du travail, comment, « *sous l'égide de l'État et des institutions internationales comme de l'institution de l'hétérosexualité, l'illégalisation et même la criminalisation croissante de la migration, l'absence de statut autonome pour la plupart des femmes migrantes et le déni de citoyenneté opposé à de nombreuses femmes pauvres et racisées, migrante-s et descendant-e-s de migrant-e-s dans différentes parties du monde et jusque dans leur propre pays, contribuent puissamment à organiser la division du travail et donc à co-former les rapports sociaux de sexe, de 'race' et de classe de la mondialisation néolibérale* » (Falquet 2009, p. 83). Ce sont, ajoute-t-elle, ces institutions, notamment dans leur dimension juridique et économique mais aussi militaire, qui « *organisent la distribution et l'exploitation du travail dans et hors famille, la mobilité des personnes, leur accès à la citoyenneté, aux droits, à l'alliance, à la transmission et aux ressources* » et donc « *façonnent les frontières, les alliances et les oppositions de sexe, de 'race' et de classe* » (*ibid.*, p. 85). Que les institutions politiques de la domination soient produites et reproduites par le procès, l'organisation et la division du travail dans le néolibéralisme n'empêche donc pas que les rapports sociaux de domination soient formés par ces institutions. Si bien qu'il paraît nécessaire de viser aussi, en partant du travail, à affaiblir et défaire les institutions du néolibéralisme, c'est-à-dire du système actuel des rapports sociaux de sexe, de race et de classe.

Pour produire de nouvelles institutions démocratiques, il est certes nécessaire de transformer le procès de travail : par la conquête d'espaces et de moments de délibération collective dans la production même ; l'organisation du travail : par la conquête, dans les processus de décision et d'action, de l'autonomie des travailleuses subalternes à l'égard des employeurs ou conjoints ; et la division du travail : par la conquête d'un pouvoir de contrôle, dans l'entreprise mais aussi la famille et 'l'espace public', sur l'articulation et la répartition entre travail salarié, travail militant et travail domestique. Mais pour s'opposer au travail effectué dans les institutions de la domination, le féminisme matérialiste permet de concevoir les conditions non seulement d'une démocratisation du travail mais aussi d'un 'travail démocratique' de transformation des institutions, en insistant sur la nécessaire *pars destruens* d'un tel travail.

* *
*

Je m'en tiendrai pour conclure à trois remarques concernant la manière dont ces analyses du féminisme matérialiste peuvent éclairer d'autres débats contemporains liés à la perspective d'un travail démocratique.

Tout d'abord, elles ouvrent la voie à la reconnaissance et la politisation d'autres formes de travail gratuit, notamment celui des précaires, chômeurs, chômeuses et retraité·e·s, mais aussi du « *travail militant* » (Nicourd 2009). À cet égard, le féminisme matérialiste permet non seulement d'analyser la dimension sexuée des trajectoires militantes, la division sexuelle du travail militant et la manière dont les rapports sociaux de sexe se jouent dans l'organisation du travail prescrit et réel (Dunezat 2008, 2009), mais aussi d'envisager le rapport spécifique de la classe des femmes au procès de travail militant. L'hypothèse consiste donc à poser que l'établissement d'une continuité pratique entre travail salarié, travail domestique et travail militant permet d'accéder de manière privilégiée à la perspective d'un travail démocratique, d'une transformation du procès de travail en vue de la démocratisation des rapports sociaux.

D'autre part, les propositions économico-politiques contemporaines, d'un côté, du « *revenu inconditionnel d'existence* » — fondé sur le principe d'un versement, sans conditions et à tou·te·s les citoyen·ne·s, d'un revenu de base cumulable avec tout autre type de revenu (Vanderborght, Van Parijs 2005) — et, d'un autre côté, de la socialisation « *salaire à vie* » — fondé sur la perspective d'une extension des institutions salariales de la cotisation sociale et de la qualification (Friot 2014) — paraissent de ce point de vue non seulement manquer les enjeux spécifiques de l'exploitation du travail des femmes, mais encore ne pas saisir la radicalité de la perspective d'un travail démocratique. La politisation du concept de travail permet en effet d'ouvrir la question d'une démocratisation non pas de l'emploi et du salariat, mais du travail lui-même et de sa fonction politique. Pour important qu'il soit, le débat contradictoire entre partisans et partisanes du revenu inconditionnel et du salaire à vie ne touche pas à la boîte noire du « *travail vivant* » (Cukier 2016a) et à la perspective d'une transformation du procès de travail.

Enfin, d'un point de vue théorique, c'est la critique de l'économie politique que le féminisme matérialiste contribue à renouveler. Il permet notamment de redéfinir les concepts de travail, de rapport social, de valeur à partir de la critique de leurs conceptions économicistes et androcentrées. Et sur cette base, il montre que l'économie est politique à la fois au sens où la réalité du travail détermine les moyens de la lutte des classes entre travailleurs-travailleuses et capitalistes, racisés et non racisés, femmes et hommes, et au sens où le travail est lui-même l'enjeu des rapports sociaux de domination. C'est pourquoi le féminisme matérialiste permet de renouveler l'analyse de la centralité politique du travail, en l'orientant résolument en direction de l'invention d'un travail féministe, postcapitaliste et démocratique.

Références

Artous Antoine (2014). « À propos du livre de Silvia Federici, *Caliban et la sorcière* ». *Contretemps* : http://www.contretemps.eu/lectures/%C3%A0-propos-livre-silvia-federici-caliban-sorci%C3%A8re

Banerjee Paula (2010). « Femmes et frontières en Inde du Nord-Est ». In Falquet Jules, Hirata Helena, Kergoat Danièle *et al.* (eds). *Le sexe de la mondialisation. Genre, classe, race et nouvelle division du travail*. Paris, Presses de Sciences Po.

Barrett Michèle, McIntosh Mary (1979). "Christine Delphy: Towards a Materialist Feminism?". *Feminist Review*, n° 1.

Brown Wendy (2007). *Les habits neufs de la politique mondiale. Néolibéralisme et néo-conservatisme*. Paris, Les prairies ordinaires [trad. fr. Christine Vivier ; textes originaux : (2003). "Neoliberalism and the End of Liberal Democracy". *Theory and Event*, n° 7 et (2006). "American Nightmare. Neoliberalism, Neoconservatism, and De-Democratization". *Political Theory*, vol. 34].

Cukier Alexis (2013). « Travail, critique et émancipation : l'enjeu du pouvoir ». In Cukier Alexis, Delmotte Fabien, Lavergne Cécile (eds). *Émancipation : les métamorphoses de la critique sociale*. Paris, Le Croquant.

— (2015). « Recension de Martha Nussbaum, *Les émotions démocratiques. Comment former le citoyen du XXIe siècle ?* Paris, Flammarion, 2011 ». *Terrains/Théories*, n° 2.

— (2016a) (ed). *Travail vivant et théorie critique. Affects, pouvoir et critique du travail*. Paris, Puf, à paraître.

— (2016b). *Le travail démocratique*. Paris, Puf, à paraître.

Dejours Christophe, Deranty Jean-Philippe (2010). "The Centrality of Work". *Critical Horizons*, vol. 11, n° 2.

Delphy Christine (2003a). « Par où attaquer le 'partage inégal' du 'travail ménager' ? ». *Nouvelles questions féministes*, vol. 22, n° 3.

— (2003b). « Pour une théorie générale de l'exploitation. En finir avec la théorie de la plus-value ». *Mouvements*, n° 26.

— (2013a [1998]). *L'ennemi principal. 1. Économie politique du patriarcat*. Paris, Syllepse.

— (2013b [2001]). *L'ennemi principal. 2. Penser le genre*. Paris, Syllepse.

Delphy Christine, Leonard Diana (1992). *Familiar Exploitation: A New Analysis of Marriage in Contemporary Western Societies*. Cambridge, Polity Press.

Dewey John (2008). "Democracy in Education". In *Later Works (1925-1953)*, vol. 11. Carbondale, Southern Illinois University Press.

Dunezat Xavier (2008). « La division sexuelle du travail militant dans les assemblées générales : le cas des mouvements de 'sans' ». *Amnis*, n° 8 : https://amnis.revues.org/524

— (2009). « Trajectoires militantes et rapports sociaux de sexe ». In Fillieule Olivier, Roux Patricia (eds). *Le sexe du militantisme*. Paris, Presses de Sciences Po.

Falquet Jules (2009). « La règle du jeu. Repenser la co-formation des rapports sociaux de sexe, de classe et de 'race' dans la mondialisation néolibérale ». In Dorlin Elsa (avec la collaboration d'Annie Bidet). *Sexe, race, classe. Pour une épistémologie de la domination*. Paris, Puf « Actuel Marx confrontation ».

— (2010). « L'État néolibéral et les femmes. Le cas du 'bon élève' mexicain ». In Falquet Jules, Hirata Helena, Kergoat Danièle *et al.* (eds). *Le sexe de la mondialisation. Genre, classe, race et nouvelle division du travail*. Paris, Presses de Sciences Po.

Federici Silvia (1975). "Wages against Housework". In Federici Silvia. *Revolution at Point Zero: Housework, Reproduction, and Feminist Struggle*. New York, PM Press [trad. fr. Damien Tissot (2016). « Un salaire pour le travail ménager ». In *Point Zéro : propagation de la révolution. Salaire ménager, reproduction sociale, combat féministe*. Donnemarie-Dontilly, Éd. iXe].

— (2012). "Feminism and the Politics of the Commons". In Boller David, Helfrich Silke (eds). *The Wealth of the Commons. A World beyond Market and State*. Amherst & Florence, MA, Levellers Press.

— (2014a [2004]). *Caliban et la sorcière. Femmes, corps et accumulation primitive*. Marseille, Senonevero ; Genève & Paris, Entremonde [trad. fr. Collectif Senonevero ; éd. orginale. *Caliban and the Witch: Women, the Body and Primitive Accumulation*. Autonomedia].

Ferreras Isabelle (2007). *Critique politique du travail. Travailler à l'heure de la société des services*. Paris, Presses de Sciences Po.

Fischbach Franck (2015). *Le sens du social. Les puissances de la coopération*. Montréal, Lux.

Friot Bernard (2014). *Émanciper le travail. Entretiens avec Patrick Zech*. Paris, La Dispute.

Galerand Elsa, Kergoat Danièle (2012 [2008]). « Le potentiel subversif du rapport des femmes au travail ». In Kergoat Danièle (2012a).

— (2014). « Les apports de la sociologie du genre à la critique du travail ». *La nouvelle revue du travail*, n° 4 : https://nrt.revues.org/1533

Godelier Maurice (1978). « Travail et travailleur : perspectives anthropologiques et historiques, problèmes actuels ». In Société française de psychologie. *Que va devenir le travail ?* Paris, Entreprise moderne d'édition.

— (2010). « Travail ». In Bonte Pierre, Izard Michel (eds). *Dictionnaire de l'ethnologie et de l'anthropologie*. Paris, Puf.

Guillaumin Colette (1992). *Sexe, race et pratique du pouvoir. L'idée de nature*. Paris, Côté-femmes.

Hartley Dean (2009). "Critiquing Capabilities: The Distractions of a Beguiling Concept". *Critical Social Policy*, vol. 29, n° 2.

Hirata Helena, Zarifian Philippe (2000). « Le concept de travail ». In Hirata Helena, Laborie Françoise, Le Doaré Hélène, Senotier Danièle (eds). *Dictionnaire critique du féminisme*. Paris, Puf [rééd. 2004].

Kergoat Danièle (2012a). *Se battre, disent-elles...* Paris, La Dispute « Le genre du monde ».

— (2012b [1991]). « L'infirmière coordonnée ». In Kergoat Danièle (2012a).

— (2012c [1993]). « Réflexion sur les conditions de l'exercice du pouvoir par des femmes dans la conduite des luttes. Le cas de la coordination infirmière ». In Kergoat Danièle (2012a).

— (2012d [2009]). « Dynamique et consubstantialité des rapports sociaux ». In Kergoat Danièle (2012a).

Marx Karl (1972 [1871]). *La guerre civile en France*. Paris, Éditions sociales.

— (1984 [1852]). *Le dix-huit Brumaire de Louis Bonaparte*. Paris, Messidor / Éditions sociales.

Marx Karl, Engels Friedrich (1864). « Manifeste inaugural de l'Association Internationale des Travailleurs » : https://www.marxists.org/francais/marx/works/1864/09/18640928.htm

Molinier Pascale (2008). *Les enjeux psychiques du travail*. Paris, Payot (nouvelle édition).

— (2013). *Le travail du* care. Paris, La Dispute « Le genre du monde ».

Nicourd Sandrine (ed) (2009). *Le travail militant*. Rennes, Presses universitaires de Rennes.

Vandelac Louise (1981). « '... Et si le travail tombait enceinte ?' Essai féministe sur le concept du travail ». *Sociologie et sociétés*, vol. 13, n° 2.

Vanderborght Yannick, Van Parijs Philippe (2005). *L'allocation universelle*. Paris, La Découverte.

Wood Ellen Meiksins (1981). "The Separation of the Economic and the Politic in Capitalism". *New Left Review*, n° 127.

— (2014). « Capitalisme et émancipation humaine ». In Ducange Jean-Numa, Garo Isabelle (eds). *Marx politique*. Paris, La Dispute.

Cahiers du Genre – 59 / 2015

▸ *Dossier* **Genre et environnement**

Nouvelles menaces, nouvelles analyses au Nord et au Sud

Coordonné par Pascale Molinier, Sandra Laugier et Jules Falquet

270 pages

La sociologie des rapports sociaux de sexe : une lecture féministe et matérialiste des rapports hommes/femmes

Xavier Dunezat

Résumé

L'article présente les principaux apports du courant dit de la sociologie des rapports sociaux de sexe au féminisme matérialiste français. D'abord, il retrace les prémisses de ce courant et les lignes de tension qui en sont à l'origine. Ensuite, il montre comment les trois apports épistémologiques majeurs de ce courant (division sexuelle du travail, rapport social, consubstantialité) fondent une sociologie matérialiste des rapports sociaux et de leur articulation. Enfin, il interroge le 'travail d'émancipation' en pointant les ambivalences qui structurent la production des subjectivités dominées, les dynamiques mobilisatrices, l'organisation du travail militant.

FÉMINISME MATÉRIALISTE — RAPPORTS SOCIAUX DE SEXE (SOCIOLOGIE DES) — RAPPORTS SOCIAUX (SEXE, CLASSE, RACE) — TRAVAIL MILITANT — ÉMANCIPATION

> *Même les fantasmagories qui naissent dans le cerveau des hommes sont des sublimations résultant nécessairement du processus de leur vie matérielle.* (Marx, Engels 1982 [1845]).

L'évidence de la partition naturelle de l'humanité en deux sexes est une fantasmagorie dont la déconstruction est à mettre au crédit — constitue la raison d'être — du féminisme matérialiste, dans le sillage de la longue histoire de la « *colère des opprimées* » (Guillaumin 1981) et du Mouvement de libération des femmes. Nous proposons ici de mettre en lumière la contribution du courant français dit de la sociologie des rapports sociaux de sexe à cette déconstruction. Plus récent, ce courant a renouvelé l'œil sociologique (féministe matérialiste) en contournant divers écueils théoriques attribués aux premiers modes de théorisation : manquer les clivages qui contribuent à produire les classes de sexe, minorer les processus culturels et politiques qui participent à cette production, analyser davantage les mécanismes de la domination (masculine) que les ressorts des résistances (féminines).

Cet article présente ainsi, en les historicisant (1), les principaux apports de la sociologie des rapports sociaux de sexe au féminisme matérialiste (2) et illustre, à partir de l'exemple des pratiques militantes qui visent l'émancipation, combien ces apports sont heuristiques pour l'analyse sociologique (3). Selon notre approche, le plaidoyer « *pour un féminisme matérialiste* » (Delphy 1998 [1970], p. 271-282) ne saurait être isolé du « *plaidoyer pour une sociologie des rapports sociaux* » (Kergoat 2012c [1984]). En privilégiant la centralité du travail dans la généalogie de la sociologie des rapports sociaux de sexe et en ouvrant sur le travail militant, nous ne prendrons pas en compte tout l'éventail des prolongements actuels de ce courant [1].

Héritages et discontinuités

Les rapports sociaux de sexe sont théorisés comme antagoniques, transversaux, dynamiques et producteurs des catégories de sexe. Ce mode de caractérisation est le produit d'un travail collectif (Battagliola *et al.* 1990) qui puise ses racines dans les années 1970, se sédimente dans les années 1980 et tend à s'institutionnaliser à partir de la fin des années 1990. Ce travail déborde le courant de la sociologie des rapports sociaux de sexe

---

[1] Les choix de l'auteur sont liés à son mode d'inscription dans la sociologie des rapports sociaux de sexe. Proche politiquement du féminisme matérialiste et militant dans les mouvements dits de 'sans' (chômeurs, sans-papiers), ses travaux privilégient une sociologie du travail militant en termes de consubstantialité des rapports sociaux (sexe, classe, race).

et le singularise par rapport aux 'pionnières' [2]. Nous en présentons ici un panorama non exhaustif.

Les prémisses d'une sociologie des rapports sociaux

La genèse de la sociologie des rapports sociaux de sexe est indissociable d'une triple dynamique dont les prolégomènes sont à chercher dans les conditions d'émergence du féminisme matérialiste et dans ses premières propositions théoriques subversives.

D'abord, si le féminisme matérialiste à la française rompt avec les analyses marxistes qui subsument l'oppression des femmes dans les rapports de classe, il se sédimente néanmoins dans un contexte théorique et militant de centralité de la classe au sens marxien ou marxiste. Les féministes de la seconde vague (se) manifestent de manière ambivalente : parce que « *le torchon brûle* », elles cherchent à s'émanciper d'une certaine lecture de (la) classe mais, parce qu'elles luttent sur plusieurs fronts, il s'agit aussi de ne pas jeter le bébé Marx avec l'eau du bain patriarcal. Les conditions de production du féminisme matérialiste se résument ainsi à la nécessité de faire contre et de faire avec « *une matrice de type marxien* » (Bidet-Mordrel 2010 [2001], p. 17), matrice que la sociologie des rapports sociaux de sexe perpétuera en reprenant au marxisme sa « *conception structurale* » (Daune-Richard, Devreux 1992, p. 7).

Ensuite, le féminisme matérialiste propose un cadre théorique dont la dynamique inductive est double : d'une part, elle est indissociable d'une « *prémisse nécessaire* » (Delphy 1998 [1970], p. 281) dont les dénominations varient (oppression des femmes, domination masculine, patriarcat, *etc.*) ; d'autre part, elle est indissociable d'un mouvement social — le féminisme — lui-même indissociable d'autres mouvements sociaux (ouvriers, antiracistes, homosexuels, *etc.*). Parce que le projet matérialiste

[2] Cet article, centré sur les débats ayant animé la sociologie française, désignera par 'pionnières' les féministes matérialistes — sociologues et anthropologues — qui ont proposé de raisonner en termes de classes de sexe pour penser les rapports hommes/femmes (Delphy 1998 [1970] ; Mathieu 1971 ; Guillaumin 1992 [1978] ; Tabet 1998 [1985]).

est à la fois un point de vue politique [3] et une démarche empirique, le féminisme matérialiste combine des propositions théoriques et des enquêtes de terrain situées, cet aller-retour se doublant d'une démarche pluridisciplinaire que la sociologie des rapports sociaux de sexe amplifiera.

Enfin, les 'pionnières' des années 1970 ont produit une théorisation en termes de classes de sexe qui est restée structurante dans les dynamiques ultérieures de tout le féminisme matérialiste. En effet, trois propositions viennent étayer l'affirmation selon laquelle « *on ne naît pas femme, on le devient* » (Beauvoir 2008 [1949], p. 13). La première est que les deux sexes sont des catégories sociales à part entière dont l'inséparabilité est logique si bien qu'il faut privilégier, dans l'analyse, leur mise en relation constitutive : l'idée d'un rapport social producteur des deux sexes était mise en place (Mathieu 1971). La deuxième, corrélative, est la nécessité d'une démarche antinaturaliste qui, en partant de l'oppression des femmes, appréhende cette oppression comme un fait social total, si bien que l'idée même de Nature devient un objet sociologique à part entière et, *in fine*, un « *artifice* » indissociable de l'oppression (Guillaumin 1992 [1978], p. 13-82). La troisième proposition consiste à pointer les fondements matériels de l'oppression des femmes. Le travail domestique est au cœur d'un rapport d'exploitation spécifique (Delphy 2015), d'un « *mode de production domestique* », qui ne produit pas et ne confronte pas les deux classes du capitalisme mais des « *classes patriarcales* » (Delphy 1998 [1970]). Selon une autre analogie (Naudier, Soriano 2010) — entre sexe et race et non entre sexe et classe — le système des sexes est caractérisé comme du « *sexage* » (Guillaumin 1992 [1978], p. 19). Ces trois propositions dessinent les contours originels du féminisme matérialiste et structurent ses lignes de tension ultérieures.

Une sociologie de l'articulation

Le travail collectif de la sociologie des rapports sociaux de sexe se construit avec et contre les 'pionnières'. En lien ou non avec la tendance 'lutte des classes' qui participe au Mouvement

---

[3] Pour une présentation située de « la sociologie marxiste ou matérialisme historique », voir Lefebvre (1983 [1948], p. 60-75). Voir aussi Bidet-Mordrel (2010 [2001]).

de libération des femmes (Picq 2011 [1993]), nombre de chercheuses ne veulent pas renoncer à une lecture de classe au moment de penser la sexuation du social (et réciproquement). Alors que les ‘pionnières’ ont privilégié l'analyse de l'oppression spécifique qui produit la classe des femmes, la sociologie des rapports sociaux de sexe analyse, sur un mode dialectique, ce qui unit et clive cette même classe.

Au moins trois séries de critiques sont alors adressées. D'abord, notamment dans la théorisation du mode de production domestique, les rapports sociaux de sexe seraient comme « *enfermés dans la famille* » (Daune-Richard, Devreux 1992, p. 10). La place des femmes sur le marché du travail, analysée en termes de transfert ou d'extension des caractéristiques de la division du travail domestique, semble échapper à la dynamique singulière des rapports sociaux de sexe dans le champ professionnel. Ensuite, cette localisation originelle de la domination masculine dans la famille conduit à négliger les interactions entre la dynamique des rapports sociaux de sexe et la dynamique sociale globale, les tensions entre l'oppression généralisée des femmes et les transformations ou les contradictions de cette oppression. Enfin, les analyses des ‘pionnières’ sont accusées d'être an-historiques car les outils conceptuels laisseraient peu d'espace au moment de penser la dynamique des rapports sociaux de sexe et donc la production du social par lui-même. Une historicisation des rapports hommes/femmes — dans le cadre de la société salariale — est alors proposée par la sociologie des rapports sociaux de sexe : il s'agit d'interroger le rôle des acteurs sociaux, de leurs pratiques *et* de leurs représentations, dans les conditions d'existence des rapports sociaux et, simultanément, la dynamique des frontières des catégories de sexe.

Il ressort de ces déplacements de regard [4] que la sociologie des rapports sociaux de sexe se construit comme une sociologie

---

[4] Ces déplacements ont aussi leurs articles fondateurs (Lautier 1977 ; Bourgeois *et al.* 1978 ; Kergoat 2012b [1978], p. 33-62), colloques (« Femmes, féminisme et recherches » à Toulouse en 1982 ; « Les rapports sociaux de sexe : problématiques, méthodologies, champs d'analyse » à Paris en 1987), ateliers informels (l'Atelier Production/Reproduction de 1985-1988), groupes institutionnels (séminaire du Centre de sociologie urbaine en 1986-1988), publications collectives (Collectif 1984 ; Collectif 1988 ; Cahiers de l'APRE –

de l'articulation : d'abord entre travail professionnel et travail domestique, entre production et reproduction, entre salariat et famille ; puis entre pratiques et représentations, entre sexe et classe. En effet, si les premiers travaux ont du mal à se départir de séparations disciplinaires (entre sociologie de la famille et sociologie du travail) qui structurent des formes de sectorisation sémantique (distinction productif/reproductif), les années 1980 sont marquées par des reformulations théoriques qui dessinent deux objets communs : 'rapports sociaux de sexe' et 'articulation des rapports sociaux'. Comment les rapports sociaux de sexe se déploient-ils dans le champ professionnel ? Comment espace domestique et espace professionnel, pratiques et représentations, s'articulent-ils dans la sexuation du social ? Comment rapports sociaux de sexe et de classe s'articulent-ils dans la production du social ? Tel est le nouveau champ problématique qui s'ouvre progressivement.

Une sociologie matérialiste des rapports sociaux

La sociologie des rapports sociaux de sexe propose un cadre théorique qui structure nombre de déplacements épistémologiques : de la théorisation du travail domestique à une analyse en termes de (division sexuelle du) travail ; de la théorisation du patriarcat à une analyse en termes de rapports sociaux (de sexe) ; de la théorisation d'un ennemi principal à une analyse en termes de consubstantialité des rapports de sexe/classe/race. Ce faisant, ce courant du féminisme matérialiste a contribué à l'émergence d'une sociologie des rapports sociaux.

Atelier Production/Reproduction 1985-1988). Autant de moments symboliques et de conditions matérielles structurants au sein d'espaces professionnels — l'Université et la recherche — dominés sous l'effet des prétentions masculines au monopole de la « sociologie généraliste » (Devreux 1995). Dans les années 2000, la visibilité institutionnelle du courant s'accroît au sein du CNRS (CSU et GTM – ex-Gedisst), des revues (*Cahiers du genre* – ex-*Cahiers du Gedisst* –, et *Les Cahiers du Cedref*), de l'Association française de sociologie (Réseau thématique 24 « Genre, classe, race. Rapports sociaux et construction de l'altérité »)...

Travail domestique – division sexuelle du travail – transversalité du travail

Les 'pionnières' ont fait du travail domestique l'objet privilégié pour démontrer l'irréductibilité de l'oppression de sexe et de l'exploitation au seul capital. Cependant, la volonté d'identifier le lieu central de l'exploitation patriarcale a conduit à négliger les modes d'articulation entre capitalisme et patriarcat.

Le mode de théorisation du travail domestique qui prévaut au sein du courant de la sociologie des rapports sociaux de sexe permet de contourner cet écueil. Le travail domestique est défini comme une « *relation de service* »[5] fondée sur une « *disponibilité permanente* » du temps des femmes au service de la famille, relation dont la structure temporelle diffère de celle du travail salarié parce qu'elle ne passe pas par la « *vente de la force de travail pour un temps limité* » (Chabaud-Rychter *et al.* 1985, p. 45). Cette comparaison des deux formes de travail induit une autre approche du temps de travail des femmes. D'une part, la notion de 'double journée de travail' n'épuise pas la réalité matérielle et idéelle de l'imbrication des temps professionnels et domestiques pour les femmes[6]. D'autre part, la relation de service liée au travail domestique est indissociable du rapport d'exploitation capitaliste parce que la division sexuelle du travail s'organise simultanément dans les champs productifs et reproductifs[7]. L'insertion dans la famille et l'insertion sur le marché du travail se structurent réciproquement pour former un tout (Daune-Richard 1984).

Cette articulation entre travail domestique et travail professionnel a conduit à raisonner en termes de division sexuelle du travail pour ordonner la réalité sexuée. Pensée comme l'enjeu des rapports sociaux de sexe et de leur transversalité — en jouant le rôle de concept-médiateur entre l'appréhension des pratiques sexuées et leur théorisation en termes de rapport social —, le concept met le travail au centre de l'organisation sexuée de toute la société et, ce faisant, socialise la production des sexes sans la

[5] Voir *Cahiers du Genre* n° 28/2000.

[6] Via notamment la « charge mentale » (Haicault 1984) et le travail émotionnel que suppose et suscite le travail domestique.

[7] Voir *Cahiers du genre* n° 26/1999 et n° 32/2002.

localiser dans la seule famille. L'analyse de la structure et des mécanismes de la division sexuelle du travail est alors centrale. D'abord, cette division « *a pour caractéristiques l'assignation prioritaire des hommes à la sphère productive et des femmes à la sphère reproductive ainsi que, simultanément, la captation par les hommes des fonctions à forte valeur sociale ajoutée* ». C'est donc une forme de division sociale du travail qui a des « *principes organisateurs : le principe de séparation (il y a des travaux d'hommes et des travaux de femmes) et le principe hiérarchique (un travail d'homme 'vaut' plus qu'un travail de femme)* » (Kergoat 2012e [2000], p. 214). Même si les modalités de la division sexuelle du travail varient dans le temps et dans l'espace, la stabilité de sa structure est un fait documenté [8]. Ensuite, la division sexuelle du travail englobe le processus d'assignation des femmes au travail reproductif car cette assignation est indissociable de l'appropriation masculine des outils de production, des armes, des ressources (Tabet 1998 [1985], p. 77-204).

Par vagues empiriques successives, le concept de division sexuelle du travail a été utilisé pour analyser des pratiques sociales jusque-là sans statut [9] si bien que le travail, compte tenu de sa transversalité, est devenu synonyme de « *production du vivre* » (Hirata, Zarifian 2000) pour désigner « *tout ce qui contribue à produire et maintenir la société* » (Clair 2012, p. 32). Cette définition renoue avec certaines acceptions marxiennes (Godelier 1984) tout en s'émancipant de la contrainte du rapport avec la nature et sans présager du caractère oppressif ou émancipateur du travail. Grâce à cette approche extensive, la division sexuelle du travail devient la « *base matérielle des rapports sociaux de sexe* » (Galerand 2007, p. 63) dans tous les champs sociaux.

Ce mode de théorisation a deux conséquences majeures. D'une part, la prise en compte d'autres formes de travail questionne et redéfinit le travail dit productif lui-même, ses critères

---

[8] Voir par exemple Clair (2012, p. 15-33) et Pfefferkorn (2012, p. 97-106).

[9] Le « travail procréatif » (Tabet 1998 [1985], p. 155-180), le « travail de la conversation » (Monnet 1998), le « travail militant » (Dunezat 2004), le « travail bénévole » (Simonet 2010) sont des extensions réalistes du concept de travail indissociables du féminisme matérialiste.

d'évaluation notamment (Daune-Richard, Devreux 1992 ; Galerand, Kergoat 2008). D'autre part, si la division sexuelle du travail est transversale, toute division sociale du travail a une dimension sexuée.

Patriarcat – rapport social de sexe – rapport social

Le second déplacement épistémologique a consisté à prendre de la distance avec les premières lectures davantage structuralistes — en termes de patriarcat ou de sexage — pour théoriser l'oppression des femmes en termes de rapport social. Plusieurs apports doivent ici être pointés.

D'abord, parce que la sociologie des rapports sociaux de sexe s'est saisie d'emblée de l'articulation entre sexe et classe, le concept de rapport social a été réinterrogé et émancipé des approches restrictives qui le réduisaient au seul rapport de classe pour désigner, génériquement, toute « *tension qui traverse le champ social et produit des enjeux matériels et idéels autour desquels se constituent des groupes aux intérêts antagoniques* » (Kergoat 2012a, p. 17). Cette définition s'applique à l'ensemble des rapports sociaux fondamentaux, qui simultanément exploitent, dominent et oppriment (Dunezat 2004).

Ainsi défini, le concept de rapport social renvoie à une « *logique d'organisation du social qui fait système à travers l'ensemble des champs* » et dont la pesanteur historique produit « *simultanément du même (existence de structures stables) et du différent (changement)* » (Combes *et al.* 1991, p. 63). D'une part, sur un plan synchronique, chaque rapport social doit être étudié dans ses modalités générales et spécifiques de fonctionnement : tout champ social est un cadre structuré et structurant du rapport social. D'autre part, sur un plan diachronique, le mode de (re)production du rapport social devient une question centrale : sans nier les effets de répétition, il s'agit de ne plus négliger les mutations, les effets d'ouverture ou de fermeture de la dialectique entre domination et résistances.

Ensuite et corrélativement, si le rapport social est dynamique, la sociologie des rapports sociaux de sexe insiste sur la nécessité de le prendre en compte, dans la durée, en acte. La focale doit alors porter sur les acteurs qui, par leur action individuelle et collective, font l'histoire (des rapports sociaux). Selon une approche constructiviste, si le rapport construit « *les individus qui en sont le support en groupes opposés, antagonistes et hiérarchisés* » (*ibid.*), les pratiques et les représentations de ces individus sont simultanément productrices de ce rapport. Contre une vision déterministe, il s'agit de saisir l'enjeu des pratiques et représentations : pour les dominants, le maintien ou le renforcement de l'oppression ; pour les dominé·e·s, l'atténuation ou la suppression de l'oppression.

Cela invite à tenir ensemble le sens *et* l'action, l'idéel *et* le matériel. La part pensée des rapports sociaux est mise au centre de l'analyse : les représentations ne sont pas un simple reflet après-coup de l'infrastructure. Dans le sillage de travaux anthropologiques d'inspiration marxienne (Godelier 1984), tout rapport social a une dimension idéelle qui est à la fois une des conditions mêmes de sa naissance, son schéma d'organisation interne, une part de son ossature et une part de ce rapport qui existe dans la pensée et qui, de ce fait, est la pensée. Plutôt que de distinguer des niveaux entre pratiques et représentations, il s'agit alors de distinguer des fonctions (Daune-Richard, Devreux 1992). Par exemple, la « *doxa de sexe* » constitue un pan structurant et structuré de la réalité matérielle sexuée (Haicault 1993). Les modes d'articulation entre pratiques et représentations sont décisifs dans la production du social. Ainsi, dans leur rapport au travail et au salaire, les femmes sont simultanément « *agentes* » et « *actrices de la division sexuelle du travail* » (Daune-Richard, Devreux 1992, p. 14). Elles ont certes intériorisé les normes dominantes qui structurent, pour les femmes, l'articulation entre accès à l'emploi et maintien des conditions d'exercice du travail domestique *mais* leur rapport au salaire révèle que ce dernier est aussi pensé comme un facteur d'autonomie et d'indépendance qui rejoue les modes dominants de la relation homme/femme dans la famille et dans le couple.

Enfin, les catégories sexuées ne sont pas figées : elles se déplacent, comme en témoigne la « *féminisation* » des hommes novateurs dans leurs pratiques parentales (Devreux 1984). La sociologie des rapports sociaux de sexe a alors proposé des outils heuristiques comme celui de mobilité de sexe pour penser les trajectoires professionnelles ascendantes de femmes diplômées (Battagliola *et al.* 1990).

Ces modes de catégorisation, inductifs, permettent de contourner l'écueil substantialiste qui consiste à réifier les catégories. Certes il faut faire avec ces dernières — parce qu'elles sont là — mais, sur le terrain, il s'agit de « *mettre au jour des nœuds et lignes de tension* » dans l'objectif de « *remonter aux processus qui sont au principe de la production des groupes et des appartenances objectives et subjectives* » (Galerand, Kergoat 2014, p. 51). Si le travail empirique doit partir des catégorisations qui prévalent dans le champ social étudié, leur objectivation et leur mode de subjectivation doivent être rapportés à l'organisation du travail, théorisée en termes de rapports sociaux consubstantiels (Dunezat 2015).

Ennemi principal – sexe/classe/race – consubstantialité des rapports sociaux

« L'ennemi principal » est le titre d'un article fondateur du féminisme matérialiste (Delphy 1998 [1970], p. 31-56) qui entendait déconstruire les faux intérêts communs des femmes et des hommes dans la lutte des classes et construire une classe pour soi des femmes en identifiant un adversaire commun (le patriarcat). L'expression a cependant été accusée de favoriser une (nouvelle) hiérarchie des luttes et d'identifier un front principal qui ne correspondait pas à la réalité matérielle des femmes produite dans et par l'articulation des rapports sociaux de sexe et des autres rapports sociaux. En effet, corrélat logique de la division sexuelle du travail et de sa transversalité, la sociologie des rapports sociaux de sexe met à l'ordre du jour l'hypothèse selon laquelle ces derniers constituent simultanément un cadre structurant et un cadre structuré dans le maillage des rapports sociaux.

Cette approche a induit un certain nombre de précisions quant aux caractéristiques des rapports sociaux (fondamentaux). D'abord, la « *dématérialisation* » des rapports sociaux de sexe — autrement dit la tendance à négliger que la domination masculine est aussi un rapport d'exploitation, ce qui conduit à définir le travail de manière restrictive, à euphémiser l'exploitation des femmes, à dissocier les violences physiques de l'exploitation (Galerand 2007) — a marqué le pas. Ensuite, trois rapports sociaux sont alors considérés comme ni plus ni moins transversaux et indissociables dans l'analyse de toute pratique et de tout groupe social : le sexe, la classe, la race [10]. La trilogie race/genre/classe est devenue une affirmation obligée au début de toute réflexion féministe [11], ce qui constitue l'aboutissement d'un projet de longue date de la sociologie des rapports sociaux de sexe (Ferrand, Le Feuvre 1992).

Reste alors à comprendre comment les trois rapports sociaux fondamentaux s'articulent dans la production de la société. Dès la fin des années 1970, pour saisir la diversité et la complexité des pratiques sociales des hommes et des femmes, la sociologie des rapports sociaux de sexe s'oppose au modèle de la contagion ou à celui de la causalité prioritaire pour lui substituer celui des effets réciproques entre rapports sociaux : il s'agit de repérer si l'articulation sexe/classe prend la forme de synergies, d'oppositions ou de neutralisations (*ibid.*). L'objectif est de penser la lutte des sexes sans négliger ce qui défait, objectivement et subjectivement, la classe de sexe, comme par exemple lorsque les femmes cadres externalisent (une part de) leur travail domestique en participant à l'exploitation des femmes racisées (Falquet, Moujoud 2010).

Le paradigme de la consubstantialité des rapports sociaux est alors devenu un détour heuristique pour la sociologie des rapports sociaux. Ce paradigme est le produit d'une démarche réaliste qui est partie du point de vue des rapports hommes/femmes pour regarder « *la genèse de la revendication ouvrière* » (Kergoat 2012c [1984], p. 85) et la division du travail salarié avant de constater que le rapport de classe ne permettait pas de rendre compte de tout ce qu'on voyait et qu'il fallait proposer une nouvelle conceptualisation dont les traits sont plus ou moins distinctifs par rapport au paradigme de « *l'intersectionnalité* »

---

[10] La race est un autre rapport de production qui, depuis les années 2000, fait consensus au sein du féminisme matérialiste à la française (Dorlin 2009). L'âge constitue sans nul doute un quatrième rapport de production mais sa théorisation ne fait pas consensus. Le statut de la sexualité — cet « (autre) objet du genre » (Clair 2012, p. 35-56) — est aussi discuté, en particulier les modes d'intersection entre genre et sexualité (Clair 2013).

[11] On impute parfois la trilogie à l'importation du paradigme intersectionnel mais le féminisme matérialiste français s'est aussi structuré dans la comparaison des modes de naturalisation du sexe et de la race (Guillaumin 1992).

(Crenshaw 2005 [1994]) au moment de penser les dominations et leur caractère mutuellement constitutif, leur imbrication. Issus de deux contextes militants et idéologiques divergents (centralité de la classe *vs* centralité de la race), ils ne visent pas toujours les mêmes objets (croisement des rapports sociaux *vs* croisement des catégories/identités) et se distinguent par leurs démarches, le paradigme de la consubstantialité proposant, pour toutes les oppressions, de raisonner en termes de travail et d'exploitation (Galerand, Kergoat 2014).

Selon ce détour, il ne faut jamais négliger « *l'entrecroisement dynamique complexe de l'ensemble des rapports sociaux, chacun imprimant sa marque sur les autres* » (Kergoat 2012f [2009], p. 136). Rares cependant sont les travaux qui parviennent à articuler les trois rapports de production sexe-classe-race sans les hiérarchiser, autrement dit sans tomber dans divers écueils qui affaiblissent le paradigme de la consubstantialité : dématérialiser l'un des rapports sociaux, faire disparaître la classe en continuant de penser le salariat comme le champ privilégié de la libération individuelle ou en l'excluant des projets émancipateurs. Ces écueils sont évités dans certains travaux qui analysent la mondialisation [12] néolibérale (Falquet 2015) ou les « *formes transitionnelles d'exploitation du travail* » (Guillaumin 1992, p. 9) à partir du cas des travailleuses domestiques immigrantes (Galerand 2015).

Ainsi, la sociologie des rapports sociaux de sexe autorise un double niveau d'analyse. D'une part, les femmes et les hommes constituent deux groupes identifiables, spécifiques, dont la réalité sociale est le produit des rapports sociaux de sexe : il y a bien une forme d'« *homogénéité* » qui préside à la production des classes de sexe (Juteau 2010). Mais le rapport au travail des femmes n'est pas unifiable car il se construit à la fois dans la division du travail domestique, dans la dualisation de l'emploi féminin et dans la division du travail reproductif entre femmes (Galerand 2007). Il y a donc bien aussi une forme d'« *hétérogénéité* » qui préside à la production des classes de sexe (Juteau 2010). C'est pourquoi, dans leurs rapports aux hommes, « *les femmes sont dans des positions homologues (ce*

---

[12] Voir *Cahiers du Gedisst* n° 21/1998.

qui permet de parler de classe des femmes) mais non identiques (ce qui permet la prise en compte des clivages) » (Kergoat 2012a, p. 18). La question de l'émancipation s'en trouve singulièrement complexifiée...

Subjectivités dominées et organisation du travail militant

Les enjeux du féminisme matérialiste sont subversifs puisque l'horizon de lutte est d'abolir la division de l'humanité en classes de sexe. Cet horizon passe par un « *travail d'émancipation* », défini comme l'« *expression de la puissance d'agir des dominé·e·s qui s'auto-émancipent collectivement* » et la « *destruction du pouvoir d'appropriation des dominants* » (Le Quentrec 2014, p. 160). De ce point de vue, au lieu de penser l'horizon de lutte, la sociologie des rapports sociaux de sexe propose plus modestement de penser le processus d'émancipation et ses dimensions ambivalentes : la production des subjectivités dominées et la transversalité des rapports sociaux dans les mobilisations, le rapport au travail et l'organisation du travail militant en tant qu'enjeux du passage au collectif.

Entre domination et résistance

La sociologie des rapports sociaux de sexe se propose à la fois de cerner les effets de la consubstantialité des dominations sur la puissance d'agir des femmes et de les articuler aux pratiques émancipatrices effectives.

Les subjectivités dominées sont exposées à des obstacles tant la « *conscience dominée* » est encerclée par « *des déterminants matériels et psychiques* » (Mathieu 1991 [1985]). De même, comme le formalise le « *syllogisme de la constitution du sujet sexué féminin* » (Kergoat 2012d [1988]), l'identification du 'je' féminin au groupe des femmes est contrariée, la participation féminine aux univers sociaux est atomisée, la création des collectifs de lutte et, du même coup, la possibilité d'identifier le groupe des hommes et de le penser comme adverse sont bloquées. Du côté des dominants, la « *haine de genre* » — autrement dit certaines réactions d'agressivité parfois violentes des hommes envers les femmes — constitue une ressource supplémentaire lorsque les femmes ont des velléités émancipatrices (Kergoat *et al.* 1992, p. 138).

Cependant, parce que la domination ne s'accompagne pas, en pratique, d'absence de révolte et de mobilisations, il faut faire l'hypothèse que le rapport social se définit comme un rapport de pouvoir fondé sur une dialectique domination/résistance via les pratiques et les représentations des acteurs et actrices qui les produisent. Cette dynamique ouvre un champ des possibles. Les résistances peuvent être individuelles, discrètes mais l'acte résistant est indissociable de l'enjeu du passage au collectif. Ce passage n'a rien d'automatique et ne saurait se limiter à une éventuelle conscientisation déconnectée d'un apprentissage collectif qui dépend des objets et des formes des luttes réelles. Une immersion dans la Coordination infirmière de 1988-1989 a ainsi montré que les conditions de la lutte étaient déterminantes : intégration horizontale, auto-organisation, autonomie, démocratie directe, recherche de l'unité à partir de la diversité des points de vue... Ce sont ces conditions qui ont favorisé la production et l'appropriation collectives des revendications mais aussi d'un autre rapport à la qualification d'une fraction de classe et de sexe assignée à la seule vocation par les rapports de domination (*ibid.*).

La sociologie des rapports sociaux de sexe prend donc à bras le corps l'hypothèse de la réversibilité de la réalité sexuée parce qu'elle suppose et théorise le travail d'émancipation consubstantiel à tout rapport de pouvoir. Mais elle interroge la dynamique des luttes. En effet, l'hypothèse de transversalité des rapports sociaux de sexe a aussi été testée dans le champ militant au sens large : syndicats, partis politiques, associations, mouvements sociaux (Fillieule, Roux 2009). La notion de « *mouvement social sexué* » est ici fondamentale : elle « *signifie que les rapports sociaux de sexe imprègnent en profondeur tous les mouvements sociaux* » (Kergoat *et al.* 1992, p. 122). Le processus d'émancipation ne saurait donc s'épuiser dans le seul accès des dominé·e·s au militantisme car ce dernier constitue un nouvel espace-temps de (re)production de groupes sociaux antagoniques et hiérarchisés.

En particulier, compte tenu de ses contradictions internes [13] et de la nécessité de lutter sur plusieurs fronts pour ne pas hiérarchiser les causes, le mouvement féministe est confronté à la gestion de « *l'intersectionnalité politique* » (Crenshaw 2005 [1994]) : s'agit-il de construire une alliance de mouvements et donc de s'exposer au risque de fragmentation ? De ne pas renoncer à l'utopie d'un mouvement d'ensemble tel qu'a pu l'incarner — symboliquement — le mouvement ouvrier et donc de s'exposer au risque de relégation d'une cause ? De s'assurer que chaque lutte s'affiche, dans ses revendications, comme émancipatrice sur tous les fronts ? De notre point de vue, la sociologie des rapports sociaux de sexe nous invite à partir des luttes réelles — celles qui émergent, peu importe la cause émancipatrice — afin d'interroger le rapport au travail mais aussi les pratiques du travail militant qui dominent.

Travail militant et passage au collectif

Si la division du travail est l'enjeu des rapports sociaux, il est logique d'interroger la transversalité du travail d'un double point de vue lorsque l'on s'intéresse à la question de l'émancipation : en tant qu'enjeu revendicatif et en tant qu'enjeu organisationnel.

Les positions objectives et les subjectivités des dominé·e·s se construisent dans et par la division du travail. Toute lutte sociale a donc quelque chose à voir avec la place occupée dans les rapports de production et avec les processus de catégorisation qui en découlent. L'objet de la lutte est indissociable, dans sa formulation, de cette condition matérielle première. Le mouvement ouvrier a produit des revendications sur le salaire, le temps de travail, les conditions de travail. Cependant, parce qu'il s'est construit à partir d'une définition tronquée du travail — qui reléguait, voire niait, la réalité du travail domestique — il n'a pas réussi à construire un sens collectif permettant de transcender les clivages objectifs liés à la sexuation du groupe ouvrier et du rapport au travail (Kergoat 1982). De même, dans les mobilisations dites de chômeurs de 1997-1998, la figure des 'soutiens' n'a pas agi comme une simple ressource mobilisatrice mais bien davantage comme un vecteur d'extranéité du

[13] Voir *Cahiers du genre* n° 39/2005, n° hors-série/2006 et n° 55/2013.

processus revendicatif. En effet, au lieu de partir de la souffrance exprimée du non-travail (professionnel) des chômeurs et chômeuses, les 'soutiens' ont légitimé et imposé des revendications en termes de revenu (hausse des minima sociaux...). Le rapport positif à l'emploi a été combattu tandis que l'assignation au seul travail domestique, pour les chômeuses, n'a pas été interrogée. Dès les premiers conflits, cette question revendicative est devenue centrale pour défaire le groupe mobilisé et le cliver (Dunezat 2004).

Cela montre que le rapport au travail constitue un enjeu fondamental du passage au collectif et qu'il faut partir des positions objectives et des subjectivités dominées. Ainsi, « *le rapport des femmes au travail* » est porteur d'un « *potentiel subversif* » (Galerand, Kergoat 2008) parce qu'une définition élargie du travail — faisant écho aux conditions matérielles d'existence des dominé·e·s — en fait un facteur possible de production de soi, d'unité, de solidarité et donc d'émancipation collective.

Cependant, une seconde condition apparaît tout aussi fondamentale : le rapport au travail ne peut devenir subversif que si l'organisation du travail militant ne se transforme pas en vecteur d'actualisation de hiérarchies sociales. En effet, l'émancipation n'est pas qu'un horizon à atteindre : en tant que passage au collectif, elle est aussi un processus matériel et idéel qui suppose et sécrète des tâches, un *travail militant*. L'organisation de ce travail est un enjeu spécifique qui dessine les contours du champ militant. La démarche comparative — entre plusieurs mobilisations et enquêtes — a permis de mettre en évidence que le passage au collectif se cristallisait ou non selon plusieurs lignes de tensions qui s'articulent dans les pratiques militantes et qui renvoient à la composition du groupe mobilisé, à l'accès au travail militant et à son mode d'organisation (Dunezat, Galerand 2014).

Toutes les mobilisations sont en effet structurées par une division du travail militant dont les ressorts sont à la fois indissociables et singuliers par rapport à la division du travail professionnel et domestique. Par exemple, la domination masculine se matérialise dans une *structure* du travail militant réel qui clive le groupe mobilisé par l'opposition entre travail prescrit et non prescrit, tâches à connotation professionnelle et à connotation domestique, tâches de pouvoir et plus exécutives, tâches visibles/reconnues et invisibles/oubliées. Cette structure est produite via les *mécanismes* qui sont au cœur de toute division sociale du travail (séparation, hiérarchisation, spécialisation). Le caractère produit — et pas seulement reproduit — de l'agencement des pratiques militantes est repérable car les mobilisations sont structurées, synchroniquement ou diachroniquement, par des *formes plurielles de division du travail militant*. Parfois, la lutte produit une forme de *travail séparé*, dans laquelle les tâches militantes sont tellement spécialisées que l'ordre routinier des rapports sociaux, importé tel quel, sépare et hiérarchise les groupes sociaux ordinaires au sein de la lutte tout en favorisant une décrue numérique et une homogénéisation sociale des mobilisé·e·s. Toutefois, l'objectivation de ce travail séparé ne peut être menée si l'on néglige la dynamique consubstantielle des rapports sociaux et leur transversalité singulière dans le champ militant. Par exemple, tous les hommes ne prescrivent pas le travail militant et ne s'accaparent pas les tâches de pouvoir : trajectoires de classe et de race viennent cliver le groupe masculin tandis que des mobilités de sexe, de classe ou de race sont rendues possibles par l'acquisition d'un capital militant issu d'une longue trajectoire militante qui permet de s'affranchir des obstacles produits par une position dominée dans l'ordre ordinaire des rapports de domination. Mais il arrive aussi qu'une forme de *travail collectif* s'installe. Dans ce cas, le travail militant s'émancipe des schèmes d'efficacité, de hiérarchie, de discipline, de compétence, *etc.*, qui structurent l'organisation du travail exploité (Dunezat 2004). Le processus d'émancipation se matérialise alors par un apprentissage collectif et une forme d'appropriation du travail militant de chacun, chacune qui donnent un sens quotidien à l'horizon de la lutte.

Conclusion : enjeux autour de l'émancipation

Le concept d'émancipation fait l'objet d'interprétations plurielles, voire contradictoires, au sein du mouvement féministe et *queer* (Möser 2014). Les théories *queer* ont notamment introduit le concept d'*agency* — d'agentivité — pour penser l'émancipation. Dans le cadre théorique foucaldien qui analyse dans un même mouvement le rapport de pouvoir et l'avènement du sujet produit par ce rapport, les politiques de subversion sont centrales. En particulier, selon Judith Butler, le caractère non fini, instable, changeant du langage « *ouvre la porte à l''agentivité' du sujet* » face aux discours haineux — homophobes, sexistes, *etc.* — car ces derniers pourraient être détournés (Baril 2007, p. 72). Nous ne nions pas que le fait de subvertir ou de resignifier « *les mots et les gestes qui le reconduisent au quotidien* » (Clair 2012, p. 49) participe d'une éventuelle résistance individuelle du sujet au pouvoir qui le fait advenir. De même, nous rejoignons les craintes butlériennes quant aux politiques identitaires qui tendent « *à homogénéiser les groupes donnés, à gommer les différences entre les personnes et à taire les discussions et les conflits inhérents à tout regroupement* » (Baril 2007, p. 75). Plus largement, chaque lutte d'émancipation — la lutte féministe aussi — doit assumer sa responsabilité dans l'entretien des diverses formes d'oppression. D'où le penchant butlérien, entre autres, pour les coalitions.

Cependant, si d'un point de vue philosophique il est pensable que « *la construction du sujet par le langage est la condition même de possibilité de son agentivité* » (*ibid.*, p. 72) et si d'un point de vue pratique il est souhaitable que « *la politique féministe que Butler propose, loin d'être un rêve impossible ou une utopie, rapproche chaque personne de son potentiel politique d'action* » (*ibid.*, p. 77), la sociologie des rapports sociaux de sexe — via la question du rapport au travail et de l'organisation du travail militant — offre un point de vue plus réaliste au moment d'interroger les conditions de production d'une éventuelle émancipation *collective*. Car de quel sujet parlons-nous ? D'un sujet individuel dilué dans un océan de pratiques multiples, mouvantes, fragmentées issues du détournement des matrices de pouvoir plus ou moins décomposées ? Ou d'un sujet qui entend, *collectivement*, s'extirper de tous les rapports de pouvoir et abolir toutes les classes, y compris celles de sexe et de race ?

En ne cédant pas aux chants incertains de la subversion individuelle, en visant les fondements à déconstruire en termes de division du travail et d'exploitation, en proposant de partir des pratiques militantes concrètes, le féminisme matérialiste — la sociologie des rapports sociaux de sexe en particulier — ouvre une voix plus audible et une voie plus collective sur le chemin de l'émancipation.

Références

Baril Audrey (2007). « De la construction du genre à la construction du 'sexe' : les thèses féministes postmodernes dans l'œuvre de Judith Butler ». *Recherches féministes*, vol. 20, n° 2.

Battagliola Françoise, Combes Danièle, Daune-Richard Anne-Marie *et al.* (1990). *À propos des rapports sociaux de sexe. Parcours épistémologiques*. Paris, CSU.

Beauvoir (de) Simone (2008 [1949]). *Le deuxième sexe. 2. L'expérience vécue*. Paris, Gallimard.

Bidet-Mordrel Annie (ed) (2010 [2001]). *Les rapports sociaux de sexe*. Paris, Puf.

Bourgeois Françoise *et al.* (1978). « Travail domestique et famille du capitalisme ». *Critiques de l'économie politique*, nouvelle série, n° 3.

Chabaud-Rychter Danielle, Fougeyrollas-Schwebel Dominique, Sonthonnax Françoise (1985). *Espace et temps du travail domestique*. Paris, Librairie des Méridiens/Klincksieck.

Clair Isabelle (2012). *Sociologie du genre*. Paris, Armand Colin.

— (2013). « Pourquoi penser la sexualité pour penser le genre en sociologie ? Retour sur quarante ans de réticences ». *Cahiers du genre*, n° 54.

Collectif (1984). *Le sexe du travail. Structures familiales et système productif*. Grenoble, Presses universitaires de Grenoble.

Collectif (1988). « Les rapports sociaux de sexe : problématiques, méthodologies, champs d'analyses ». *Cahiers de l'APRE*, n° 7, vol. 1.

Combes Danièle, Daune-Richard Anne-Marie, Devreux Anne-Marie (1991). « À quoi sert une épistémologie des rapports sociaux de sexe ? ». In Hurtig Marie-Claude, Kail Michèle, Rouch Hélène (eds). *Sexe et genre. De la hiérarchie entre les sexes*. Paris, CNRS.

Crenshaw Kimberlé Williams (2005 [1994]). « Cartographies des marges : intersectionnalité, politique de l'identité et violences contre les femmes de couleur ». *Cahiers du genre*, n° 39 [trad. fr. Oristelle Bonis ; éd. originale. “Mapping the Margins: Intersectionality, Identity Politics, and the Violence against Women of Color”. In Fineman Marta A., Mykitiuk Roxanne (eds). *The Public Nature of Private Violence*. New York, Routledge].

Daune-Richard Anne-Marie (1984). « Activité professionnelle, travail domestique et lignées féminines ». In Collectif.

Daune-Richard Anne-Marie, Devreux Anne-Marie (1992). « Rapports sociaux de sexe et conceptualisation sociologique ». *Recherches féministes*, vol. 5, n° 2.

Delphy Christine (1998 [1970]). *L'ennemi principal. 1. Économie politique du patriarcat*. Paris, Syllepse.

— (2015). *Pour une théorie générale de l'exploitation. L'extorsion du travail non libre*. Paris, Syllepse.

Devreux Anne-Marie (1984). « La parentalité dans le travail. Rôles de sexe et rapports sociaux. » In Collectif.

— (1995). « Sociologie ‘généraliste’ et sociologie féministe : les rapports sociaux de sexe dans le champ professionnel de la sociologie ». *Nouvelles questions féministes*, vol. 16, n° 1.

Dorlin Elsa (ed) (2009). *Sexe, race, classe : pour une épistémologie de la domination*. Paris, Puf.

Dunezat Xavier (2004). *Chômage et action collective. Luttes dans la lutte. Mouvements de chômeurs et chômeuses de 1997-1998 en Bretagne et rapports sociaux de sexe*. Thèse de doctorat en sociologie. Université Versailles Saint-Quentin-en-Yvelines.

— (2015). « Hégémonie et marginalisation dans le travail militant : la sociographie d'une mobilisation au prisme du cadre intersectionnel ». *¿Interrogations?*, n° 20.

Dunezat Xavier, Galerand Elsa (2014). « La résistance au prisme de la sociologie des rapports sociaux : les enjeux du passage au collectif ». In Calderón José-Angel, Cohen Valérie (eds). *Qu'est-ce que résister ? Usages et enjeux d'une catégorie d'analyse sociologique*. Villeneuve d'Ascq, Presses universitaires du Septentrion.

Falquet Jules (2015). « Le capitalisme néolibéral, allié des femmes ? Perspectives féministes matérialistes et imbricationnistes ». In Verschuur Christine, Guérin Isabelle, Guétat-Bernard Hélène (eds). *Sous le développement, le genre*. Paris, IRD Éditions.

Falquet Jules, Moujoud Nasima (2010). « Cent ans de sollicitude en France. Domesticité, reproduction sociale, migration et histoire coloniale ». *Agone*, n° 43.

Ferrand Michèle, Le Feuvre Nicky (1992). « L'émergence et l'évolution récente de la sociologie des rapports sociaux de sexe en France ». In Collectif. *Actes du groupe de travail sociologie des rapports sociaux de sexe*, XIVe Congrès de l'AISLF.

Fillieule Olivier, Roux Patricia (eds) (2009). *Le sexe du militantisme*. Paris, Presses de la FNSP.

Galerand Elsa (2007). *Les rapports sociaux de sexe et leur (dé)matérialisation. Retour sur le corpus revendicatif de la Marche mondiale des femmes de 2000*. Thèse de doctorat en sociologie, Université Versailles Saint-Quentin-en-Yvelines & Université du Québec à Montréal.

— (2015). « Quelle conceptualisation de l'exploitation pour quelle critique intersectionnelle ? ». *Recherches féministes*, vol. 28, n° 2.

Galerand Elsa, Kergoat Danièle (2008). « Le potentiel subversif du rapport des femmes au travail ». *Nouvelles questions féministes*, vol. 27, n° 2.

— (2014). « Consubstantialité *vs* intersectionnalité ? À propos de l'imbrication des rapports sociaux ». *Nouvelles pratiques sociales*, vol. 26, n° 2.

Godelier Maurice (1984). *L'idéel et le matériel. Pensée, économies, sociétés*. Paris, Fayard.

Guillaumin Colette (1981). « Femmes et théories de la société : remarques sur les effets théoriques de la colère des opprimées ». *Sociologie et sociétés*, vol. 13, n° 2.

— (1992). *Sexe, race et pratique du pouvoir. L'idée de nature*. Paris, Côté-femmes éditions.

— (1992 [1978]). « Pratique du pouvoir et idée de nature. 1. L'appropriation des femmes ; 2. Le discours de la nature ». *Questions féministes*, n° 2 et 3. Rééd. in Guillaumin Colette (1992).

Haicault Monique (1984). « La gestion ordinaire de la vie en deux ». *Sociologie du travail*, n° 3.

— (1993). « La doxa de sexe, une approche du symbolique dans les rapports sociaux de sexe ». *Recherches féministes*, vol. 6, n° 2.

Hirata Helena, Zarifian Philippe (2000). « Travail (le concept de) ». In Hirata Helena, Laborie Françoise, Le Doaré Hélène, Senotier Danièle (eds). *Dictionnaire critique du féminisme*. Paris, Puf [rééd. 2004].

Juteau Danielle (2010). « 'Nous' les femmes : sur l'indissociable homogénéité et hétérogénéité de la catégorie ». *L'homme et la société*, n° 176-177.

Kergoat Danièle (1982). *Les ouvrières*. Paris, le Sycomore.

— (2012a). *Se battre, disent-elles...* Paris, La Dispute « Le genre du monde ».

— (2012b [1978]). « Ouvriers = ouvrières ? Propositions pour une articulation théorique de deux variables : sexe et classe sociale ». In Kergoat Danièle (2012a).

— (2012c [1984]). « Plaidoyer pour une sociologie des rapports sociaux. De l'analyse critique des catégories dominantes à la mise en place d'une nouvelle conceptualisation ». In Kergoat Danièle (2012a).

— (2012d [1988]). « Le syllogisme de la constitution du sujet sexué féminin. Le cas des ouvrières spécialisées ». In Kergoat Danièle (2012a).

— (2012e [2000]). « Division sexuelle du travail et rapports sociaux de sexe ». In Kergoat Danièle (2012a).

— (2012f [2009]). « Dynamique et consubstantialité des rapports sociaux ». In Kergoat Danièle (2012a).

Kergoat Danièle, Imbert Françoise, Le Doaré Hélène, Senotier Danièle (1992). *Les infirmières et leur coordination. 1988-1989*. Paris, Lamarre.

Lautier Bruno (1977). « Forme de production capitaliste et 'procès de travail domestique' ». *Critiques de l'économie politique*, nouvelle série, n° 1.

Le Quentrec Yannick (2014). « Luttes revendicatives et syndicalisme : le 'travail d'émancipation' des femmes salariées ». *Cahiers du genre*, n° 57.

Lefebvre Henri (1983 [1948]). *Le marxisme*. Paris, Puf.

Marx Karl, Engels Friedrich (1982 [1945]). *L'idéologie allemande*. Paris, Éditions sociales.

Mathieu Nicole-Claude (1971). « Notes pour une définition sociologique des catégories de sexe ». *Épistémologie sociologique*, n° 11.

— (1991 [1985]). *L'arraisonnement des femmes. Essais en anthropologie des sexes*. Paris, EHESS.

Monnet Corinne (1998). « La répartition des tâches entre les femmes et les hommes dans le travail de la conversation ». *Nouvelles questions féministes*, vol. 19, n° 1.

Möser Cornelia (2014). « L'émancipation comme concept politique dans les luttes féministes et queers ». *Contretemps* : http://www.contretemps.eu/auteurs/cornelia-möser.

Naudier Delphine, Soriano Éric (2010). « Colette Guillaumin. La race, le sexe et les vertus de l'analogie ». *Cahiers du genre*, n° 48.

Pfefferkorn Roland (2012). *Genre et rapports sociaux de sexe*. Lausanne, Page deux.

Picq Françoise (2011). *Libération des femmes, quarante ans de mouvement*. Brest, Dialogues.

Simonet Maud (2010). *Le travail bénévole. Engagement citoyen ou travail gratuit ?* Paris, La Dispute.

Tabet Paola (1998). *La construction sociale de l'inégalité des sexes. Des outils et des corps*. Paris, L'Harmattan.

Pour une société du *care*

Evelyn Nakano Glenn

Résumé

Dans cet article désormais classique, l'auteure plaide pour la construction d'une société qui reconnaisse la valeur du *care*. Le travail bénévole du *care* a toujours été considéré comme une obligation familiale, et non comme une contribution au bien public, tandis que le travail rémunéré du *care* s'est trouvé assigné de façon disproportionnée aux groupes infériorisés de la population, tels que les femmes de couleur et les migrantes. De fait, on accorde aussi peu de valeur au travail du *care* lui-même qu'à celles qui l'accomplissent. Or, dans une société où l'on reconnaîtrait que le *care* est un vrai travail, non seulement pourrait-on considérer les bénéficiaires de ce travail comme des citoyen·ne·s à part entière, mais aussi reconnaître comme un service public précieux le *care* ainsi dispensé. Atteindre ces objectifs implique de repenser des notions fondamentales telles que la citoyenneté sociale, d'amorcer des changements dans le domaine du *care* rémunéré et de faire évoluer les pratiques d'emploi pour permettre aux travailleur·e·s de concilier leur travail et leurs responsabilités en matière de *care*.

CARE — TRAVAIL DU *CARE* — CITOYENNETÉ SOCIALE — ÉTATS-UNIS — FAMILLE — DIVISION RACIALE DU TRAVAIL

Pourquoi est-ce fondamental, pour une société, d'apprécier le *care* à sa juste valeur et de reconnaître l'importance des relations sociales qui organisent sa distribution ? [1] La réponse à cette question peut sembler évidente : une bonne société, par définition,

[1] Texte original : Glenn Evelyn Nakano (2000). "Creating a Caring Society". *Contemporary Sociology*, vol. 29, n° 1, Jan., p. 84-94.

c'est une société qui prend soin de ceux qui ne peuvent prendre soin d'eux-mêmes ; c'est une société où les personnes autonomes peuvent être assurées que, si elles devenaient dépendantes, elles seraient prises en charge par la collectivité ; c'est une société qui soutient financièrement les personnes qui prennent soin des autres. Mais pour nous, aujourd'hui, de fait, les enjeux sont encore plus importants que cela. Car nous sommes pris dans un cercle vicieux : le travail du *care* est dévalorisé, invisible, sous-payé, rejeté dans l'illégalité et systématiquement assigné à celles qui ont le moins de ressources économiques, politiques et sociales. Les personnes qui assurent le travail du *care* sont effectivement issues, en proportion anormalement élevée, des groupes les plus défavorisés (les femmes, les personnes de couleur et les migrantes). Et si cette distribution peut expliquer en partie la dévalorisation du *care*, cette dernière contribue, en retour, à produire la marginalisation, l'exploitation et la dépendance de celles qui le prennent en charge. À l'inverse, reconnaître la valeur de ces activités permettrait à celles qui les accomplissent d'obtenir un véritable statut et davantage de gratifications, tout en incitant les autres groupes sociaux à prendre également leur part de ce travail. Ainsi une société qui apprécierait le *care* à sa juste valeur et qui accorderait de l'importance aux relations sociales qu'il suscite, serait non seulement plus généreuse et plus agréable à vivre, mais elle serait aussi plus égalitaire et plus juste.

Mais comment faire en sorte qu'une société accorde de la valeur au travail du *care* ? Je vais tenter de répondre à cette question ici, en revenant d'abord sur la 'crise' contemporaine du *care* qui est directement liée à son association au secteur privé et au féminin ; de là provient, en effet, la dévalorisation de ces activités. Dans la deuxième partie de ce texte, je propose de rendre compte des tentatives féministes récentes pour repenser le concept de *care* en le soumettant à l'analyse critique. Je définis ensuite quelques objectifs à atteindre pour que notre société reconnaisse la valeur au *care*. Enfin, dans la dernière partie, je propose quatre grandes directions vers lesquelles s'orienter pour changer les choses en matière de droits civiques, de répartition des responsabilités dans la famille, d'organisation du travail dans les activités rémunérées relevant du *care*, ainsi qu'en matière de politiques et de pratiques de l'emploi.

Le *care* : un problème contemporain

Une série de livres et d'articles célèbres, publiés ces dix dernières années, ont montré que nous étions, depuis peu, confrontés à une alarmante 'crise du *care*', provoquée par l'engagement massif des femmes sur le marché du travail. Les besoins en termes de garde d'enfants, de soins aux personnes âgées et de prise en charge des personnes dépendantes ou chroniquement malades n'ont pas diminué, et ont même probablement crû en raison de l'allongement de la durée de vie et des avancées médicales qui permettent de maintenir en vie des personnes souffrant de blessures ou de maladies graves. Or celles qui étaient traditionnellement chargées de s'occuper de cette population — les femmes et les mères au foyer — sont moins disponibles, désormais, pour assurer ce travail du *care* à plein temps.

Dans les foyers où les deux parents ont un emploi, il semblerait que les femmes ont de plus en plus de mal à faire face à l'accumulation des tâches et à gagner leur vie tout en assumant la responsabilité du *care*. En même temps, rares sont les familles qui ont les moyens de payer quelqu'un pour assurer ce travail étant donné que les services publics, dans ce domaine, sont clairement insuffisants. Aux États-Unis, la dépendance et sa prise en charge ne sont perçues qu'à travers la grille de lecture du libéralisme le plus classique — celui-là même qui a conduit à réduire au minimum l'État-providence. Ainsi, le congé parental financé par l'État n'existe pas, de même qu'il n'y a ni allocations familiales, ni aides au logement, ni service public de garderie pour les enfants, ni assurance maladie universelle. Les allocations pour les mères célibataires sont octroyées sous conditions de ressources, elles sont temporaires et limitées en nombre au cours de l'existence. En outre, pour pouvoir les toucher, les mères célibataires sont contraintes de prendre un emploi ou de s'inscrire à des formations professionnelles. Les crèches sont rares, l'école maternelle pour les enfants âgés de moins de cinq ans est très peu développée, et les garderies après la classe restent inégalement réparties sur le territoire. Le système d'assurance santé destiné aux personnes âgées, en revanche, est plutôt bien doté grâce aux programmes Medicare et Medicaid qui sont financés par l'État fédéral et administrés état par état. Comme l'écrit Mona Harrington dans un texte important (1999, p. 17) :

> *Nous disposons d'une mosaïque de dispositifs, et pourtant le travail du* care, *tel qu'il est assuré aujourd'hui, est loin d'égaler — tant en termes d'amplitude horaire que de qualité — celui qui était prodigué au bénéfice de la collectivité par les femmes au foyer des générations précédentes.*

Dès lors, peut-on se demander, s'il n'est plus assumé par une foule de femmes sans emploi, comment faire en sorte que le travail du *care* soit accompli ? Cette question est au cœur de bien des recherches et de bien des propositions de loi.

Il y a longtemps déjà que les théoriciennes et les chercheuses féministes étudient le *care* dans une perspective de genre. Leurs travaux ont montré que la crise contemporaine est le produit d'un régime du *care* privatisé et marqué par des logiques sexuées, dans lequel ce sont désormais les familles, et non plus la société dans son ensemble, qui se retrouvent responsables de la prise en charge des besoins des personnes vulnérables. Ces travaux montrent aussi qu'au sein des familles, c'est d'abord aux femmes (et aux autres groupes subalternes) qu'incombe ce travail de *care*.

La relégation du *care* au secteur privé et son assignation aux femmes sont allées de pair avec deux phénomènes : d'une part, une perte de valeur du travail du *care* et des relations sociales qu'il présuppose ; d'autre part, leur exclusion du domaine de l'égalité et des droits. Comme l'ont expliqué les féministes hostiles à la philosophie politique libérale, le concept même de citoyenneté (entendu comme une appartenance pleine et entière à la communauté, impliquant des droits et des devoirs) est traditionnellement fondé sur deux notions dichotomiques. La première est la distinction établie entre sphère privée et sphère publique : dans cette logique, l'univers privé des relations concrètes inscrites dans le *care* n'est pas seulement différent de l'univers de la citoyenneté, il en est son négatif. La sphère privée est celle des émotions, du particulier, de la subjectivité et de la nécessité de satisfaire les besoins physiologiques, tandis que la sphère de la citoyenneté est régie par la pensée, l'universel, l'objectivité et la capacité d'agir en fonction de principes abstraits. Ainsi, toutes les personnes assignées à la sphère privée et qui se trouvent, par conséquent, associées à ses valeurs — les femmes, les domestiques, les enfants — ont été exclues d'une citoyenneté pleine et entière. La seconde dichotomie renvoie à l'opposition qui a été faite entre autonomie et dépendance. En effet, le citoyen idéal est défini comme un individu autonome dont les choix, dans les domaines économique et politique, sont libres. Dans l'idéologie libérale, la citoyenneté est au fondement d'un espace égalitaire dans lequel les individus autonomes sont caractérisés par des droits et des devoirs identiques, quel que soit leur statut social ou leur situation économique. Ainsi, les personnes dont on a considéré qu'elles étaient dépendantes — que ce soit en raison de leur catégorie d'appartenance (comme dans le cas des femmes, des esclaves ou des enfants) ou de leur état de santé (comme dans le cas de handicapés mentaux ou physiques) — ont été dépourvues de statut et placées hors de l'espace citoyen (Okin 1979 ; Pateman 1988) [2]. En outre, cette fiction entretenue par la philosophie libérale, selon laquelle il existerait des personnes absolument indépendantes et autonomes, occulte l'interdépendance qui nous relie les un·e·s aux autres, dans la mesure où les besoins en *care* concernent tout autant les personnes qui ne sont pas dépendantes.

Historiquement, par conséquent, le travail du *care* au sein de la famille n'a jamais été reconnu, aux États-Unis, comme une contribution sociale publique comparable au travail salarié. Ainsi que Judith Shklar (1991) l'a montré, le fait de gagner sa vie a toujours été perçu comme un devoir citoyen, dans la mesure où il s'agit là du fondement de l'indépendance. Ceux qui gagnent leur vie accomplissent donc ce devoir et, dans cette perspective, méritent certains droits comme la retraite, l'assurance chômage, la protection sociale et l'assurance maladie. À l'inverse, les pourvoyeuses bénévoles du *care* au sein de la famille prennent en charge des responsabilités qui sont d'ordre strictement privé : en cela, elles n'accomplissent aucun devoir fondamental qui pourrait être associé à la citoyenneté. On ne leur accorde, par

---

[2] Eva Feder Kittay (1995) est allée encore plus loin dans la critique de ce modèle en affirmant que la dépendance et les rapports de dépendance ne sont tout simplement pas pris en compte dans les théories libérales de la justice sociale, ces dernières n'étant pensées que pour une seule catégorie : celle des personnes autonomes qui agissent et font leurs choix dans leur propre intérêt.

conséquent, aucun droit comparable à ceux dont bénéficient les travailleurs salariés.

En outre, dans le modèle familial dominant, le soutien aux personnes dépendantes et aux pourvoyeuses du *care* est censément assuré par le chef de famille. Historiquement, les États-Unis n'allouent quasiment aucune subvention aux pourvoyeuses du *care*, en comparaison d'autres pays occidentaux où les congés parentaux rémunérés, les allocations familiales, les crèches, les allocations logement ou l'assurance maladie ne sont pas rares (Fraser, Gordon 1993). Toujours aux États-Unis, ce fut au moment du *New Deal* dans les années 1930 que l'État-providence institutionnalisa le système d'allocation de ressources à deux vitesses, fondé sur le modèle de l'homme pourvoyeur et de la femme au foyer. Les hommes qui étaient chefs de famille avaient ainsi accès à une protection sociale relativement généreuse et sans condition de ressources : assurance chômage, pension de retraite et assurance invalidité. Les personnes dépendant du chef de famille, à l'instar des femmes chargées du travail du *care* au sein du foyer, étaient considérées comme des bénéficiaires indirectes de ces aides, dans la mesure où, grâce à leur relation avec un travailleur salarié, elles pouvaient disposer d'une sécurité sociale ou de pensions de réversion. À l'inverse, pour les femmes les plus démunies qui n'étaient liées à aucun travailleur salarié, les aides fournies étaient bien moins généreuses. Elles avaient droit à une allocation sous condition de ressources, qui était versée aux mères célibataires et qui fut bientôt remplacée par l'Aide aux familles avec enfants dépendants [Aid to Families with Dependent Children – AFDC]. On voyait, en effet, dans cette allocation, une manière de résoudre le problème des enfants dans le besoin, et non une forme de dédommagement pour les mères célibataires en échange du *care* qu'elles fournissaient (Nelson 1990 ; Gordon 1994 ; Abramovitz 1996). Ces programmes d'aides n'étaient pas seulement indexés sur le sexe, ils l'étaient aussi sur la race. Il était extrêmement fréquent que les mères célibataires noires dans le Sud des États-Unis et les mères célibataires mexicaines dans les états du Sud-Ouest, se voient refuser l'octroi de ces aides au nom du fait qu'elles pouvaient très bien travailler. Ces femmes n'étaient donc pas considérées comme des pourvoyeuses du *care* 'dépendantes' comme pouvaient alors l'être les femmes blanches (Mink 1994).

En dépit de l'idéologie dominante de la famille comme espace du *care* par excellence, les besoins croissants dans ce domaine ont fini par générer une demande en *care* rémunéré comme alternative ou comme complément au travail du *care* effectué bénévolement dans le cadre familial. Une bonne partie des activités du *care* a alors été transférée vers des organismes gérés soit par l'État, soit par des entités à but non lucratif, soit par des entreprises capitalistes.

Dans ces organismes, le travail du *care* proprement dit est assuré par des 'étrangères' — des travailleuses rémunérées, parfois assistées par des travailleuses bénévoles volontaires. Or, quand les activités du *care* sont assurées dans le cadre d'un emploi rémunéré, non seulement elles restent l'affaire d'un seul sexe, mais elles deviennent aussi visiblement une affaire de race. Dans les établissements sanitaires et médicosociaux, tels que les hôpitaux, les maisons de retraite et les maisons-foyers pour personnes handicapées, les aides-soignantes et les autres employées qui dispensent les soins au quotidien sont très majoritairement des femmes de couleur ; beaucoup d'entre elles sont, en outre, issues d'une immigration récente. Les auxiliaires de vie à domicile sont également, en grand nombre, des femmes de couleur (Glenn 1992).

Ainsi, lorsque le travail du *care* est fourni par des personnes qui ne sont ni reconnues comme des membres de la communauté citoyenne à part entière, ni réellement respectées par cette dernière en raison de leur race, de leur classe sociale ou de leur statut de migrantes, l'idée que tout ce qui relève du *care* est un 'sale boulot' peu qualifié se trouve renforcée. Et cette double dévalorisation — tant du travail que des travailleuses du *care* — justifie les bas salaires et l'absence de droits qui sont aujourd'hui caractéristiques de ces emplois (England 1992).

De fait, le travail du *care* en établissements sanitaires et médicosociaux est compromis par une combinaison de contraintes liées à la réduction des coûts, aux réglementations publiques [3], ainsi

---

[3] NDLT : Aux États-Unis, les réglementations publiques [*government regulations*] peuvent être promulguées soit par les autorités fédérales (l'État), soit par les

qu'à une tendance croissante à la médicalisation et à la bureaucratisation (Foner 1994). D'après Deborah Stone (1999), les pressions liées à la baisse des dépenses affectent autant le *care* fourni par les entreprises privées que celui fourni par les instances publiques à but non lucratif et financées par les contribuables. Les efforts pour réduire ou maîtriser les coûts ont conduit à réduire la qualité de la formation des employées qui sont chroniquement en sous-effectifs. Les réglementations publiques et procédures administratives impliquent, en outre, que les travailleuses du *care* passent beaucoup de temps à remplir des papiers. Comme elles sont de moins en moins nombreuses, elles subissent stress et frustration, ce qui provoque des phénomènes de *burn-out* et un taux élevé de renouvellement des effectifs. Toutes ces pressions affectent directement la relation de *care*. Les employées se plaignent du manque de temps et d'autonomie dont elles disposent pour répondre aux besoins individuels, tandis que les patient·e·s se trouvent parfois soumis·e·s à des procédures de contrôle (par exemple l'utilisation de sédatifs ou d'entraves physiques) censées maintenir 'l'ordre' dans un contexte de manque de personnel. De ce fait, il arrive que les patient·e·s ne bénéficient pas des soins individualisés susceptibles de préserver leur dignité et leur autonomie.

Repenser le *care*

Pour développer des alternatives à la situation actuelle, il nous faut repenser le concept de *care*. C'est après avoir lu des théoriciennes du *care* comme Joan Tronto (1993), Diemut Bubeck (1995), Emily Abel et Margaret Nelson (1990), et Sara Ruddick (1998), que j'ai compris la nécessité de définir le *care* comme une pratique qui est à la fois une éthique (se soucier de / *caring about*) et une activité (prendre soin de / *caring for*). 'Se soucier de' mobilise aussi bien la pensée que le domaine des affects : cela implique de prêter attention aux besoins des autres, d'y être sensible, de se sentir concerné·e par la nécessité d'y répondre et d'en prendre la responsabilité. 'Prendre soin de' se réfère aux

administrations locales (les gouverneurs). À l'échelle nationale, ces réglementations peuvent donc varier d'un état à l'autre.

diverses activités nécessaires pour assurer le bien-être d'une autre personne et prodiguer les soins dont elle a besoin [4]. Ces activités comprennent les soins physiques (par exemple : faire la toilette, donner le repas...), les soins émotionnels (par exemple : le fait de rassurer quelqu'un, l'écoute empathique...) et des services directs (par exemple : conduire une personne chez le médecin, lui faire ses courses...). Cette définition n'est pas dénuée d'ambiguïtés, mais elle a le mérite de poser quelques frontières. Par exemple, considérer le travail du *care* comme le fait de répondre *directement* aux besoins d'autrui différencie cette activité d'autres tâches permettant la survie comme pourvoir aux besoins d'autrui en tant que soutien de famille.

Dans cette définition du *care* comme pratique, trois éléments sont importants. D'abord, cette définition sous-entend que, loin de ne concerner que les personnes jugées incapables de prendre soin d'elles-mêmes, le *care* concerne en fait tout le monde. On considère souvent, en effet, que seuls les enfants, les personnes âgées, handicapées et les malades chroniques ont besoin de *care* ; les adultes soi-disant autonomes en ont pourtant tout autant besoin. Mais le fait que ces derniers en bénéficient également est occulté et nié : ainsi que le note Sara Ruddick (1998, p. 11) :

> *La plupart des destinataires du travail du* care *ne sont que partiellement 'dépendants' et le sont souvent de moins en moins ; la plupart de leurs 'besoins', y compris ceux qui sont clairement*

[4] Dans le cadre de cet article, je limite volontairement la notion de *care* au fait de prendre soin des *personnes*, même si, dans d'autres circonstances, il peut être utile de l'élargir au fait de prendre soin d'objets ou d'animaux, voire de l'environnement. Ainsi, la théoricienne du politique Joan Tronto (1993, p. 103) définit le *care* comme « une activité typique de notre espèce, qui comprend tout ce que nous faisons pour maintenir, perpétuer et réparer notre 'monde' de manière que nous vivions dans les meilleures conditions possibles. Ce monde inclut nos corps, nous-mêmes, et notre environnement — autant d'éléments qu'il nous faut tisser en une toile complexe, susceptible d'assurer notre survie ». En même temps, j'adopte ici une définition du *care* qui s'étend, en quelque sorte, au-delà de la simple prise en charge des besoins des personnes qui ne peuvent prendre soin d'elles-mêmes, à l'instar de la définition que donne Diemut Bubeck (1995, p. 129) du *care*, entendu comme « le fait, pour quelqu'un, de répondre aux besoins d'une personne qui se trouve dans l'incapacité de le faire elle-même, et surtout d'assurer ces soins en contact direct avec elle, cette interaction en face à face étant un élément central du travail du *care* ».

> *physiques, ne peuvent être distingués de leurs attentes émotionnelles plus abstraites, de leur besoin de respect, d'affection et de réconfort.*

Or, même des personnes considérées comme parfaitement autonomes — c'est-à-dire capables de prendre soin d'elles-mêmes dans toutes les activités de la vie quotidienne — peuvent, pour des raisons de manque de temps, d'énergie ou de maladie temporaire, avoir besoin de *care* pour préserver leur bien-être physique, psychologique et émotionnel.

Le deuxième élément de la définition du *care* comme pratique, est sa dimension relationnelle ; comme l'explique Ruddick (1998, p. 14) :

> *Le travail du* care *est constitué de et dans la relation qui se noue entre la personne qui le fournit et celle qui le reçoit.*

Il s'agit d'une relation d'interdépendance, dans laquelle la pourvoyeuse du *care* est généralement vue comme dominante. Or, la personne qui bénéficie du *care*, même si elle est subordonnée ou dépendante, dispose elle aussi d'une capacité d'agir dans cette relation. Selon Tronto (1993), dans le domaine du *care*, une tâche est considérée comme réussie si son bénéficiaire a une réaction conforme aux attentes — dans cette logique, un enfant qui pleure représente un échec. Dans certaines situations, lorsque le ou la bénéficiaire des soins est l'employeur de la pourvoyeuse du *care*, ou lorsqu'il ou elle a une autorité sociale sur elle (par exemple selon la norme du respect dû aux personnes âgées), la relation entre bénéficiaire et pourvoyeuse du *care* peut être nettement dominée par le ou la première.

Troisièmement, définir le *care* comme une pratique permet de reconnaître qu'il peut être accompli d'une infinité de manières. La relation de *care* paradigmatique est constituée par le binôme mère-enfant — c'est d'ailleurs l'exemple qui est le plus souvent mobilisé pour expliquer en quoi consiste le *care*. Dans ce modèle, le *care* (les soins maternels) est perçu comme naturel et instinctif : il s'agit de la vocation naturelle des femmes. Cependant, ce modèle idéalisé est fallacieux en ce qu'il empêche de voir qu'il existe, en réalité, bien des manières différentes de prendre soin d'autrui. Et en effet, le travail du *care* peut être dispensé au sein du foyer ou dans des organisations publiques institutionnalisées, il peut être accompli individuellement ou collectivement, il peut faire l'objet d'une rémunération ou non. Le *care* est la plupart du temps prodigué dans le contexte familial sous la forme d'un travail fourni gratuitement par les femmes, mais il peut aussi y être rémunéré (*babysitters*, auxiliaires de vie, aides-soignantes, *etc.*) Il est aussi accompli au sein de la communauté sous forme de travail bénévole, comme dans le cas des organisations caritatives, religieuses ou non, qui gèrent des gardes d'enfants ou des centres d'activité pour les seniors. Il est également assuré par des institutions publiques, des sociétés privées ou des travailleuses indépendantes, et prend la forme, dans ce cas, de services fournis par des pourvoyeuses du *care* salariées.

Le *care* peut aussi être 'fragmenté', divisé entre plusieurs pourvoyeuses de *care* et entre des établissements 'privés' et 'publics'. Par exemple, si un parent est toujours responsable en dernier ressort de la garde de son enfant après l'école, il peut néanmoins déléguer le travail réel du *care* à une *babysitter*, un membre de la famille, une assistante maternelle ou une garderie extra-scolaire.

Quels doivent être nos objectifs ?

Pour parvenir à une société dans laquelle on aurait redonné au *care* toute sa valeur dans chacune des sphères de la vie sociale, il nous faut tenir compte et reconnaître la valeur du travail du *care* lui-même, d'une part, et des personnes impliquées dans cette relation de travail, d'autre part (qu'elles en soient pourvoyeuses ou bénéficiaires). Ainsi, concrètement, dans une société qui accorde de la valeur au travail du *care* :

– le *care* est reconnu comme du 'vrai travail' et comme une contribution au bien commun au même titre que d'autres activités valorisées (emploi salarié, service militaire, travaux d'intérêt général…) et ce, quel que soit le contexte dans lequel il se déroule, que ce soit dans la famille ou ailleurs, et qu'il fasse l'objet d'une rémunération ou non.

– les personnes qui sont en demande de *care* (enfants, personnes âgées, handicapées ou chroniquement en mauvaise santé) sont reconnues comme des membres à part entière de la société ;

c'est-à-dire qu'elles jouissent des droits civiques, d'un véritable statut social et de la possibilité d'être des citoyennes et citoyens actifs. En d'autres termes, cela signifie que les bénéficiaires du *care* soient en capacité d'avoir un droit de regard sur le type de soins qui leur est fourni, sur l'établissement où les soins sont dispensés et sur l'identité des personnes qui les leur prodiguent ; cela signifie également qu'ils et elles puissent disposer de ressources matérielles suffisantes pour obtenir les soins adéquats.

– les personnes qui prennent en charge le travail du *care* bénéficient de la reconnaissance de la collectivité et leurs efforts leur procurent des droits similaires à ceux dont bénéficient les personnes contribuant au bien commun par un travail salarié et par le service militaire. Cela inclut des conditions de travail et une rémunération — que ce soit sous la forme de salaires ou de droits sociaux — qui leur permettent de faire correctement leur métier et de vivre convenablement.

Pour que chacun de ces objectifs puisse être atteint, il faudrait que soient respectées d'autres conditions particulières, nécessaires pour assurer l'équité et la justice sociale.

– Le travail du *care* doit être légitimé et considéré comme une responsabilité collective (publique), plutôt que comme une responsabilité familiale ou privée uniquement.

– L'accès au *care* doit être à peu près équitablement distribué et ne dépend pas du statut social ou économique. En fin de compte, l'idéal serait une société dans laquelle les besoins de tou·te·s pourraient être pris en charge dans le cadre d'un service public du *care* qui serait à la fois de qualité et disponible en quantité suffisante ; c'est-à-dire que le *care* dispensé dans ce cadre serait individualisé, adapté aux cultures de chacun·e et assez souple pour pouvoir tenir compte des préférences de celles et ceux qui y ont recours.

– La responsabilité et la réalité du travail de *care* doivent être partagées équitablement de manière à ce que sa charge n'incombe pas de façon disproportionnée, comme c'est le cas aujourd'hui, aux groupes désavantagés — femmes, minorités raciales et migrantes.

Quelques pistes à suivre pour amorcer le changement

Repenser la citoyenneté sociale

Une étape importante consiste à redéfinir la citoyenneté sociale et à mettre le *care* au cœur des droits et des acquis sociaux. Ce serait une inversion radicale par rapport à la situation actuelle, dans laquelle le *care* est défini comme relevant de la responsabilité privée, donc hors de la sphère de la citoyenneté. Placer le *care* au centre de la citoyenneté aurait trois conséquences : la création d'un droit au *care* qui serait un droit fondamental des citoyen·ne·s ; la reconnaissance du *care* comme responsabilité publique et collective ; et la gratitude de la collectivité envers les pourvoyeuses du *care* qui prendraient en charge cette responsabilité au nom de la société. En réalité, ces trois conséquences sont reliées les unes aux autres. Si les citoyen·ne·s bénéficient d'un droit au *care*, ce dernier relève d'une responsabilité collective, la communauté devant s'assurer que ceux et celles qui en ont besoin puissent y accéder. Surtout, si le travail du *care* relève de la responsabilité publique, les personnes qui s'en chargent accomplissent un devoir citoyen qui leur donne droit aux avantages sociaux : sécurité sociale, promotions à l'ancienneté et versement d'une retraite.

Il faut bien constater que globalement, aux États-Unis, dans la mesure où le fait d'être mère/parent n'est même pas reconnu comme une contribution au bien collectif, on est encore loin de considérer le soutien aux pourvoyeuses du *care* comme relevant de la responsabilité de la société. L'histoire a montré qu'une lutte concertée est le seul moyen d'obtenir des changements qui impliquent de revoir les contours et la définition même de la notion de citoyenneté. Par exemple, la citoyenneté politique — en l'occurrence, le droit de vote — fut progressivement étendue à des groupes qui en avaient initialement été exclus : au début du XIXe siècle, ce fut le tour des hommes blancs qui n'appartenaient pas à l'élite économique ; après la Guerre de Sécession, ce fut celui des hommes noirs ; puis, en 1920, enfin, ce fut le tour des femmes. Cette extension progressive du droit de vote n'a été obtenue qu'après des luttes collectives menées par chacun de ces groupes pendant plus de cent ans. Les droits sociaux et l'État-providence, de même — c'est-à-dire la sécurité sociale, l'allocation chômage, le salaire minimum ou le soutien de l'État à la création d'emplois — ne furent mis en œuvre qu'à la suite de la mobilisation politique de millions d'Américain·e·s que la Grande Dépression avait jeté·e·s à la rue. Dans la seconde moitié du XXe siècle, le mouvement pour les droits civiques et la deuxième vague du mouvement féministe ont suscité des changements juridiques, politiques et sociaux qui ont radicalement étendu le domaine de l'emploi, de l'éducation et des droits reconnus par la loi en faveur des minorités raciales et des femmes.

Parmi les récents exemples importants d'extension du domaine de la citoyenneté, il y a le succès du mouvement pour les droits des personnes handicapées, qui a obtenu l'établissement de lois et de politiques au niveau fédéral obligeant les écoles et les universités, les employeurs et les programmes publics à fournir des infrastructures et des activités susceptibles de permettre aux citoyen·ne·s 'moins valides', de travailler, d'étudier, de voyager et plus généralement de participer à la vie sociale et culturelle de la société. De tous, ce mouvement est justement celui qui s'est le plus rapproché d'une redéfinition de la citoyenneté sociale par une prise en compte des questions relatives au *care*. Mené par des citoyen·ne·s ayant des incapacités physiques ou mentales susceptibles de limiter leur indépendance sur le plan physique et économique, ce mouvement lutte pour la création de services et d'infrastructures qui puissent leur permettre d'accéder à une véritable autonomie sociale et politique [5]. Désormais, il y a donc un précédent pour faire du droit au *care*, le fondement d'une citoyenneté pleine et entière.

Repenser la famille comme premier espace du care

Nous l'avons vu, la plus grande partie du travail du *care* est dispensée gratuitement par des membres de la famille. Toutefois, si l'on prend au sérieux l'idée que le *care* relève de la responsabilité de la société, il nous faut examiner de manière critique cette idée que l'institution de la famille soit l'espace par défaut de la prise en charge des besoins des personnes vulnérables. En effet, on peut se dire que maintenir la famille comme espace

[5] Un mouvement a été lancé, depuis peu, en faveur du droit de vote des personnes souffrant de maladies mentales.

'naturel' des soins à autrui et des relations de *care*, ne peut que consolider une division sexuelle du travail du *care*. Voir le *care* comme 'naturellement' dévolu au cadre familial et, en son sein, aux femmes, dissimule en réalité les rapports de dépendance matérielle qui sous-tendent et renforcent cette configuration relationnelle. C'est que, comme toutes celles qui s'occupent des autres le savent : l'amour ne fait pas tout. Pour prendre soin de quelqu'un, on a besoin de ressources matérielles. Par conséquent, il nous faut avant tout 'défamilialiser' le *care* dans le double but de soulager les femmes de la part disproportionnée des responsabilités qu'elles prennent dans ce domaine, et de libérer aussi bien les bénéficiaires que les pourvoyeuses des soins de leur dépendance économique à l'égard des hommes chargés d'entretenir la famille.

Depuis les diverses communautés autogérées jusqu'au mouvement des Kibboutzim, bien des sociétés utopistes ont entrepris, dans le passé, de faire du travail du *care* — en particulier le soin des nourrissons et l'éducation des enfants — une activité relevant de la responsabilité de l'État ou de la communauté, par exemple en élevant les enfants collectivement. En théorie, grâce à ces dispositifs communautaires où le soin aux enfants est conçu comme une forme de travail 'public' semblable aux autres formes de travail, les pourvoyeuses du *care* se trouvent libérées de leur dépendance à l'égard des hommes qui les entretiennent, tout comme les enfants qui sont, eux, libérés de leur dépendance (et aussi, par conséquent, de leur subordination) à l'égard de leurs parents biologiques. En pratique, néanmoins, le *care* collectivisé n'élimine pas la division sexuelle du travail du *care*, puisque ce sont toujours des femmes qui s'occupent des enfants, y compris lorsque ces derniers sont élevés dans un cadre communautaire. Surtout, le *care* collectivisé n'est généralement apparu que dans des petites communautés homogènes religieuses ou socialistes, dont les membres partageaient des valeurs culturelles et politiques fondamentales. En d'autres termes, un *care* totalement collectivisé à grande échelle serait fort peu probable, et peut-être même indésirable, dans des sociétés multiculturelles dont les membres se revendiquent de valeurs culturelles et politiques différentes. L'institution de la famille reste, dès lors, l'espace principal où se structurent les différentes identités culturelles et sociales.

Pour des raisons à la fois pratiques et idéologiques, il est vraisemblable que la famille (comprise dans son acception la plus large) restera un espace où la valeur du travail du *care* est susceptible d'être reconnue : ainsi, au sein d'une même famille, on se sentira toujours responsables du bien-être des enfants et, dans une moindre mesure, de celui des parents âgés et dépendants, et l'on fera donc le choix de s'en occuper. Cela ne signifie pas pour autant que la famille doive se limiter à sa configuration traditionnelle de foyer conjugal hétérosexuel, ni qu'elle doive être l'espace par défaut de tous les types de *care*. Tel qu'il est mis en œuvre dans les programmes d'aide au niveau des états ou des entreprises, le *care* est conforme à des schémas plutôt traditionnels : les seules configurations familiales admises pour une relation de *care*, c'est-à-dire les seuls liens dans le cadre desquels il est acceptable de prendre en charge la dépendance d'autrui, sont les liens parents-enfants (que la filiation soit biologique ou adoptive) ou conjugaux (sachant que seule l'union par mariage est reconnue ici). Il y a pourtant beaucoup d'autres types de liens familiaux susceptibles de générer des relations de *care* : par exemple, les couples — hétérosexuels ou homosexuels — vivant en concubinage, les parentèles étendues incluant les grands-parents ou les frères et sœurs, ou même, parfois, les 'parentés électives' qui sont génératrices d'entraide au sein d'un groupe de personnes. En outre, comme Carol Stack et Linda Burton (1994) le signalent dans le cadre de leur étude auprès des familles africaines-américaines *(African-American families*), des personnes — hommes, femmes ou enfants — peuvent se retrouver assignées, au nom de leur lien de parenté, au soin de leurs neveux ou nièces, de leurs grands-parents, de leurs petits-enfants, de leurs tantes ou de leurs oncles, quand il n'y a personne d'autre pour les prendre en charge. Tant qu'on continuera à ne valoriser le travail du *care* que dans le cadre de 'la famille', il faudra entendre 'la famille' dans son acception la plus large, pour qu'on puisse y inclure toutes les relations possibles, y compris les parentés 'électives' ou fictives.

Des enquêtes menées en Angleterre par Janet Finch (1996) et Jenny Morris (citée dans Cancian et Oliker 2000, p. 99) confirment l'idée que la communauté, telle qu'incarnée par l'État, a une responsabilité prééminente dans l'organisation du *care* parce que tout citoyen ou citoyenne a droit à un *care* qui ne soit pas familial. Les politiques publiques devraient donc permettre à tous soit d'avoir accès à un *care* public, soit d'obtenir des allocations ou des aides pour pouvoir payer les soins reçus, sans qu'il faille se demander au préalable si l'un ou l'autre des membres de sa famille pourrait s'en occuper.

Repenser le *care* rémunéré

Comme je l'ai précisé dans l'introduction, le travail du *care* est désormais de plus en plus dispensé par des personnes qui sont payées pour cela ; il y a plusieurs raisons à cette évolution majeure : l'augmentation de la demande elle-même en matière de *care*, l'incapacité des familles à assurer tous les besoins dans ce domaine et les incitations économiques à se tourner vers le secteur marchand. Ce phénomène concerne en particulier la prise en charge des personnes dont il faut s'occuper en continu ou qui ont besoin de soins parfois exigeants physiquement, telles que les enfants, les adultes handicapés mentaux et physiques, ainsi que les personnes âgées souffrant de sénilité ou de la maladie d'Alzheimer. Ces dernières sont généralement prises en charge dans des établissements spécialisés, des maisons de retraite, des hôpitaux ou des résidences aménagées : là, un travail du *care* intensif est assuré, directement auprès des personnes âgées, par des aides-soignantes et d'autres employées ne relevant pas des professions de la santé mais placées sous la supervision et l'autorité d'une administration et d'un ensemble de médecins et d'infirmières.

Dès lors, pour construire une société où l'on accorderait partout une réelle valeur au *care*, il faudrait tenir compte du fait que la prise en charge des besoins des personnes vulnérables, aujourd'hui, s'est déplacée hors de la sphère familiale et fait de plus en plus souvent l'objet de transactions marchandes. Il nous faut donc réfléchir aux changements induits par cette évolution qui fait du *care* un ensemble d'activités non plus gratuites et dispensées dans un contexte privé, mais payantes, effectuées dans un cadre public et surtout soumises, désormais, à des règlements, des contrôles et des hiérarchies bureaucratiques.

En effet, le transfert du *care* des foyers privés vers des établissements spécialisés, privés ou publics, fait entrer une 'tierce partie' dans la relation de *care*. Pourvoyeuses et bénéficiaires du travail du *care* sont dorénavant pris dans un réseau de lois et de réglementations concernant le temps destiné à chaque activité ou les types de soins qui sont couverts (par exemple, le fait de faire les courses). Nancy Foner (1994) et d'autres ont montré comment la 'cage de fer' du système bureaucratique suscite de considérables dilemmes chez les individus contraints par les structures collectives : c'est le cas des travailleuses du *care*, par exemple, qui se retrouvent soumises à un certain nombre d'injonctions contradictoires. Si le système bureaucratique prône des valeurs de standardisation, d'efficacité et d'obéissance à un ensemble de règles objectives, le *care* repose sur des principes tels que l'individualisation des soins, la personnalisation des liens et l'incitation à la patience.

Les réglementations et le contrôle bureaucratiques ont été mis en place après la révélation de l'existence fréquente de maltraitances et de négligence envers les personnes âgées. À la suite de l'enquête ethnographique qu'elle a menée dans une maison de retraite de New York, Foner (1994) admet la nécessité des règles bureaucratiques et de la mise en place de procédures de surveillance pour protéger les personnes âgées dépendantes, tout en reconnaissant l'importance, pour les aides-soignantes — qui assurent le lourd travail que représentent les soins physiques, mais aussi les repas, la toilette, le bain, *etc.* — de pouvoir agir de manière autonome. Or les règles telles qu'elles sont mises en œuvre par l'administration mettent d'abord l'accent sur 'l'efficacité' dans l'accomplissement des soins physiques, et sur la nécessité de respecter un planning et de tenir un registre précis des tâches accomplies. Pourtant, ainsi que Timothy Diamond (1988, p. 48) l'a montré dans son ethnographie d'une maison de retraite, le *care* émotionnel est un aspect fondamental du travail des aides-soignantes, comme le fait de « *tenir dans ses bras quelqu'un qui a du mal à respirer* » ou de parler aux résidents et résidentes pour « *les aider à se souvenir de leur passé* ». Diamond a observé que, comme ce type de soutien émotionnel ne figure pas dans la fiche de poste des aides-soignantes, elles ne reçoivent aucune gratification pour ces activités quand elles les accomplissent. Dans la maison de retraite qu'elle a étudiée, Foner raconte comment Ana, une aide-soignante qui prenait régulièrement le temps de parler aux patient·e·s, de les réconforter ou de les rassurer pendant qu'elle leur faisait prendre leur bain ou qu'elle les changeait, était constamment réprimandée pour son inefficacité ; à l'inverse, Ms. James — une aide-soignante qui non seulement ne s'adressait jamais directement aux patient·e·s, mais les manipulait en outre assez brutalement au cours des différents soins de routine — était appréciée de ses supérieurs au point d'être vue comme une aide-soignante exemplaire.

Les différentes enquêtes ethnographiques mentionnées ici révèlent que bien des travailleuses fournissent un *care* émotionnel de qualité, mais qu'elles le font 'dans les marges', si bien que, d'une part, leurs compétences et leurs efforts ne sont jamais reconnus, et que, d'autre part, elles se voient contraintes de prendre sciemment le contre-pied du règlement. Ces enquêtes mettent ainsi au jour l'existence de 'cultures oppositionnelles' dans lesquelles les travailleuses coopèrent afin de fournir le type de *care* que les structures bureaucratiques ne reconnaissent pas ou désavouent. Une enquête portant sur un hôpital psychiatrique (Lundgren, Bowner 1990) où la qualité des soins était excellente, a démontré que cette situation était liée au fait que les personnels spécialisés assurant les soins de jour s'étaient ménagé des espaces d'autonomie qui leur permettaient d'agir en accord avec leur propre ethos du *care*. Parce que ces personnels avaient la possibilité d'interagir librement, ils avaient développé une vraie camaraderie, se soutenant l'un l'autre pour désobéir aux consignes qu'ils jugeaient déraisonnables ou contraires aux intérêts des résidents et résidentes. Ils avaient ainsi développé des pratiques, telles que le *time out*, qui leur permettaient de quitter l'unité lorsqu'ils se sentaient sur le point de craquer. Ces habitudes, spontanément développées par les personnels salariés, pourraient être intégrées avec profit dans les pratiques organisationnelles. Encourager la solidarité au sein d'une équipe où l'on règle son comportement sur celui des autres, et où l'on se soutient pour pouvoir mener un travail sensible du *care* — voilà un usage qui gagnerait à être cultivé. On pourrait, de même, réformer les procédures pour donner davantage de marges de manœuvre et accorder plus de reconnaissance aux aides-soignantes qui feraient preuve de gentillesse envers les patient·e·s, quitte à sortir de la routine pour cela. Les instances spécialisées pourraient enfin proposer régulièrement aux aides-soignantes des formations autour des aspects les plus émotionnels du *care* et de la sensibilité particulière que ces soins impliquent ; on pourrait ainsi intégrer ce travail émotionnel du *care* dans leurs fiches de poste et leurs formulaires d'évaluation, et imaginer un système de gratification spécifique pour les travailleuses du *care* qui iraient spontanément au-delà de ce qui relève de leur devoir dans l'aide aux personnes malades.

Les différents comptes rendus et les impératifs bureaucratiques exigés par les institutions chargées d'administrer le travail du *care* pourraient fonctionner comme des éléments garantissant que chacune des professions impliquées s'engage à assurer le bien-être social et émotionnel des bénéficiaires du *care*. Foner (1994) signale par exemple que de nombreuses institutions ont adopté une approche psycho-sociale du *care*, qui tient compte des aspects émotionnels, sociaux et physiques du travail du *care*. Selon ce type d'approche, les dossiers de chaque bénéficiaire du *care* sont gérés de manière à ce que leurs besoins, aussi bien en matière de santé que de services sociaux, soient considérés ensemble. De leur côté, Cancian et Oliker (2000) décrivent un modèle de pratique clinique conçu par Bonnie Wesorick dans le domaine des soins infirmiers. Ce modèle, qu'elle a introduit dans plusieurs hôpitaux, s'appuie sur une approche 'holistique' du *care*, qui se différencie d'une approche strictement médicale et repose notamment sur la tenue scrupuleuse d'un dossier pour chaque personne, dans lequel sont indiqués son histoire individuelle, son orientation religieuse, sa situation familiale et ses soucis personnels. Surtout, figure dans ce dossier un projet de soins qui détaille ses besoins, ses inquiétudes et ses problèmes, ainsi qu'un traitement individualisé pour atteindre les objectifs envisagés.

Encourager les travailleuses du *care* à concentrer leurs efforts sur les aspects sociaux et émotionnels du *care* peut être salutaire à différents niveaux. En étendant leur domaine de responsabilité, cependant, on risque d'exacerber l'inégalité qui caractérise déjà la relation entre pourvoyeuses et bénéficiaires des soins. Ainsi, les premières peuvent avoir l'impression de comprendre les besoins des second·e·s et d'agir dans leur intérêt, alors qu'il est possible que leurs valeurs et leurs priorités soient différentes. Dans la mesure où les bénéficiaires du travail du *care* dépendent émotionnellement et physiquement des personnes qui s'occupent d'eux et d'elles, ils et elles peuvent avoir l'impression de ne pas avoir le choix et de devoir s'en remettre à l'opinion de ces dernières.

Il conviendrait donc également de s'assurer que les bénéficiaires du *care* puissent être entendus et qu'ils et elles puissent avoir leur mot à dire sur les soins reçus. Par exemple, des personnes adultes en pleine possession de leurs moyens intellectuels qui ont besoin d'une auxiliaire de vie, préfèreraient sûrement recevoir des aides ou des coupons prépayés pour pouvoir recruter elles-mêmes leur auxiliaire de vie, plutôt que de se retrouver avec quelqu'un qui leur serait envoyé d'office par les services sociaux. Sur les cinquante femmes handicapées avec lesquelles Jenny Morris s'est entretenue en Angleterre, plusieurs d'entre elles ont expliqué que, plutôt que les auxiliaires de vie qui leur étaient envoyées par les services sociaux, elles appréciaient bien plus celles qu'elles embauchaient et payaient elles-mêmes, parce que, de cette manière, elles se sentaient davantage en situation de contrôle. L'une de ces enquêtées racontait ainsi que ce ne fut qu'après avoir choisi d'embaucher elle-même son auxiliaire de vie qu'elle s'est enfin sentie autorisée à prendre soin de son apparence, et à lui demander de l'aider à s'habiller et à se maquiller — une demande qu'elle estimait désormais légitime :

> *Elles sont censées être patientes, parce que je les paie pour cela, donc je me dis qu'il est normal d'attendre cela d'elles.* (Citée dans Cancian et Oliker 2000, p. 99).

Il existe déjà une catégorie qui bénéficie directement de subventions de l'État pour rémunérer le travail du *care*. Le Department of Veterans' Affairs [le service chargé des anciens combattants] dispose en effet d'un programme d'aide accordant des subventions, sans restriction et sans intermédiaire, aux 220 000 vétérans qui doivent payer des auxiliaires de vie ou des aides-soignantes à domicile (Cancian, Oliker 2000, p. 155). Si les vétérans ont droit à un *care* rémunéré par une aide de l'État, c'est parce qu'ils ont 'servi leur pays'. Ce qu'il faut, en suivant cette logique, c'est une approche plus universelle des droits qui permettrait d'étendre à tout le monde cet accès à un *care* extra-familial rémunéré.

Pour résumer, ce sont à la fois les bénéficiaires *et* les pourvoyeuses du *care* rémunéré qui doivent être investis de nouvelles responsabilités [*empowered*]. Or, lorsque les circonstances font converger les intérêts de ces deux catégories, c'est en toute logique qu'elles s'organisent et agissent ensemble. Ainsi, quand les budgets des services sociaux baissent et que les services d'aide à domicile se trouvent réduits, les pourvoyeuses du *care* peuvent être forcées de travailler auprès de davantage de gens, en prenant par conséquent moins de temps avec chaque personne : le résultat est que les bénéficiaires du *care* ne reçoivent plus tous les soins dont ils ou elles ont besoin. Pendant les années 1980 et 1990, des collectifs regroupant des aides-soignantes, des auxiliaires de vie, des bénéficiaires du *care* et des dirigeants locaux se sont organisés pour revendiquer une amélioration des revenus et des droits des travailleuses du *care*. En effet, tant que les services à la personne seront financés par Medicaid ou d'autres fonds publics, les bénéficiaires du *care* continueront à soutenir l'idée d'une augmentation des salaires de ces travailleuses — en particulier si cela contribue à maintenir auprès d'eux et d'elles leurs auxiliaires de vie qui risqueraient, sinon, de partir vers des emplois mieux rémunérés dans d'autres domaines (Cobble 1996 ; SEIU 1999).

Repenser les pratiques en matière d'emploi

Des changements dans les pratiques en matière d'emploi seraient aussi souhaitables pour que chacun·e puisse concilier travail et *care*, et faire en sorte que le second ne soit plus pénalisé. Aujourd'hui, seule une petite proportion d'entreprises du secteur privé reconnaissent les responsabilités de leurs salariés, les femmes en particulier, en matière de *care*, et agissent dans ce sens en proposant des services de garde d'enfants dans leurs locaux ou à proximité, ou en rendant possibles les congés sans solde pour prendre soin d'enfants ou de parents âgés (Cancian, Oliker 2000, p. 75, 155).

Mais les employeurs ne doivent pas se contenter d'accorder ce type de congés ou de mettre en place des services de garde d'enfants : il leur faut aussi prendre en compte le nombre réel d'heures consacrées au *care* par leurs salariées. Une enquête menée sur un échantillon représentatif de 1 509 foyers anglophones aux États-Unis a montré que c'est en moyenne 17,9 heures par semaine que l'on consacre, dans chaque foyer, à des activités relevant du *care*. Parallèlement, aux États-Unis, le nombre d'heures passées par les salariés, hommes et femmes confondus, sur leur lieu de travail s'avère le plus élevé de toutes les autres nations industrialisées, si l'on en croit une enquête menée par les Nations unies en 1997. Dans cette étude, on constate que les salariés aux États-Unis travaillent en moyenne 40 % de plus que les Norvégiens et 25 % de plus que les Français (le calcul a été fait à partir des chiffres parus dans le *San Francisco Chronicle* le 6 septembre 1999).

Dès lors, si l'on ajoute à ces longues heures de travail, l'absence d'aide matérielle de la part de l'État aux pourvoyeuses bénévoles du *care*, on comprend mieux la nature de la pression subie par les salariées ayant la responsabilité de leurs enfants ou de leurs parents. D'ailleurs, lorsqu'on étudie les chiffres de la productivité dans le monde, on s'aperçoit que l'augmentation du nombre global d'heures de travail n'a pas été accompagnée d'un gain de productivité aux États-Unis, contrairement à ce qui s'est passé dans les autres pays. Une réduction du temps de travail se justifierait donc aussi bien sur le plan économique que sur celui de la santé publique. Il est maintenant temps de reconnaître la réalité et la multiplicité des responsabilités de celles qui doivent gagner leur vie tout en prenant soin de leurs proches : pour cela, il faut réduire le temps de travail pour un emploi à temps plein, mais aussi accroître le nombre de jours de repos et les possibilités de prendre des congés.

Pour conclure

Si nous voulons parvenir aux changements proposés dans cet article pour construire une société qui accorderait toute sa valeur au travail du *care*, il nous faut à la fois transformer les manières dont nous voyons nos vies et nos relations aux autres, et repenser ce que nous entendons par famille, société civile, État et politique économique. Enfin, transformer le travail du *care* implique de mener en parallèle d'autres évolutions majeures dans le domaine des structures politico-économiques et des rapports sociaux. Plus fondamentalement, il nous faudra sans doute rejeter l'idée de 'société' telle que nous l'entendons dans son acception la plus libérale — c'est-à-dire comme un ensemble d'individus distincts, indépendants et libres de faire des choix — et la percevoir plutôt comme un ensemble d'individus interdépendants qui ne seraient, en réalité, que partiellement autonomes.

Traduit de l'anglais (États-Unis) par Séverine Sofio

Références :

Abel Emily, Nelson Margaret (eds) (1990). *Circles of Care*. Albany, State University of New York Press.

Abramovitz Mimi (1996). *Under Attack: Fighting Back*. New York, Monthly Review Press.

Bubeck Diemut Elisabet (1995). *Care, Gender and Justice*. Oxford, Clarendon Press.

Cancian Francesca M., Oliker Stacey J. (2000). *Caring and Gender*. Thousand Oaks, CA, Pine Forge Press.

Cobble Dorothy Sue (1996). "The Prospects for Unionization in a Service Economy". In MacDonald Cameron, Siriani Carmen (eds). *Working in a Service Economy*. Philadelphia, Temple University Press.

Diamond Timothy (1988). "Social Policy and Everyday Life in Nursing Homes: A Critical Ethnography". In Statham Anne, Miller Eleaonor M., Mauksch Hans O. (eds). *The Worth of Women's Work: A Qualitative Synthesis*. Albany, State University of New York Press.

England Paula (1992). *Comparable Worth: Theories and Evidence*. Hawthorne, NY, Aldine de Gruyter.

Finch Janet (1996). "Family Rights and Responsabilities". In Bulmer Martin, Rees Anthony M. (eds). *Citizenship Today: The Contemporary Relevance of T. H. Marshall*. London, UCL Press.

Foner Nancy (1994). *The Caregiving Dilemma: Work in the American Nursing Home*. Berkeley, University of California Press.

Fraser Nancy, Gordon Linda (1993). "Contract versus Charity: Why is there no Social Citizenship in the United States?" *Socialist Review*, vol. 212, n° 3.

Glenn Evelyn Nakano (1992). "From Servitude to Service Work: Historical Continuities in the Racial Division of Paid Reproductive Labor". *Signs*, vol. 18 [trad. fr. Léo Thiers-Vidal. « De la servitude au travail de service : les continuités historiques de la division raciale du travail reproductif payé ». In Dorlin Elsa (ed) (2009). *Sexe, race, classe. Pour une épistémologie de la domination*. Paris, Puf « Actuel Marx confrontation »].

Gordon Linda (1994). *Pitied but Not Entitled: Single Mothers and the History of Welfare 1890-1935*. New York, Free Press.

Harrington Mona (1999). *Care and Equality: Inventing a New Family Politics*. New York, Knopf.

Kittay Eva Feder (1995). "Taking Dependence Seriously: The Family and Medical Leave Act Considered in Light of the Social Organization of Dependency Work and Gender Equality". *Hypatia*, vol. 10, n° 1.

Lundgren Rebecka Inga, Bowner Carole H. (1990). "Caring for the Institutionalized Mentally Retarded: Work Culture and Work-Based Social Supports". In Abel Emily, Nelson Margaret (eds).

Mink Gwendolyn (1994). *The Wages of Motherhood*. Ithaca, NY, Cornell University Press.

Nelson Barbara (1990). "The Origins of the Two-Channel Welfare State: Workmen's Compensation and Mothers' Aid". In Gordon Linda (ed). *Women, the State and Welfare*. Madison, University of Wisconsin Press.

Okin Susan (1979). *Women in Western Political Thought*. Princeton, NJ, Princeton University Press.

Pateman Carol (1988). *The Sexual Contract*. Cambridge, Polity Press [tr. fr. Charlotte Nordmann (2010). *Le contrat sexuel*. Paris, La Découverte / Institut Émilie du Châtelet].

Ruddick Sara (1998). "Care as Labor and Relationship". In Haber Joram G., Halfon Mark S. (eds). *Norms and Values: Essays on the Work of Virginia Held*. Lanham, Rowman & Littlefield.

San Francisco Chronicle (1999). "UN Says Americans Are the Hardest Workers", September 6.

Service Employees' International Union (SEIU) (1999). "Drive to Improve L.A. Homecare Takes Big Step Forward". Press Release.

Shklar Judith (1991). *American Citizenship: The Quest for Inclusion*. Cambridge, MA, Harvard University Press [trad. fr. Oliver Camy

(1991). *La citoyenneté américaine. La quête de l'intégration.* Paris, Calmann-Lévy].

Stack Carol, Burton Linda (1994). "Kinscripts: Reflections on Family, Generations and Culture". In Glenn Evelyn Nakano, Chang Grace, Forcey Linda (eds). *Mothering: Ideology, Experience and Agency.* New York, Routledge.

Stone Deborah (1999). "Care and Trembling". *The American Prospect,* n° 43, March-April.

— (2000). "Care as We Give It, Work as We Know It". In Harrington-Meyer Madonna (ed). *Care Work: Gender, Labor and the Welfare State.* New York, Routledge.

Tronto Joan (1993). *Moral Boundaries. A Political Argument for an Ethic of Care.* New York, Routledge [tr. fr. Hervé Maury (2009). *Un monde vulnérable. Pour une politique du* care. Paris, La Découverte].

Régulation de l'emploi des femmes au Brésil : entre avancées et résistances [1]

Vivian Aranha Sabóia

Résumé

Les luttes féministes et les luttes de femmes pour l'égalité des sexes sont à l'origine d'une série de dispositions internationales remontant à plus d'un demi-siècle, qui visent à combattre les discriminations. Grâce aux luttes sociales, elles ont été ratifiées par le Brésil et ont conduit, au cours des vingt dernières années, à l'adoption de multiples outils en faveur de l'égalité des sexes. Toutefois, comme le montre cet article, les dispositions légales en question ne suffisent pas à éliminer les inégalités qui pèsent sur la vie professionnelle des femmes. [2]

BRÉSIL — EMPLOI DES FEMMES — DISCRIMINATIONS DE SEXE — POLITIQUES PUBLIQUES — RÉSISTANCES

---

[1] Texte traduit avec le soutien de la Fondation FAPEMA, grâce au Programme d'aide à la publication d'articles (13/2015).

[2] Il est utile de préciser que pendant le processus de destitution de la Présidente Dilma Rouseff (en avril 2016 pour 180 jours), le Président intérimaire, Michel Temer, a décrété la fin du Secrétariat spécial des politiques pour les femmes (SPM), qui avait un statut de ministère pendant les gouvernements Lula et Rousseff. Fin mai 2016, le Président intérimaire a incorporé le SPM au ministère de la Justice et de la Citoyenneté ! La direction du SPM est assurée par Fátima Pelaes dont la position contre l'avortement (y compris en cas de viol) est très connue et fondée sur ses convictions religieuses évangélistes. La recherche sur laquelle s'appuie ce texte a été réalisée avant ces changements.

La régulation de l'emploi des femmes renvoie à un discours sur leur insertion dans le travail productif et valorisé — un processus contradictoire qui, au fil du temps, s'est traduit par des avancées (en termes quantitatifs) et des régressions (d'un point de vue qualitatif) considérables. Et ce, pour une série de raisons avant tout d'ordre politique, économique et social.

Bien que l'idéologie néolibérale dominante soit au fondement de « *certaines tendances libertaires qui tendent à considérer la réglementation du travail ainsi que toute autre forme d'intervention étatique comme illégitime du point de vue des libertés individuelles* » (Maupain 2000, p. 151), on a assisté, dès le début du XXe siècle, à un véritable essor des réglementations internationales du travail, dont la création de l'Organisation internationale du travail (OIT) offre l'un des meilleurs exemples. Cette dynamique, étroitement liée à l'adoption de lois nationales sur le travail et l'emploi, se voit justifiée par une idée classique : la nécessité de « *remédier aux faiblesses du marché ou de protéger certains biens publics* » (*ibid.*, p. 152), tels les droits fondamentaux. Cette idée s'est vue traduite de façon différente selon les pays, aussi l'intervention de l'État sur le marché du travail a-t-elle considérablement varié en fonction de la structure institutionnelle déterminant la nature des rapports entre sujets économiques et sociaux, et le type de luttes sociales.

On fera ici le bilan des progrès réalisés ainsi que des résistances en matière de régulation de l'emploi des femmes au Brésil, suite à l'adoption de politiques visant à promouvoir l'égalité des chances entre les sexes. Autant de mesures qui entendent favoriser l'emploi des femmes et lutter contre le maintien des discriminations de sexe sur le marché du travail.

Une étude de terrain menée auprès de certains des principaux acteurs et actrices publics chargés de l'application de ces dispositifs a permis de mieux saisir, outre les priorités définies, les contradictions à l'œuvre et les obstacles rencontrés pour ce faire. Des entretiens ont eu lieu au Brésil avec des membres du Secrétariat spécial des politiques pour les femmes, du ministère du Travail et de l'Emploi, du ministère du Développement agraire, du Fonds de développement des Nations unies pour la femme

(UNIFEM – Brésil), et du Secrétariat municipal de la femme (ville de São Luís).

Promotion de l'emploi des femmes

En tant que politique publique, la promotion de l'emploi des femmes remonte à la création de l'Organisation des Nations unies (Onu), en 1942. Cet objectif a été repris par l'OIT à partir de 1946, ainsi que par la Déclaration universelle des droits de l'homme, adoptée en 1948. Cette dernière, parallèlement à la pression exercée par les mouvements féministes et par les groupes de femmes organisés, a contribué à l'adoption, au sein même de l'OIT et de l'Onu, d'un certain nombre de conventions et de recommandations, progressivement intégrées par la suite dans les Constitutions des États. Les organisations féministes, tant à l'échelle nationale qu'internationale, se sont emparées de ces textes pour lutter contre les discriminations et pour obtenir l'égalité des chances et de traitement entre femmes et hommes. Aussi, chaque fois que l'égalité de sexe est revendiquée, les principes établis par la Déclaration universelle des droits de l'homme et par d'autres conventions internationales sont-ils invoqués comme autant de facteurs légitimant les revendications des mouvements sociaux, des femmes et des féministes.

Parmi les principales conventions et instruments internationaux ratifiés par le Brésil, on compte notamment les textes suivants de l'OIT : les Conventions n° 100 [3] (1951), n° 111 (1958) [4] et n° 150 [5] (1975), la Recommandation n° 122 [6] (1964) et la Déclaration sur l'égalité des chances et de traitement de 1975, qui réaffirme le principe de non-discrimination (OIT 1981).

---

[3] Sur l'égalité de rémunération entre hommes et femmes pour un travail de valeur égale.

[4] Sur la discrimination en matière d'emploi et de profession.

[5] Elle recommande la valorisation des ressources humaines, fondée sur la promotion de l'égalité des chances des femmes et des hommes, dans la formation et dans l'emploi.

[6] Elle recommande le respect, par les employeurs, du principe d'égalité des chances et de traitement, en matière d'emploi et de profession.

Le processus de réglementation nationale de l'emploi résulte par ailleurs de l'ensemble des mobilisations où des groupes dits 'minoritaires' qui « *réclament l'égalité dans la différence, au nom des valeurs de liberté et de pluralisme que l'État a officiellement inscrites dans sa Constitution* » (Balibar 1997, p. 439). Il est enfin le fruit des mouvements sociaux luttant pour la promotion des droits des femmes en vue de modifier la division du travail.

Bien que le Brésil ait ratifié les conventions mentionnées plus haut, les initiatives censées promouvoir l'égalité des chances et lutter contre les discriminations de sexe sur le marché de l'emploi sont demeurées purement formelles durant plusieurs années. Car en pratique, les organisations internationales, telle l'OIT, se contentent de proposer à l'Onu des conventions que les États-nations entérinent ou non, en fonction de leurs intérêts politiques, économiques et sociaux. Théoriquement, la question du respect de la souveraineté ne se pose qu'au moment de la ratification puisqu'une fois cette étape franchie, il est demandé aux pays de mener des actions concrètes pour confirmer leur engagement [7].

Au Brésil, et en Amérique latine plus généralement, le débat sur la façon de mettre en œuvre les politiques visant à promouvoir l'égalité de genre n'a débuté qu'avec la création du Comité de l'Onu pour l'élimination des discriminations à l'égard des femmes (Cedaw), en 1979. Cette même année, le Cedaw a lancé la Convention sur l'élimination de toutes les formes de discrimination à l'égard des femmes, qui a pris effet en 1981 et qui a été signée par le Brésil en 1984. Cette convention définit ce qui constitue un acte ou une pratique discriminatoire contre les femmes, et établit un programme d'action national pour combattre de tels comportements.

C'est ainsi qu'en 1988, la Constitution brésilienne a incorporé les engagements pris par le Brésil au niveau international. Il y est affirmé :

> *Tous sont égaux devant la loi, sans distinction d'aucune sorte. Le droit inviolable à la vie, à la liberté, à l'égalité, à la sécurité*

---

[7] À cette fin, chaque État doit rédiger un rapport annuel sur les actions menées pour atteindre les objectifs énoncés dans la convention précédemment ratifiée (OIT 1981).

> *et aux biens est garanti aux Brésiliens ainsi qu'aux étrangers résidant dans le pays selon les termes suivants : les hommes et les femmes sont égaux en droits et en devoirs.* (Brasil, Constituição 1988).

Toutefois, il fallut attendre 1995 pour qu'intervienne le premier dispositif national de lutte contre la discrimination. Il s'agit du Programme Brésil, genre et race, dont l'adoption résulta d'une plainte déposée par les représentants des organisations de travailleurs lors d'une Conférence internationale du Travail, au début des années 1990 [8].

Cette même année 1995, le gouvernement brésilien lança le Programme de coopération technique, impliquant l'OIT et le ministère du Travail. De là naquit, en mars 1996, le Groupe de travail pour l'élimination des discriminations en matière d'emploi et de profession (GTEDEO). Il s'agit d'une structure tripartite (gouvernement, travailleurs et employeurs) dont la mission est d'élaborer un Plan d'action pour l'élimination des discriminations sur le marché du travail, sous l'angle du genre et de la race.

À l'échelle internationale, le retard de plusieurs pays dans la promotion de l'égalité des chances et dans la lutte contre les discriminations a donné lieu, en 1995, à la IVe Conférence mondiale sur les femmes (Beijing), qui s'est conclue par l'adoption d'une déclaration et d'un Programme d'action. Dans la même veine, le Cedaw a publié en 1999 un protocole rappelant aux États signataires leurs obligations de poursuivre « *par tous les moyens appropriés et sans retard, une politique tendant à éliminer la discrimination à l'égard des femmes* » [9]. Ce protocole, signé par le Brésil en 2002, réaffirmait que les États « *sont résolus à assurer le plein exercice par les femmes, dans des conditions d'égalité, de tous les droits fondamentaux et libertés fondamentales et de prendre des mesures efficaces pour prévenir les violations de ces droits et libertés* » (*ibid.*).

---

[8] En l'occurrence, le Brésil fut accusé de violation de la Convention n° 111. Ce fut sur la base de cette plainte, déposée en 1995 auprès de la 83e Conférence internationale du travail, que le gouvernement brésilien reconnut officiellement l'existence de discriminations sur le marché du travail et sollicita la coopération technique de l'OIT pour mener à bien les engagements qu'il avait pris en ratifiant la Convention n° 111.

[9] Voir : www.unhchr.ch

Néanmoins, en pratique, les organisations internationales (OIT et Onu) exercent peu de pressions vis-à-vis des gouvernements nationaux. Cela ne signifie pas que les conventions internationales visant à l'égalité des chances soient inutiles. De fait, elles constituent un support pour les gouvernements relativement sensibles à cette question ou désireux d'intervenir là-dessus par intérêt politique (dans une optique de marketing politique).

Outre les conventions internationales, il faut noter que la promotion de politiques égalitaires s'est également avérée cruciale pour mettre fin au régime militaire que le Brésil a connu de 1964 à 1985. Le processus de démocratisation a en effet conduit à réintégrer les droits humains dans la plate-forme d'action du gouvernement national, en incorporant ce thème dans le Plan des droits humains, ainsi que dans les conseils, les commissions parlementaires et les secrétariats spéciaux. Depuis lors, l'action des divers segments des mouvements sociaux, féministes et ethniques, a joué un rôle décisif pour l'insertion des questions de genre et de race dans les politiques publiques.

À la fin des années 1990 [10], des politiques d'un type nouveau visant à promouvoir l'égalité de genre ont vu le jour au Brésil. En 2002, le gouvernement a créé le ministère des Droits de la femme (Sedim) qui, en 2003, s'est transformé en Secrétariat spécial des politiques pour les femmes. Dans la foulée, le gouvernement brésilien a promu l'année 2004 'Année de la femme'. Les programmes et les activités lancés à cette occasion visaient à « *créer des conditions d'égalité et de justice quant à la place de la femme dans la société* » (SPM 2004, p. 95).

En 2004, le Brésil a lancé le Programme en faveur de l'égalité qui soutient les entreprises engagées dans l'adoption de pratiques de gestion favorisant l'égalité des sexes dans le milieu de travail [11]. L'adoption de cette mesure est venue s'ajouter à celles

---

[10] L'une des caractéristiques de cette nouvelle tendance consiste précisément à adopter des plans et des programmes d'action censés instaurer l'égalité des sexes. Jusque dans les années 1980, cette quête d''égalité' s'était pour l'essentiel limitée à modifier les lois de type discriminatoire vis-à-vis des femmes.

[11] À partir de là, un certain nombre d'entreprises publiques ont adhéré à ce programme, leur engagement étant dès lors valorisé publiquement par l'attribution du label Pró-Equidade de Gênero (pour l'égalité de genre).

qui ne prévoient pas de sanctions à l'encontre des entreprises pratiquant la discrimination.

À également été lancé, en 2004, le Plan national de politiques pour les femmes, lequel recense les engagements du gouvernement brésilien concernant la promotion des femmes dans tous les domaines, aussi bien économiques que sociaux [12].

De façon générale, la lutte contre le chômage et pour l'incitation à l'équité, l'autonomie et la promotion des femmes figure au cœur des préoccupations des instances étatiques chargées de promouvoir l'égalité des sexes. En 2004, la première Conférence nationale sur les politiques pour les femmes a défini quatre axes prioritaires, en tant que partie intégrante du Plan national des politiques pour les femmes : 1) autonomie et création d'emplois et de revenus ; 2) santé et droits sexuels et reproductifs [13] ; 3) lutte contre les violences ; 4) promotion d'une éducation non sexiste. Ces axes continuent à figurer dans le Plan national de politiques pour les femmes, remanié en 2013 (SPM 2013), parallèlement aux nouveaux champs d'action définis à cette occasion.

L'ampleur du territoire et la diversité qui en découle au plan régional ont conduit le pays à instaurer un réseau national unifié et décentralisé grâce au Plan national de politiques pour les femmes, ratifié par les divers États fédéraux et les municipalités de l'ensemble des régions du pays. Par le biais de ce pacte, les

[12] Ce plan intègre le principe de transversalité (*gender mainstreaming*) dans les actions développées, l'objectif étant de prévenir les discriminations potentielles découlant des politiques publiques (Dauphin 2008).

[13] Au Brésil, l'avortement est considéré comme un crime, sauf en cas de risque de mort pour la mère et en cas de viol. Ce dernier doit être dûment attesté devant la justice pour étayer la demande d'interruption de grossesse. En octobre 2015, un projet de loi (n° 5069) soumis par le député Eduardo Cunha a été approuvé par le Comité constitution et justice (CCJ) de la Chambre des députés. S'il était adopté, le fait de « pousser, encourager ou aider » une femme enceinte désirant avorter serait considéré comme un crime passible de trois ans de prison, y compris pour les médecins et les infirmières. Cela signifierait que les femmes sur le point d'avorter se présentant à l'hôpital ne pourraient recevoir des soins médicaux. Ceci étant, le débat sur l'avortement a été relancé en 2016 avec l'épidémie du virus Zika, particulièrement dévastateur pour les femmes enceintes. Transporté par les moustiques, ce dernier est à l'origine, chez les nouveaux-nés de ce pays, de centaines de cas de microcéphalie — une malformation très rare du cerveau.

uns et les autres s'engagent à élaborer des plans étatiques ou municipaux qui reprennent les objectifs du Plan national. Afin que l'élaboration des 'plans décentralisés' se fasse sur des bases démocratiques, États et villes s'appuient sur la contribution d'entités non gouvernementales ainsi que sur les commissions de droits des femmes créées à chaque niveau à partir des années 1980, au cours du processus de démocratisation du pays. Ces structures ont le statut d'instances consultatives et représentatives, qui contribuent au changement par une lutte constante pour l'égalité des sexes.

Bien qu'il soit difficile de mesurer l'impact exact des politiques gouvernementales visant à promouvoir l'emploi des femmes, l'adoption de ce type de mesures peut contribuer à atténuer certaines pratiques discriminatoires.

Dispositifs étatiques de politiques en faveur des femmes

Afin de mettre au jour les contradictions entre le discours et la pratique de l'État brésilien concernant la promotion de l'égalité des sexes, six entretiens ont été réalisés avec des actrices et acteurs publics, partie prenante des appareils étatiques chargés de cet objectif.

Ces entretiens ont révélé de façon réitérée la forte influence des mouvements sociaux et féministes quant aux propositions formulées par les organes en question. Pour sa part, la sous-secrétaire des programmes et actions thématiques du Secrétariat spécial des politiques publiques en faveur des femmes déclare :

> *Dans tous nos débats, ou pour les décisions à prendre, quelle que soit la politique concernée, nous en référons aux diverses tendances du mouvement* [...]. *Parallèlement aux échanges avec le gouvernement, nous discutons avec le mouvement* (entretien n° 1).

Le dialogue avec le gouvernement, notamment au travers du Conseil national des droits des femmes (CNDM), n'a pas empêché les mouvements sociaux, les mouvements féministes et les mouvements de femmes d'exercer une pression pour se faire entendre. Alors même que le Programme pour la promotion de l'égalité en matière de genre, de race et d'ethnie du ministère du Développement agraire poursuivait le dialogue avec les mouvements sociaux ruraux, plusieurs marches nationales ont été organisées ces dernières années en direction de la capitale fédérale, telle la Marche des Marguerites ou la Marche des travailleuses rurales. À propos du mouvement qui regroupe ces dernières, la coordinatrice du programme Genre, sexe et race du Fonds de développement des Nations unies pour la femme (Unifem), a déclaré :

> *En ce qui concerne le marché du travail, je pense que ce sont les travailleuses rurales dont la présence a le plus pesé dans l'élaboration des politiques adoptées* (entretien n° 2).

Les interviews ont également souligné l'importance que revêt la question de la prise de conscience pour progresser dans la construction et la consolidation de l'égalité de genre. Il s'agit en effet de l'une des priorités des appareils d'État chargés de l'égalité des chances, car sensibiliser les divers acteurs et actrices apparaît essentiel pour favoriser un quelconque changement dans ce domaine.

À ce propos, la première interlocutrice fait remarquer qu'au Brésil, « *les politiques publiques ne se conçoivent pas encore comme des dispositifs s'adressant aux femmes, dans une optique de genre. Cela rend donc le dialogue difficile à tous les niveaux, y compris pour faire l'interface avec le gouvernement fédéral* ».

Il ressort par ailleurs de l'entretien que cette difficulté résulte avant tout du caractère patriarcal et machiste de la culture nationale brésilienne — un trait qui vaut aussi pour les dirigeants gouvernementaux. Cette même interlocutrice a lourdement insisté en affirmant :

> *Le gouvernement continue à réfléchir en termes des plus conventionnels, dans ce pays dont on peut dire qu'il est imprégné par une culture patriarcale et machiste. C'est indéniable : nous sommes le fruit de cette culture. Donc, nos dirigeants, nos leaders, les fonctionnaires publics pensent de cette manière.*

La difficile relation entre plates-formes pour l'égalité de genre et culture patriarcale s'avère encore plus sensible dans les zones rurales. C'est ce qui ressort des propos de la troisième personne interrogée, laquelle coordonne le Programme pour la promotion de l'égalité en matière de genre, de race et d'ethnie du ministère du Développement agraire. À la question portant sur les difficultés rencontrées dans la mise en œuvre des objectifs de ce programme, elle répond :

> *Le travail féminin intervient dans la sphère de la reproduction familiale* [...]. *Cela confère une très forte invisibilité, un manque de reconnaissance au rôle des femmes dans l'économie. Il en résulte que, même quand elles ont accès à la terre par héritage, elles n'héritent pas des parcelles productives. En outre, par-delà la question de la terre, dans les unités familiales et plus généralement dans les communautés rurales, les femmes ne sont pas reconnues en tant qu'individus détenant des connaissances dans le domaine productif, capables d'assurer la gestion de la production, de se procurer des financements. La figure masculine continue à s'imposer comme seule apte à faire le pont entre l'unité familiale et les institutions publiques ou privées susceptibles d'apporter une aide à la production. L'invisibilité des femmes en tant que citoyennes contribue à ce qu'elles ne détiennent même pas une citoyenneté formelle. Voici longtemps, dans les années 1980, la pratique en vigueur — qui perdure, quoique de façon nettement moindre — voulait que puisque le chef de famille, le mari, le père détenait des documents officiels, les femmes, elles, n'en avaient pas besoin. Ce fait, à lui seul, leur interdisait tout accès aux politiques publiques.*

Les résistances liées à la culture machiste sont évoquées tout au long des divers entretiens, et elles se font d'autant plus sentir dans les régions du Nord et du Nordeste, où le poids du patriarcat est plus accusé.

Un autre point mentionné concerne la faible reconnaissance de la problématique du genre dans le monde politique. Selon la Secrétaire municipale pour les femmes de la ville de São Luís (entretien n° 4), de nombreuses femmes qui font partie de ce milieu ne sont sensibles qu'à un seul aspect de l'égalité des sexes : à savoir l'obtention de la parité en politique. Aussi beaucoup d'entre elles, y compris parmi les élues, ne sont-elles pas prêtes à lutter contre les discriminations de sexe.

Cette même personne ajoute qu'au niveau régional, le débat sur l'intégration de la dimension de genre en politique est inexistant. Pour qu'il advienne, il faudrait disposer de statistiques sexuées sur les mesures mises en place par les États. Le manque d'études sur l'impact des actions en faveur de l'égalité des sexes, de l'autonomie et de l'*empowerment* des femmes a également été évoqué par les interlocutrices n° 5 et 6 — respectivement coordonnatrice de l'Observatoire du marché de l'emploi du ministère du Travail, et cheffe de projet du Secrétariat spécial des politiques à l'endroit des femmes. Cela explique le manque d'intérêt des dirigeants pour la production d'études et de données détaillées sur les inégalités de sexe, notamment au niveau régional.

Le peu d'attention vis-à-vis de la problématique du genre vaut aussi pour les syndicats. À l'échelle nationale, il existe des partenariats entre centrales syndicales brésiliennes, telle la Centrale unitaire des travailleurs (Cut), créée en 1983. En 1987, la Cut a créé une Commission nationale sur la question des femmes au travail. En 1993, elle a instauré une politique de quotas qui a réduit quelque peu le déséquilibre existant dans la composition des directions de cette fédération (Bezerra de Lima *et al.* 2006). En 2003, ont été créés le Secrétariat national et les secrétariats des États sur les femmes au travail, ainsi que le Collectif national des femmes de la Cut.

Cependant, comme le souligne la personne interviewée dans l'entretien n° 1, les partenariats avec les syndicats sont nettement moins étroits qu'avec le mouvement des femmes. Outre le fait qu'il s'agit d'un univers éminemment masculin, l'une des explications de ce phénomène, selon l'interlocutrice n° 2, réside dans le fait que « *le mouvement syndical, durant longtemps, a accrédité l'idée que revendiquer des droits pour les femmes et recruter ces dernières revenait à diviser la classe ouvrière* ».

Un autre point évoqué concerne la difficulté à passer des accords de coopération avec d'autres organes étatiques (via le *gender mainstreaming*), et à mobiliser des fonds pour des actions visant à promouvoir l'égalité. Le manque de ressources apparaît presque systématiquement comme l'un des obstacles majeurs pour intégrer la dimension de genre dans les politiques publiques. La personne interviewée dans l'entretien n° 6 déclare à ce propos :

> *Précisément parce qu'il est axé sur des actions de prise en charge de la thématique du genre dans les politiques publiques à l'endroit des femmes, notre budget, comparé à ceux des grands ministères dont les champs d'action sont jugés essentiels par le gouvernement (éducation, travail, santé, etc.), est dérisoire.*

Elle souligne ensuite que bon nombre des actions du Secrétariat ne nécessitent pas d'argent, mais un soutien et que « *pour l'instant, il faut nouer des liens, d'un point de vue institutionnel, avec les partenaires politiques prêts à nous appuyer et qui adhèrent à nos objectifs* ». Mais lorsqu'on l'interroge sur l'existence d'études évaluant l'impact des actions engagées, elle contredit ce qui précède en affirmant :

> *Le gros problème auquel nous sommes confrontés concernant ces engagements* [le soutien des partenaires], *c'est qu'ils soient conçus sur le long terme et qu'ils soient viables financièrement.*

Autrement dit, 'l'appui de partenaires' suppose un budget spécifique qui, à ce jour, selon l'interlocutrice n° 1, « *ne permet pas de répondre à la demande existante* ». Elle précise que la difficulté d'obtenir des ressources va à l'encontre du principe de transversalité du genre. En ce sens, fait-elle observer :

> *Notre budget est minime, il est faible, il ne tient pas compte de la demande qui est la nôtre, et obtenir des fonds d'autres ministères pour la question des femmes s'est également avéré un enjeu presque insurmontable. Nous avons obtenu très peu d'argent.*

Les données recueillies montrent que c'est vrai au niveau national, tout comme au niveau régional et municipal. Concernant l'importance de disposer de moyens financiers pour engager une quelconque action visant l'égalité des sexes, l'interlocutrice n° 1 précise qu'au Brésil, « *si vous n'avez pas de budget, les maires ne veulent rien savoir, ils n'entrent même pas en matière, aucune négociation, aucune discussion n'est possible* ».

Toujours sur le thème des fonds disponibles, la personne interviewée dans l'entretien n° 5 déclare pour sa part :

> *La demande des femmes est une demande sociale qui apparaît constamment dans le débat sur la mise en place du système public d'emploi. Ce dernier est clair quant à la nécessité de 'privilégier' les groupes défavorisés de la population, mais à part cela, il n'existe pas encore d'actions spécifiques et donc, jusqu'ici, il n'y a pas de budget disponible sur cette base.*

Cela signifie qu'en dépit de la demande, et bien que le gouvernement ait lancé un Plan national de politiques pour les femmes précisant les objectifs à atteindre, le ministère du Travail et de l'Emploi ne dispose d'aucune plate-forme ni d'aucune enveloppe spécifique à cet endroit.

De manière générale, le contenu des entretiens montre que les difficultés rencontrées par les 'fémocrates' sont constantes. Pour surmonter ces obstacles, la solution consiste à former et à sensibiliser les fonctionnaires. Cet objectif sous-tend également le financement — après sélection rigoureuse, vu le manque de ressources — de projets associatifs émanant d'organisations de femmes ou d'organisations non gouvernementales. Il s'agit de programmes visant à sensibiliser et à changer les comportements quant au rôle des femmes dans la société dans son ensemble. C'est aussi une façon de répartir les tâches et de réduire les coûts, tout en répondant un minimum aux demandes sociales.

Si les résultats des actions engagées par les organes étatiques chargés de la promotion de l'égalité de genre s'avèrent assez marginaux, cela n'implique pas qu'ils soient dénués d'importance. À vrai dire, plusieurs éléments se conjuguent, qui limitent les actions engagées et l'efficacité de ces dispositifs, au point d'en menacer fréquemment le bien-fondé. De nombreux facteurs conjoncturels contribuent en effet à cette 'crise de légitimité', depuis l'arrivée au pouvoir de gouvernements conservateurs dont les intérêts spécifiques excluent totalement la promotion des femmes, jusqu'aux contextes de crise économique, comme c'est le cas au Brésil depuis 2013 : les préoccupations liées à l'égalité des sexes redeviennent alors des questions d'ordre secondaire.

À cela s'ajoute le processus de déréglementation du marché du travail impulsé par les gouvernements brésiliens successifs depuis les années 1990, avec l'adoption de politiques de flexibilisation de l'emploi dont les conséquences se sont révélées plus perverses pour les femmes (Sabóia 2015).

Soulignons en outre que les politiques de flexibilisation de l'emploi adoptées au Brésil sont à l'image de l'équilibre des forces en présence, à l'heure actuelle. Les obstacles rencontrés par les divers acteurs publics chargés de la mise en œuvre de politiques d'égalité de genre concernent nombre de points évoqués par les personnes interviewées. Ces difficultés soulignent l'écart entre la rhétorique gouvernementale (pro-égalité) et la pratique concrète, qui reste discriminatoire à l'égard des femmes et qui est fondée sur une hiérarchie des rapports sociaux de sexe.

Bien que les femmes aient obtenu la reconnaissance formelle de l'égalité, dans les faits, la véritable parité en droits et en devoirs, ainsi que la reconnaissance de leurs aptitudes sont des idéaux non encore atteints. En effet, la discrimination à l'égard du travail des femmes demeure une réalité, même si le principe de l'égalité et son corrélat, la non-discrimination, constitue, du moins dans le discours, l'un des « *fondements des démocraties modernes* » (Borrillo 2003, p. 5).

Il est vrai que durant les gouvernements se disant de gauche (Lula et Dilma Rousseff), certains progrès ont eu lieu quant à l'adoption de normes étatiques ou de programmes visant à lutter contre les discriminations de sexe. Toutefois, des gestes comme la création du Secrétariat spécial des politiques publiques pour les femmes au Brésil (sous le gouvernement Lula) ne sauraient occulter les véritables raisons pour lesquelles ces expériences 'de gauche' ont été entreprises. Répondre, ne serait-ce que de façon minimaliste, aux exigences des mouvements sociaux, de féministes et de femmes apparaissait relativement important, puisque ces derniers avaient fortement soutenu lesdits gouvernements au moment des élections.

Dans la pratique, l'expérience brésilienne a constitué une nouvelle façon de traiter la 'question sociale' du genre, en créant une fausse image de l'État en tant qu'appareil *neutre*. Dévoiler ce piège constitue à nos yeux une étape indispensable pour mieux saisir en quoi l'augmentation quantitative de l'emploi des femmes et la mise en œuvre d'actions favorisant leur autonomie, ou la création de postes et de revenus les concernant n'ont pas entraîné de réduction substantielle des inégalités de sexe sur le marché du travail.

L'écart entre discours et pratique prend tout son sens à la lumière de ce que Montaño (2002) nomme les véritables fonctions économiques, politiques et sociales de l'État. Ces fonctions — qui prennent l'apparence de l'octroi de services (politiques sociales d'emploi, sécurité sociale, promotion de l'égalité, *etc.*) — deviennent plus claires quand on les appréhende comme processus historique. Par-delà les changements qu'elles subissent dans le temps et dans l'espace, leur rôle reste de préserver la productivité du système capitaliste et son objectif principal : l'extraction de la plus-value et l'accumulation de richesses. Aussi peut-on affirmer avec Mészáros :

> *Le capital a imposé sa domination sur le terrain de la production matérielle, parallèlement à l'essor des pratiques politiques totalitaires qui ont façonné l'État moderne.* (Mészáros 2006, p. 106).

Et c'est le lien organique existant entre l'un et l'autre qui a rendu la chose possible.

Cependant, le processus historique qui sous-tend les fonctions de l'État découle d'une dynamique sociale d'ensemble, des luttes sociales, dont celles des féministes contre la domination. Cela signifie que l'État constitue aussi une sphère importante pour les conquêtes sociales (Montaño 2002). C'est un espace de luttes individuelles et sociales, ponctuelles ou générales, sectorielles ou de classe, d'urgence et immédiates, ou structurelles et indirectes. Car tout comme la société civile, l'État est aussi une arène de luttes, imprégné qu'il est de différences et d'antagonismes.

* *
*

Au cours des deux dernières décennies, une série de mesures visant à promouvoir l'égalité des sexes ont été adoptées au Brésil, suite aux luttes des mouvements sociaux nationaux qui s'appuyaient sur les conventions internationales. Ces derniers ont exercé de fortes pressions en faveur de politiques égalitaires, y compris dans le monde du travail.

De cette mobilisation, sont issus : le Programme Brésil, genre et race (1995), le Groupe de travail pour l'élimination de la discrimination en matière d'emploi et de profession (1996), le Secrétariat des droits de la femme (2002), le Secrétariat spécial des politiques pour les femmes (2004) et le Programme pour l'équité entre les sexes (2004). Cette même année, le Brésil a lancé le Plan national de politiques pour les femmes (remanié en 2013 – SPM 2013), qui comprend les engagements du gouvernement en matière de promotion des femmes dans toutes les sphères de la vie économique et sociale.

Cependant, dès lors que l'on examine les pratiques étatiques dans ce domaine, on ne saurait s'en tenir aux apparences. Car le discours en faveur de la promotion de l'égalité des sexes n'a pas donné lieu à l'octroi des moyens matériels nécessaires. Non seulement les ressources financières allouées sont fort insuffisantes, mais les instances étatiques chargées de cette question disposent généralement d'une très faible légitimité, y compris aux yeux des autres instances gouvernementales. Cela conduit les 'fémocrates' à mener des actions qui, pour l'essentiel, se limitent à sensibiliser les acteurs publics et privés, et dont les résultats sont difficilement perceptibles à court et à moyen terme.

Les contradictions inhérentes aux discours politiques des gouvernements brésiliens ne résident pas seulement dans le manque de ressources et de légitimité propre aux instances étatiques chargées de promouvoir l'égalité. Elles se combinent avec une absence totale de sanctions à l'égard des entreprises publiques et privées qui n'appliquent pas les principes de l'égalité des sexes. Tous ces facteurs conduisent à affirmer que le principe de partialité (et non de neutralité) entache l'action de l'État.

Dans cette optique, les opérations censées promouvoir l'égalité de genre ont entraîné une fausse perspective de changement social, notamment à propos de la participation du milieu entrepreneurial. Car en réalité, cette idée de 'partenariat' entre le gouvernement et le monde de l'entreprise, à l'origine notamment du Programme pour l'équité entre les sexes, fait fi de la contradiction entre capital et travail en vertu de laquelle les intérêts de la classe ouvrière et ceux du capital sont divergents, puisque l'exploitation du travail est au fondement de l'accumulation de richesses.

De façon générale, les engagements pour la promotion de l'égalité de genre ont été pris en réponse aux luttes pour l'émancipation des femmes et contre la domination masculine.

Traduit du portugais (Brésil) par Jacqueline Heinen

Références

Balibar Étienne (1997). *La crainte des masses : politique et philosophie avant et après Marx*. Paris, Galilée.

Bezerra de Lima Maria Ednalva *et al.* (2006). *Mulheres na CUT: uma história de muitas faces*. São Paulo, Secretaria Nacional sobre a Mulher Trabalhadora – SNMT.

Borrillo Daniel (ed) (2003). *Lutter contre les discriminations*. Paris, La Découverte.

Brasil, Constituição (1988). *Constituição da República Federativa do Brasil de 1988*. Brasília, Senado Federal.

Dauphin Sandrine (2008). « Promotion de l'égalité des sexes en France : continuité et rupture ». *Cahiers du genre*, n° 44.

Maupain Francis (2000). « L'OIT devant le défi de la mondialisation. De la réglementation à la régulation internationale du travail ? ». In de Senarclens Pierre (ed). *Maîtriser la mondialisation : la régulation sociale internationale*. Paris, Presses de Sciences Po.

Mészáros István (2006). *Para Além do Capital*. São Paulo, Boitempo.

Montaño Carlos (2002). *Terceiro setor e a questão social: crítica ao padrão emergente de intervenção social*. São Paulo, Cortez.

OIT (1981). *Normes et déclarations de principes intéressant particulièrement les travailleuses*. Genève, BIT.

Sabóia Vivian Aranha (2015). "O emprego das mulheres face ao neoliberalismo e a flexibilização do emprego na França e no Brasil". In Gomes de Lucena Fátima (ed). *Saber, prever, cuidar: estudos sobre o tráfico de seres humanos*. Recife, EDUFPE.

SPM / Secretaria Especial de Políticas para as Mulheres (2004). *Plano Nacional de Politicas para as Mulheres*. Brasilia, Presidência da República.

— (2013). *Plano Nacional de Políticas para as Mulheres 2013-2015*. Brasília, Presidência da República.

Que vont devenir les actions du Secrétariat de politique pour les femmes (SPM) au Brésil ?

Lourdes Maria Bandeira [1]

Nous avons reçu avec étonnement l'annonce, de la part du nouveau ministre de la Justice, Alexandre de Moraes, d'un programme de mesures visant à combattre les violences contre les femmes, qui sera géré par la Police fédérale. Le ministre n'a donné ni les détails ni les coûts des actions qui seront mises en pratique ; il n'a pas davantage mentionné les politiques publiques déjà existantes au Brésil concernant cette question.

Le Secrétariat de politique pour les femmes (SPM) [2], depuis sa création en 2003, a réalisé 400 actions relatives au 3e Plan national de politique pour les femmes (PNPM 2013-2015). Le processus d'élaboration de ce 3e Plan est le résultat des revendications et des demandes des femmes, fruits des mouvements sociaux, et compte avec la participation de la société civile, du mouvement des femmes des zones rurales et urbaines, des féministes, d'une part ; des organismes des États du Brésil et

---

[1] Sociologue, professeure à l'Université Nationale de Brasilia – UNB – et coordinatrice du Centre d'études et de recherches sur les femmes – NEPEM). Une première version de cet article a été publiée en portugais dans un quotidien, *Correio Braziliense*, Cahier "Opinião" de Brasilia, Brésil, le 9 juin 2016, p. 13.

[2] NDLT. Le Secrétariat de politique pour les femmes (SPM) avait le statut de ministère et la secrétaire, Eleonora Menicucci, le statut de ministre, jusqu'à l'éviction (l'*impeachment*) de Dilma Rousseff de la Présidence de la République du Brésil en mai 2016. Depuis, l'ancien SPM a été supprimé et le nouveau a été relégué à un statut de secrétariat rattaché au ministère de la Justice.

des organismes municipaux de politiques pour les femmes, dont la présence dans les conférences n'a jamais été inférieure à 3 000 participantes, d'autre part.

Les femmes réunies dans ces conférences représentent les femmes brésiliennes (52 % de la population du pays), elles sont à la fois sujets et actrices tant de leurs propres vies que de la construction d'un Brésil sans exclusions et sans inégalités. La 4e Conférence nationale de politique pour les femmes, qui s'est tenue à Brasilia du 10 au 13 mai 2016, a confirmé les principales lignes d'action du 3e Plan national de politique pour les femmes, concernant notamment la lutte contre toutes les formes de violence contre les femmes et celle contre le racisme, le sexisme et la lesbophobie.

Depuis 2005, le SPM a créé la Centrale d'écoute des femmes — « Faites le 180 » —, qui en dix ans de prestations de services a pu répondre à 4 millions et demi de femmes en situation de violence. En 2006 la loi Maria da Penha [3] a été promulguée ; son article 1 énonce les mécanismes visant à prévenir et stopper les violences domestiques et familiales contre les femmes, dans les termes du § 8 de l'article 226 de la Constitution fédérale, respectant ainsi les termes de la Convention pour l'élimination de toutes les formes de violence contre les femmes et d'autres traités internationaux ratifiés par la République fédérative du Brésil.

La loi Maria da Penha porte sur la création de tribunaux concernant la violence domestique et familiale contre les femmes et établit des mesures d'aide et de protection pour celles qui sont en situation de violence domestique. Dans son article 2, cette loi définit que toute femme, indépendamment de sa classe, sa race, son ethnie, son orientation sexuelle, ses revenus, sa culture, son niveau d'éducation, son âge et sa religion, doit jouir des droits

[3] NDLT. La loi n° 11.340 a reçu cette dénomination pour rendre hommage à Maria da Penha Maia Fernandes, qui a subi des violences domestiques pendant vingt-trois ans de mariage. Victime de deux tentatives d'assassinat, elle est devenue paraplégique en 1983. Son mari a été condamné à dix-neuf ans, mais n'a fait que deux ans de prison ferme, ce qui a conduit Maria da Penha à une dénonciation auprès du Comité interamericain des droits humains de l'OEA qui a condamné le Brésil pour ne pas avoir de législation punissant les violences domestiques.

fondamentaux inhérents à la personne, et doit être assurée des opportunités et des facilités pour vivre sans violence, préserver sa santé physique et mentale et son perfectionnement moral, intellectuel et social. Cette loi, en élargissant le concept de violence, caractérise aussi sa spécificité : la violence sexuelle est comprise comme tout comportement qui oblige une femme à avoir un rapport sexuel non désiré, par intimidation, menace, coercition ou usage de la force. De tels comportements peuvent obliger une femme à commercialiser et à utiliser son corps et sa sexualité, entraînant le viol, l'avortement ou la prostitution.

Il faut noter l'importance du SPM dans la réalisation du Comité parlementaire mixte d'enquête sur la violence contre les femmes au Brésil (CPMIVM, 2013), qui a dressé la cartographie de la violence contre les femmes dans les 27 États de la Fédération brésilienne, et à partir de laquelle a été constituée une typification des crimes de féminicide. La loi Maria da Penha a modifié le code pénal pour y inclure cette modalité d'homicide qualifié de féminicide, conceptualisé comme un crime pratiqué contre les femmes, du fait de leur sexe. Le Brésil constitue actuellement une référence pour plusieurs pays quant à son avancement législatif et juridique dans le combat contre les violences envers les femmes.

Dans ce panorama, on a un sentiment aigu d'étonnement en écoutant le discours inaugural du mandat du Président par intérim Michel Temer : « [...] *nous devons affirmer le prestige de ce qui a porté ses fruits, les compléter, les améliorer et insérer d'autres programmes qui soient utiles pour le pays. J'exprime, donc, notre implication avec ces réformes* ». Je demande : avec l'initiative proposée, où est le prestige de ce qui a bien marché ? Où sont les améliorations ? Où seront les programmes qui seront utiles au pays ?

Sans vouloir déqualifier la compétence méritoire de la Police fédérale, je demande : où est l'action du SPM dans l'ensemble des politiques publiques destinées au combat contre la violence envers les femmes ? Qui a appliqué le décret n° 7958, qui formule des orientations pour l'accueil des victimes de violence sexuelle par les professionnelles de la sécurité publique et par le réseau d'accueil du Système unique de santé (SUS), dans le cas récent de l'adolescente de 16 ans qui a été victime d'un viol en réunion ? Est-ce que le SPM, réduit désormais à une instance de troisième catégorie, invisibilisé et délégitimé parmi d'autres services, pourra maintenir son rôle d'acteur des politiques publiques pour les femsmes ? *Des sombres temps*, comme disait Hannah Arendt [4], surgissent aujourd'hui à l'horizon des femmes brésiliennes.

Traduit du portugais (Brésil) par Helena Hirata

[4] NDLT. « De l'humanité dans de sombres temps », discours de Hannah Arendt à la réception du prix Lessing à Hambourg le 28 septembre 1959. In *Vies politiques*, Paris, Gallimard, 1974.

Contents

Critical Analysis and Materialist Feminisms

Abstracts

Maxime Cervulle — *The Heart of the Matter. Feminist Controversies Over Materialism*

Based on a re-reading of the controversy that arose in 1979 between Christine Delphy and the British authors Michèle Barrett and Mary McIntosh, this article aims to reconsider the nature of the tension between the materialist and post-structural strains of feminism that emerged in France from the 1990s. These two historically successive disputes indeed appear to have at their heart a similar conflict, which is related to differing conceptions of materialism. This investigation of what the "Marxian method" used by Delphy left aside, echoes the theoretical conflicts that characterize the receptions of feminist thinking on both sides of the Atlantic and of the English Channel. Returning to the British intellectual context within which the 1979 controversy developed allows the author to elucidate some of the dynamics at work in the contemporary divide, which, in feminist theories, artificially opposes idealism and materialism. In addition, it also allows an exploration of the connections that unite cultural studies and post-structuralist feminism.

FEMINIST THEORIES — MATERIALISM — POST-STRUCTURALISM — MARXISM — CULTURAL STUDIES

Sylvia Walby — *Post-Post-Modernism? Theorizing Social Complexity*

'Post-post-modernism? Theorizing social complexity' was first published in 1992 as part of a collection of papers discussing developments in feminist theory. It recognises the difficulties with traditional theories of society, especially with respect to large scale social processes, but refuses the post-modernist response to these problems. It insists on the need for a global horizon (although this section is cut from this new edition) and for the continuing need to theorise large scale social change, class and inequality. This article was a forerunner of recent work on complexity theory.

POST-MODERNISM — PATRIARCHY — THEORIES OF SOCIAL COMPLEXITY — INEQUALITIES (OF GENDER, RACE, CLASS)

Jules Falquet — *The straight Matrix. Race, Class, Gender and Political Economics: Materialist and Decolonial Analysis*

This article starts by reviewing the contributions of francophone materialist feminists – mainly Guillaumin, Wittig, Tabet and Mathieu. They have transformed the concept of 'labour', by theorising the appropriation of bodies as 'machines with labour power'. They have shown that sexuality can be understood as labour, in continuity with existing gender-related social relations, and they have profoundly denaturalised motherhood. The author then puts forward the concept of 'straight matrix'. Governing at once union by marriage and filiation, and organising the simultaneous and historical dynamics of social relations connected to gender, race and class, straight combinatorics constitutes a new tool for analysing social reproduction and analysing the historical development of capitalism, but also the current neoliberal reality, in a perspective that connects with parts of Latin-American and Caribbean decolonial feminism.

SOCIAL RELATIONS (GENDER, RACE, CLASS) — SOCIAL REPRODUCTION — SEXUALITY — POLITICAL ECONOMY OF GENDER — LESBIANISM

Patricia Hill Collins — *The Sexual Politics of Black Womanhood*

Starting from the observation that black women tend to be silent about their sexuality, and that this subject is invisible or only partially explored in black studies or feminist research in general, this text provides an overview of the various possible approaches to sexuality, and in particular that of black women. While sexuality can be thought of as an autonomous system of oppression working in parallel to other systems based on race, class, nation or gender, we can also view it as a particular element within each specific system of oppression. But the analysis of pornography, of prostitution and of rape rather invites us to think of it as a "site of intersectionality" where different systems of oppression meet and intersect.

SEXUAL POLICIES — SEXUALITY — BODY — VIOLENCES AGAINST BLACK WOMEN — INTERSECTIONALITY — RACISM — HETEROSEXISM

Danielle Juteau — *A Materialist Feminist Paradigm of Intersectionality*

The materialist feminist paradigm of intersectionality introduces gendered social relations into intersectional analysis. Being *materialist*, it exposes what comes before social categories, the relations that constitute them as differentiated, hierarchical, antagonistic and indivisible; being *materialist feminist*, it investigates the relationship of appropriation that leads to the creation of gender classes as an explanatory factor in the inequalities between men and women. The analysis of the violence to which women are subjected highlights its specific contribution.

MATERIALIST FEMINISM — INTERSECTIONALITY — SOCIAL RELATIONS (GENDER, CLASS, RACE) — VIOLENCES AGAINST WOMEN

Alexis Cukier — *On the Political Centrality of Labour: The Contributions of Materialist Feminism*

This article examines the contributions of materialist feminism in terms of thinking about the political centrality of labour, and more particularly about the function of labour within the project of democratizing of all social relations. It starts by analysing how materialist feminism transforms our understanding of the concept of labour, then looks into the issue of the specific relationship of the class of women to labour, and finally explores the problem of the relationship between a feminist labour policy and the state. It argues that materialist feminism allows us to oppose the perspective of 'democratic labour' to neoliberalism, by insisting on the necessary critical purchase of such labour.

MATERIALIST FEMINISM — LABOUR (CONCEPT OF) — SOCIAL RELATIONS — CLASS OF WOMEN — DEMOCRATIC LABOUR

Xavier Dunezat — *The Sociology of Gendered Social Relations: a Feminist and Materialist Reading of Relationships between Men and Women*

This article presents the main contributions made by the school of thought known as the sociology of gendered social relations to French materialist feminism. First, it summarizes the premises of this theory and the tensions out of which it arose. It then shows how three major epistemic contributions from this school (the gendered division of labour, social relations, consubstantiality) provide the foundations for a materialist sociology of social relations and of their articulation. Finally, it explores 'emancipatory work' by highlighting the ambivalences that structure the production of dominated subjectivities, the dynamics that lead to people becoming politically active, and the organisation of activist work.

MATERIALIST FEMINISM — GENDER-RELATED SOCIAL RELATIONS (SOCIOLOGY OF) — SOCIAL RELATIONS (GENDER, CLASS, RACE) — ACTIVIST WORK — EMANCIPATION

Evelyn Nakano Glenn — *Creating a Caring Society*

Creating a society that recognizes the value of caring labor is critical to resolving the contemporary crisis of care. Unpaid caring has been treated as a family obligation rather than a public societal contribution, while paid caring has been assigned disproportionately to devalued sections of the population that are stereotyped as inferior, such as women of color and immigrant women. Thus caring labor and those who do it are devalued. A caring society would recognize caring as real work, view care receivers as full citizens entitled to care, and acknowledge that caregivers perform a valuable societal service. Reaching these goals would require us to rethink such basic concepts as social citizenship and to institute changes in paid caring and employment practices to accommodate workers' caring responsibilities.

CARE — CARE WORK — SOCIAL CITIZENSHIP — UNITED STATES — FAMILY — RACIAL DIVISION OF LABOUR

* * *

Vivian Aranha Sabóia — *Regulation of Female Labour in Brazil: Between Progress and Resistance*

Feminist struggles and the struggles of women for gender equality have sparked a series of international measures that go back over half a century, aimed at fighting discrimination. Thanks to social struggles, these have been ratified by Brazil and have led, over the course of the past twenty years, to the adoption of numerous tools for the promotion of gender equality. However, as this article shows, the legal provisions in question are not enough to cancel out the inequalities weighing upon women's professional lives.

BRASIL — WOMEN EMPLOYMENT — GENDER DISCRIMINATIONS — PUBLIC POLICIES — RESISTANCES

Índice

Análisis crítico y feminismos materialistas

Resúmenes

Maxime Cervulle — *Materia a pensar. Controversias feministas sobre el materialismo*

A partir de una relectura de la controversia que, en 1979, opusó Christine Delphy a las británicas Michèle Barret y Mary McIntosh, este artículo propone de reconsiderar la naturaleza de la tensión entre feminismos materialistas y posestructuralistas que emergió en Francia a partir de los años 1990. Estas dos disputas, que se suceden históricamente, aparecen en efecto atravesadas por un mismo conflicto, relativo a la concepción del materialismo. Este cuestionamiento sobre el fuera de campo del 'método marxiano' que ha tomado prestado Delphy hace eco a los conflictos teóricos que caracterizan las recepciones cruzadas de los modelos feministas de los dos lados del Atlántico y de la Mancha. Un regreso sobre el contexto intelectual británico, en el cual se desarrolló la controversia de 1979, permitirá de aclarar algunas de las dinámicas del desacuerdo contemporáneo que, en el seno de las teorías feministas, opone artificialmente idealismo y materialismo. Esto autorizará además una exploración de los vínculos que unen los *cultural studies* y el feminismo posestructuralista.

TEORÍAS FEMINISTAS — MATERIALISMO — POSESTRUCTURALISMO — MARXISMO — *CULTURAL STUDIES*

Sylvia Walby — *¿Posposmodernismo? Teorizar la complejidad social*

El artículo « ¿Posposmodernismo? Teorizar la complejidad social » fue publicado por la primera vez en 1992, conjuntamente a una serie de otros sobre los desarrollos de la teoría feminista. Este apunta las dificultades que tienen las teorías sociales tradicionales para dar cuenta, en particular, de los procesos sociales a gran escala, pero recusa las respuestas dadas por las posmodernistas. Se ponen en evidencia la necesidad de una perspectiva global — punto que no es retomado aquí — y la necesidad permanente de teorizar el cambio social en su conjunto, en términos de clase y de desigualdad. Este articulo juega un papel precursor en las producciones recientes sobre la teoría de la complejidad.

POSMODERNISMO — PATRIARCADO — TEORÍAS DE LA COMPLEJIDAD SOCIAL — DESIGUALDADES (DE SEXO, RAZA, CLASE)

Jules Falquet — *La combinatoria straight. Raza, clase, sexo y economía política: análisis materialistas y decoloniales*

El artículo presenta primero los aportes de las feministas materialistas francófonas — principalmente Guillaumin, Wittig, Tabet y Mathieu. Transformaron la noción de "trabajo", al analizar la apropiación de los cuerpos como máquinas-de-fuerza-de-trabajo. Demostraron que la sexualidad podía ser aprehendida como un trabajo, en el marco de las relaciones sociales de sexo prevalecentes, y desnaturalizaron profundamente la maternidad. Jules Falquet propone luego el concepto de "combinatoria *straight*". Regiendo tanto la alianza como la filiación, y organizando las dinámicas simultáneas e históricas de las relaciones sociales de sexo, raza y clase, la combinatoria *straight* constituye una nueva herramienta para analizar la reproducción social y para pensar tanto el desarrollo histórico del capitalismo, como la actualidad neoliberal, en una perspectiva que converge con parte del feminismo decolonial latinoamericano y del Caribe.

RELACIONES SOCIALES (SEXO, RAZA, CLASE) — REPRODUCCIÓN SOCIAL — SEXUALIDAD — POLÍTICA ECONÓMICA DE LOS SEXOS — LESBIANISMO

Patricia Hill Collins — *¿Qué políticas sexuales para las mujeres negras?*

Partiendo de la constatación del silencio de las mujeres negras sobre su sexualidad, de la invisibilidad o del tratamiento parcial de este objeto en las investigaciones negras y feministas en general, este texto muestra el panorama de los diferentes enfoques posibles de la sexualidad, aquella de las mujeres negras en particular. Si la sexualidad puede pensarse como un sistema de opresión autónomo paralelo a los otros sistemas de raza, clase, de nación y de género, podemos también pensarla como un elemento particular de cada sistema específico de opresión. Sin embargo el análisis de la pornografía, de la prostitución, de la violación invita más bien a pensarla como un "sitio de la interseccionalidad" donde se encuentran y se entrecruzan diferentes sistemas de opresión.

POLÍTICAS SEXUALES — SEXUALIDAD — CUERPO — VIOLENCIAS CONTRA LAS MUJERES NEGRAS — INTERSECCIONALIDAD — RACISMO — HETEROSEXISMO

Danielle Juteau — *Un paradigma feminista materialista de la interseccionalidad*

El paradigma feminista materialista de la interseccionalidad introduce las relaciones sociales de sexo en el análisis interseccional. *Materialista*, aclarece lo que es antes de las categorías sociales, las relaciones que les constituyen como diferenciadas, jerarquizadas, antagónicas e indisociables; *feminista materialista*, se concentra sobre la relación de apropiación constitutiva de las clases de sexo como factor explicativo de las desigualdades entre hombres y mujeres. El examen de la violencia ejercida contra las mujeres hace salir su aporte específico.

FEMINISMO MATERIALISTA — INTERSECCIONALIDAD — RELACIONES SOCIALES (SEXO, CLASE, RAZA) — VIOLENCIAS CONTRA LAS MUJERES

Alexis Cukier — *De la centralidad política del trabajo: los aportes del feminismo materialista*

El artículo examina los aportes del feminismo materialista para pensar la centralidad política del trabajo, y más particularmente sobre la función del trabajo en un proyecto de democratización del conjunto de las relaciones sociales. En primer lugar, analiza cómo el feminismo materialista transforma la comprensión y la extensión del concepto de trabajo, después la cuestión de la relación específica de la clase de las mujeres al trabajo, y finalmente el problema de la relación de una política feminista del trabajo al Estado. El artículo defiende que el feminismo materialista permite oponer al neoliberalismo la perspectiva de un 'trabajo democrático', haciendo hincapié sobre la necesaria *pars destruens* de este tipo de trabajo.

FEMINISMO MATERIALISTA — TRABAJO (CONCEPTO DE) — RELACIONES SOCIALES — CLASE DE LAS MUJERES — TRABAJO DEMOCRÁTICO

Xavier Dunezat — *La sociología de las relaciones sociales de sexo : una lectura feminista y materialista de las relaciones entre hombres y mujeres*

El artículo presenta los principales aportes de la sociología de las relaciones sociales de sexo al feminismo materialista francés. Primero, retrasa los inicios de esta corriente y las líneas de tensión que la iniciaron. Después, muestra cómo los tres aportes epistemológicos mayores de esta corriente (división sexual del trabajo, relación social, consubstanciabilidad) fundan una sociología materialista de las relaciones sociales y de su articulación. Por último, interroga el 'trabajo de emancipación' al señalar las ambivalencias que estructuran la producción de las subjetividades dominadas, las dinámicas movilizadoras, la organización del trabajo militante.

FEMINISMO MATERIALISTA — RELACIONES SOCIALES DE SEXO (SOCIOLOGÍA DE LAS) — RELACIONES SOCIALES (SEXO, CLASE, RAZA) — TRABAJO MILITANTE — EMANCIPACIÓN

Evelyn Nakano Glenn — *Para una sociedad del cuidado*

En este artículo ahora clásico, la autora aboga por la construcción de una sociedad que reconozca el valor del cuidado. El trabajo voluntario del cuidado siempre se ha considerado como una obligación familiar y no como una contribución del bien público, mientras que el trabajo remunerado del cuidado se ha encontrado asignado de forma desproporcionada a los grupos inferiorizados de la población, como las mujeres de color y las migrantes. De hecho, acordamos tan poco valor al trabajo del cuidado mismo, como a aquellas que lo realizan. Sin embargo, en una sociedad en la que reconoceriamos que el cuidado es un verdadero trabajo, podríamos no solamente considerar los beneficiaros de este trabajo como ciudadano·a·s de pleno derecho, sino reconocer como un servicio público valioso el cuidado recibido. Alcanzar estos objetivos implica repensar las nociones fundamentales tales que la ciudadanía social, dar inicio a los cambios en el dominio del cuidado remunerado y hacer evolucionar las prácticas de empleo para permitir a los trabajadores y trabajadoras de conciliar su trabajo y sus responsabilidades en materia de cuidado.

CUIDADO — TRABAJO DEL CUIDADO — CIUDADANÍA SOCIAL — ESTADOS UNIDOS — FAMILIA — DIVISIÓN RACIAL DEL TRABAJO

* * *

Vivian Aranha Sabóia — *Regulación del empleo de las mujeres en Brasil: entre avances y resistencias*

Las luchas feministas y las luchas de mujeres para la igualdad de sexos se encuentran al origen de una serie de disposiciones internacionales remontándose a más de cincuenta años, que pretenden combatir las discriminaciones. Gracias a las luchas sociales, han estado ratificadas por Brasil y han llevado, en los últimos veinte años, a la adopción de varias herramientas en favor de la igualdad de sexos. Sin embargo, como lo muestra este artículo, las disposiciones legales en cuestión no son suficientes para eliminar las desigualdades que pesan sobre la vida profesional de las mujeres.

BRASIL — EMPLEO DE LAS MUJERES — DISCRIMINACIONES DE SEXO — POLÍTICAS PÚBLICAS — RESISTENCIAS

à paraître

FORMATION EMPLOI

NUMÉRO 133 ■ JANVIER-MARS 2016

DOSSIER

« Heurs et malheurs de l'apprentissage en Suisse »

■

■

Nous rappelons que les articles n'engagent que leurs auteurs.

Auteur·e·s

Annie Bidet-Mordrel est agrégée de philosophie et diplômée d'études supérieures de sciences économiques. Elle a enseigné la philosophie à l'Université d'Alger et l'économie à l'Université de Paris II. Ses recherches en philosophie politique portent sur les rapports de genre, de classe, de race, les études postcoloniales et décoloniales. Elle a notamment publié :

— (2010 [2001]) (ed). *Les rapports sociaux de sexe*. Paris, Puf.

— (2011). « Travail et domination » (avec Emmanuel Renault, eds). *Actuel Marx*, n° 49.

annie.bidet@wanadoo.fr

Maxime Cervulle est maître de conférences en sciences de l'information et de la communication à l'Université Paris 8 Vincennes – Saint-Denis et chercheur au Centre d'études sur les médias, les technologies et l'internationalisation (EA3388 CEMTI). Ses recherches portent sur les dimensions culturelles des rapports sociaux de race et de genre, qu'il saisit à partir de l'étude des représentations médiatiques, de leur réception ou de l'organisation de l'espace public. Il a notamment publié :

— (2013). *Dans le blanc des yeux. Diversité, racisme et médias*. Paris, Éd. Amsterdam.

— (2015). *Cultural Studies : théories et méthodes* (avec Nelly Quemener). Paris, Armand Colin.

maxime.cervulle@univ-paris8.fr

Patricia Hill Collins est professeure émérite de sociologie à l'Université du Maryland, College Park et ancienne présidente de l'Association américaine de sociologie. Son champ d'études couvre les questions de race, genre, classe sociale, sexualité et identité nationale. Elle est l'auteure de nombreux ouvrages, notamment de :

— (1990). *Black Feminist Thought: Knowledge, Consciousness, and the Politics of Empowerment*. Boston, Unwin Hyman (rééd. 2009, New York, Routledge) [ouvrage pionnier de l'intersectionnalité].

— (2004). *Black Sexual Politics: African Americans, Gender, and the New Racism*. New York, Routledge.

collinph@umd.edu

Alexis Cukier est docteur en philosophie, membre du laboratoire Sophiapol (Université Paris Ouest Nanterre La Défense), post-doctorant à l'Université de Strasbourg dans le cadre de l'ANR

« Approches philosophiques de la centralité du travail » (PhiCenTrav). Ses recherches, dans le domaine de la philosophie sociale et politique, portent sur les rapports entre travail, démocratie et émancipation. Il a codirigé, notamment, les ouvrages :

— (2013). *Émancipation, les métamorphoses de la critique sociale* (avec Fabien Delmotte et Cécile Lavergne, eds). Bellecombe-en-Bauges, Éd. du Croquant.

— (2014). *La réification. Histoire et actualité d'un concept critique* (avec Vincent Chanson et Frédéric Monferrand, eds). Paris, La Dispute.

alexis.cukier@gmail.com

Xavier Dunezat est enseignant en sciences sociales en lycée public à Rennes. Membre associé du Cresppa-GTM, ses travaux de sociologie interrogent la dynamique des rapports sociaux (de sexe, classe, race) dans les mobilisations dites de chômeurs et de sans-papiers. Parmi ses publications :

— (2013). « Rapports sociaux et processus revendicatifs dans les mobilisations de chômeurs et chômeuses en Bretagne (1997-1998) ». In Chabanet Didier, Faniel Jean (eds). *Les mobilisations de chômeurs en France. Problématiques d'alliances et alliances problématiques*. Paris, L'Harmattan.

— (2015). « L'observation ethnographique en sociologie des rapports sociaux : sexe, race, classe et biais essentialistes ». *SociologieS* [En ligne] « La recherche en actes, ethnographie du genre », mis en ligne le 26 mai 2015, consulté le 05 juin 2015 :
http://sociologies.revues.org/5075

Dunezat.Xavier@wanadoo.fr

Jules Falquet est maîtresse de conférences HDR en sociologie à l'Université Paris Diderot, membre du LCSP (Laboratoire du changement social et politique) et coresponsable du Cedref (Centre pour les enseignements, la documentation et la recherche en études féministes). Elle travaille sur la mondialisation néolibérale, les mouvements sociaux (indiens, paysans, révolutionnaires, de femmes) dans une perspective d'imbrication des rapports sociaux de sexe, race et classe. Elle s'intéresse également à l'épistémologie féministe transnationale, post et décoloniale. Parmi les numéros de revue qu'elle a récemment co-coordonnés :

— (2015). « Genre et environnement. Nouvelles menaces, nouvelles analyses au Nord et au Sud » (avec Pascale Molinier et Sandra Laugier). *Cahiers du genre*, n° 59.

— (2015). « Intersectionnalité et colonialité. Débats contemporains » (avec Azadeh Kian). *Cahiers du Cedref*, n° 20.

Page personnelle : http://julesfalquet.wordpress.com/

jules.falquet@univ-paris-diderot.fr

Elsa Galerand est professeure au département de sociologie de l'Université du Québec à Montréal, associée au RÉQeF et au GIREPS. Ses recherches actuelles portent sur le travail domestique, son exploitation et les recompositions de la combativité féministe sur ce front. Parmi ses publications :

— (2014). « Les apports de la sociologie du genre à la critique du travail » (avec Danièle Kergoat). *La nouvelle revue du travail* [En ligne], 4 | 2014, mis en ligne le 26 avril 2014, consulté le 24 mai 2016. http://nrt.revues.org/1533.

— (2015). « Quelle conceptualisation de l'exploitation pour quelle critique intersectionnelle ? ». *Recherches féministes*, vol. 28, n° 2.

galerand.elsa@uqam.ca

Evelyn Nakano Glenn est professeure en *Gender & Women's Studies* et en *Ethnic Studies*. Ancienne présidente de l'Association américaine de sociologie, elle est la fondatrice et la directrice du Center for Race and Gender à l'université de Californie à Berkeley. Ses enseignements et ses recherches portent sur les thèmes de la race, du genre, de l'immigration, du travail et de la citoyenneté. Elle a publié plus de cinquante articles et a coordonné différents ouvrages collectifs. Parmi ses publications :

— (2010). *Forced to Care: Coercion and Caregiving in America*. Cambridge, Mass., Harvard University Press.

— (2009) (ed). *Shades of Difference: Why Skin Color Matters*. Stanford, Stanford University Press.

englenn@berkeley.edu

Danielle Juteau est professeure émérite au Département de sociologie de l'Université de Montréal. Ses enseignements et recherches ont porté sur l'articulation des rapports sociaux ethniques, de classe et de sexe ainsi que sur la citoyenneté dans ses liens au pluralisme et à l'égalité sociale. Fondatrice du Centre d'études ethniques de l'Université de Montréal en 1991 (CEETUM), elle a été la première titulaire de la chaire en relations ethniques (1991-2003). Elle est membre du comité éditorial de la collection IntersectionS (éd. Pétra, Paris). Elle est l'auteure de nombreux ouvrages, parmi lesquels :

— (2015 [1999]). *L'ethnicité et ses frontières*. Montréal, Presses de l'Université de Montréal (2e édition revue et mise à jour).

— (2003). *La différenciation sociale : modèles et processus*. Montréal, Presses de l'Université de Montréal.

danielle.juteau@umontreal.ca

Danièle Kergoat est sociologue, directrice de recherche honoraire au CNRS, associée au Cresppa-GTM. Elle est par ailleurs directrice de la collection « Le genre du monde » à La Dispute. Ses recherches portent sur le genre et les rapports sociaux de sexe, le travail, les mouvements sociaux, la puissance d'agir. Parmi ses publications :

— (2012). *Se battre, disent-elles*... Paris, La Dispute.

— (2015). « Consubstantialité *vs* intersectionnalité ? À propos de l'imbrication des rapports sociaux » (avec Elsa Galerand). *Nouvelles pratiques sociales*, vol. 26, n° 2 « Intersectionnalité : regards théoriques et usages en recherche et intervention féministes ».

daniele.kergoat@wanadoo.fr

Vivian Aranha Sabóia est économiste et docteure en sociologie. Elle est professeure à l'Université de l'État du Maranhão (Brésil). Ses recherches portent, notamment, sur les politiques d'emploi, le travail des femmes et les discriminations. Elle est l'auteure de :

— (2009). « Les effets ambivalents des politiques de 'promotion' de l'emploi des femmes en France dans un contexte international : une recension de la littérature de 1970 à nos jours. In Lomba Cédric, Avril Christelle, Serry Hervé (eds). *Formes d'emploi et pratiques de travail*. Saint-Denis, Presses universitaires de Vincennes « Travaux et documents », n° 42.

— (2015). "O emprego das mulheres face ao neoliberalismo e a flexibilização do emprego na França e no Brasil". In Gomes de Lucena Maria de Fátima (ed). *Saber, prever, cuidar: estudos sobre o tráfico de seres humanos*. Recife, EDUFPE.

viviansaboia@hotmail.com

Sylvia Walby est professeure émérite de sociologie, titulaire de la chaire Unesco de recherche sur le genre, à l'université de Lancaster, en Grande-Bretagne. Ses recherches portent sur un large spectre de thématiques relatives à l'égalité de genre — dont la crise économique, le *gender mainstreaming*, les violences fondées sur le sexe et la comparaison des régimes de genre. Son œuvre théorique a trait au développement de la théorie de la complexité au sein des sciences sociales. Elle a publié récemment :

— (2015). *Stopping Rape: Towards a Comprehensive Policy*. Bristol, Policy Press.

— (2015). *Crisis*. Cambridge, Polity.

s.walby@lancaster.ac.uk

Les Cahiers du Genre ont reçu

Bard Christine (ed) (2012). *Les féministes de la deuxième vague*. Rennes, Presses universitaires de Rennes « Archives du féminisme », 260 p.

Bard Christine (ed) (2015). *Les féministes de la première vague*. Rennes, Presses universitaires de Rennes « Archives du féminisme », 229 p.

Bereni Laure (2015). *La bataille de la parité. Mobilisations pour la féminisation du pouvoir*. Paris, Economica « Études politiques », 300 p.

Blais Mélissa, Dupuis-Déri Francis (eds) (2015). *Le mouvement masculiniste au Québec. L'antiféminisme démasqué*. Montréal, Remue-ménage « Observatoire de l'antiféminisme », 311 p. (nouvelle édition revue et augmentée).

Bonnemère Pascale (2015). *Agir pour un autre. La construction de la personne masculine en Papouasie Nouvelle-Guinée*. Aix-en-Provence, Presses universitaires de Provence « Penser le genre », 242 p.

Bullinger André et l'ABSM (eds) (2015). *Les effets de la gravité sur le développement du bébé. L'espace de la pesanteur*. Toulouse, Érès « 1001 BB », 112 p.

Debest Charlotte (2014). *Le choix d'une vie sans enfant*. Rennes, Presses universitaires de Rennes « Le sens social », 216 p.

Enloe Cynthia (2016). *Faire marcher les femmes au pas ? Regards féministes sur le militarisme mondial*. Naugens, Solanhets, 312 p. [traduit de l'anglais (États-Unis) par Florence Mana et Joseph Cuétous].

Foucher Zarmanian Charlotte (2015). *Créatrices en 1900. Femmes artistes en France dans les milieux symbolistes*. Paris, Mare & Martin « Histoire de l'art », 358 p.

Fougeyrollas-Schwebel Dominique, Rochefort Florence (eds). *Penser avec Françoise Collin. Le féminisme et l'exercice de la liberté*. Donnemarie-Dontilly, iXe « Racine de iXe », 192 p.

Gardey Delphine, Kraus Cynthia (eds). *Politiques de coalition. Penser et se mobiliser avec Judith Butler. Politics of Coalition. Thinking Collective Action with Judith Butler*. Zurich & Genève, Seismo « Questions de genre. Gender Issues », 281 p.

Gautier Arlette, Guichard-Claudic Yvonne (eds) (2016). *Bretonnes ? Des identités au carrefour du genre, de la culture et du territoire*. Rennes, Presses universitaires de Rennes « Essais », 310 p.

Herman Elisa (2016). *Lutter contre les violences conjugales. Féminisme, travail social, politique publique.* Rennes, Presses universitaires de Rennes « Le lien social », 310 p.

Joshua Florence (2015). *Anticapitalistes. Une sociologie historique de l'engagement. Histoire et anthologie.* Paris, La Découverte, 284 p.

Lachat Stéphanie (2014). *Les pionnières du temps. Vies professionnelles et familiales des ouvrières de l'industrie horlogère suisse (1870-1970).* Neuchâtel, Alphil – Presses universitaires suisses « Histoire et horlogerie », 450 p.

Lamoureux Diane (2016). *Les possibles du féminisme. Agir sans « nous ».* Montréal, Remue-ménage, 282 p.

Lamoureux Diane, Dupuis-Déri Francis (eds) (2015). *Les antiféminismes. Analyse d'un discours réactionnaire.* Montréal, Remue-ménage « Observatoire de l'antiféminisme », 179 p.

Mahmood Saba (2015). *Religious Difference in a Secular Age. A Minority Report.* Princeton, Princeton University Press, 237 p.

Mellier Denis, Delion Pierre, Missonnier Sylvain (eds) (2015). *Le bébé dans sa famille. Nouvelles solitudes des parents, nouveaux soins.* Toulouse, Érès « 1001 BB », 360 p.

Puig de la Bellacasa María (2014). *Les savoirs situés de Sandra Harding et Donna Haraway. Science et épistémologies féministes.* Paris, L'Harmattan « Ouverture philosophique », 246 p.

Querrien Anne, Selim Monique (2015). *La libération des femmes, une plus-value mondiale.* Paris, L'Harmattan « Anthropologie critique », 273 p.

Ravet Hyacinthe (2015). *L'orchestre au travail. Interactions, négociations, coopérations.* Paris, Vrin « MusicologieS », 379 p.

Revenin Régis (2015). *Une histoire des garçons et des filles. Amour, genre et sexualité dans la France d'après-guerre.* Paris, Vendémiaire « Chroniques », 349 p.

Rollet Brigitte (2015). *Jacqueline Audry. La femme à la caméra.* Rennes, Presses universitaires de Rennes « Archives du féminisme », 232 p.

Rothenbühler Anne (2015). *Le baluchon et le jupon. Les Suissesses à Paris, itinéraires migratoires et professionnels (1880-1914).* Neuchâtel, Alphil « Histoire », 326 p.

Sofio Séverine (2016). *Artistes femmes. La parenthèse enchantée, XVIIIe-XIXe siècles.* Paris, CNRS éditions, 375 p.

Thollon-Behar Marie-Paule (ed). *La qualité du travail en équipe. Pour une meilleure qualité d'accueil de la petite enfance.* Toulouse, Érès « 1001 BB », 184 p.

Cahiers du Genre

Recommandations aux auteur·e·s

Les propositions d'articles sont envoyées au secrétariat de rédaction de la revue par mél : daniele.senotier@cnrs.fr

Un article soumis aux *Cahiers du Genre* ne doit pas avoir déjà fait l'objet d'une publication (papier ou électronique) et ne doit pas être proposé simultanément à une autre revue. Une fois l'article proposé aux *Cahiers du Genre*, l'auteur·e ne doit pas le retoucher avant d'avoir reçu l'avis du Comité de lecture.

Une fois l'article accepté et publié, l'auteur·e ne doit pas le mettre en ligne tant qu'il est en vente sur CAIRN (barrière mobile de deux ans).

La page de titre doit comporter les nom, prénom, institution d'origine, adresse postale, téléphone, mél de l'auteur·e.

Bibliographie, notes et annexes incluses, l'article ne doit pas dépasser **35 000 signes** (sont comptabilisés comme signes : les caractères, la ponctuation, les blancs et les notes de bas de page, tableaux et graphiques).

L'article doit être accompagné d'un **résumé** de 600 à 700 signes et d'une **biographie** de l'auteur·e de quelques lignes. Elle situe l'auteur·e sur le plan institutionnel, décrit brièvement ses intérêts scientifiques et indique au maximum deux références bibliographiques.

Présentation

1. *Le texte* ne doit pas comporter de feuilles de style, ni d'enrichissements tels que gras ou soulignés. Les titres et intertitres sont hiérarchisés.
2. *Les tableaux, graphiques* sont numérotés, portent une courte légende et les sources sont précisées. Les graphiques doivent être enregistrés en image word. Chaque tableau, graphique doit s'inscrire dans un rectangle d'un maximum de 10 cm x 18 cm.
3. *Italiques* : les titres d'œuvres et de journaux cités dans le texte, mots en langue étrangère, mises en relief, etc.
4. *Les citations* sont en italique et signalées par des guillemets. Les sources sont indiquées.
5. *Les sigles* sont développés lors de leur première apparition.
6. *Les notes* (avec appel de note automatique en exposant et sans parenthèse) sont placées en bas de la page et numérotées en continu.
7. *Les références bibliographiques* complètes sont classées par ordre alphabétique d'auteur·e·s et regroupées à la fin du texte. Elles font l'objet d'un appel dans le texte (Durand 1996) ou (Durand 1996 ; Dupont 2004).

Les références sont présentées de la façon suivante :
Pour un ouvrage : Dupont Andrée (2004). *Titre*. Ville, Éditeur.
Pour un article : Dupont Andrée (1996). « Titre de l'article ». *Nom de la revue*, volume, numéro.

Copyright

Pour tout article publié dans les *Cahiers du Genre*, l'auteur·e cède, à titre exclusif, les droits de publication (en français ou dans toute autre langue), pour tous pays et sur tous supports (papier, Internet, support numérique). Si l'auteur·e souhaite publier tout ou partie d'un article dans une autre revue, un livre ou tout autre support, il/elle doit en demander l'autorisation aux *Cahiers du Genre*.

Secrétariat de rédaction : CNRS – 59 rue Pouchet – 75017 Paris
Tél. (33) 1 40 25 11 65 – daniele.senotier@cnrs.fr
http://cahiers_du_genre.pouchet.cnrs.fr/

Cahiers du Genre — Abonnements

Les abonnements sont annuels (deux numéros par an)
et partent du premier numéro de l'année.
Les numéros hors-série ne sont pas inclus dans l'abonnement

- **n° 34/2003.** La distinction entre sexe et genre. Une histoire entre biologie et culture
- **n° 35/2003.** La violence, les mots, le corps
- **n° 36/2004.** Les résistances des hommes au changement
- **n° 37/2004.** Loin des mégalopoles. Couples et travail indépendant
- **n° 38/2005.** Politiques de la représentation et de l'identité. Recherches en gender, cultural, queer studies
- **n° 39/2005.** Féminisme(s). Penser la pluralité
- **n° 40/2006.** Travail et mondialisation : confrontations Nord / Sud
- **n° hors-série 2006.** Féminisme(s). Recompositions et mutations
- **n° 41/2006.** Les intermittents du foyer. Couples et mobilité professionnelle
- **n° 42/2007.** Inversion du genre. Corps au travail et travail des corps
- **n° 43/2007.** Genre, féminisme et valeur de l'art
- **n° 44/2008.** *Gender mainstreaming* : de l'égalité des sexes à la diversité ?
- **n° 45/2008.** Les fleurs du mâle. Masculinités sans hommes ?
- **n° 46/2009.** État / Travail / Famille : « conciliation » ou conflit ?
- **n° 47/2009.** La mixité au service de la performance économique
- **n° 48/2010.** Minoritaires et légitimes
- **n° 49/2010.** Les objets de l'enfance
- **n° hors-série 2011.** Genre, politiques sociales et citoyenneté
- **n° 50/2011.** Genre, modernité et 'colonialité' du pouvoir
- **n° 51/2011.** Migrantes et mobilisées
- **n° hors-série 2012.** Religion et politique : les femmes prises au piège
- **n° 52/2012.** Les antiféminismes
- **n° 53/2012.** Subjectivités et rapports sociaux
- **n° 54/2013.** Rétrospectives
- **n° 55/2013.** Associations féministes : reproduction ou subversion du genre ?
- **n° 56/2014.** Biotechnologies et travail reproductif. Une perspective transnationale
- **n° 57/2014.** L'engendrement du droit
- **n° 58/2015.** Corps vulnérables
- **n° 59/2015.** Genre et environnement. Nouvelles menaces, nouvelles analyses au Nord et au Sud
- **n° 60/2016.** La production de la santé sexuelle
- **n° hors-série 2016.** Analyse critique et féminismes matérialistes

Bon de commande à retourner à : **L'HARMATTAN**
5-7, rue de l'École-Polytechnique 75005 Paris
Tél. 01 40 46 79 20 – fax 01 43 25 82 03
Mél : harmattan.diffusion@wanadoo.fr
Site Internet : www.editions-harmattan.fr

Abonnement aux ***Cahiers du Genre***
France : 45 euros — Étranger : 50 euros

- Règlement par chèque à l'ordre de L'Harmattan.
- Pour l'étranger : chèque domicilié sur banque française à l'ordre de L'Harmattan en euros, ou virement sur CCP 2336662544N, ou carte bancaire (visa)

n°............................. date d'expiration ....
NOM : ....
ADRESSE : ....

vente au numéro : s'adresser à L'Harmattan

la revue sur Cairn : **www.cairn.info/revue-cahiers-du-genre.htm**

Les Cahiers du Genre *veulent mettre l'accent sur les débats théoriques relatifs aux rapports sociaux de sexe dans une perspective résolument pluridisciplinaire et internationale. Ils contribuent, par la diffusion de travaux de recherche de premier plan, à la production de nouveaux outils, concepts et analyses dans le champ des sciences sociales et humaines. Ils se distinguent d'autres publications par le large spectre des questions abordées à partir du genre. Ainsi, les numéros thématiques de la revue traitent non seulement du monde professionnel et de la sphère publique et politique, mais aussi des multiples facettes de la sphère privée renvoyant à des dimensions affectives, psychiques ou psychanalytiques. Deux fois par an, les* Cahiers du Genre *publient des dossiers thématiques sur des sujets tels que le travail, le corps, l'égalité, la famille, les sexualités, le politique, les mouvements sociaux, les sciences et les techniques, les temps sociaux, les politiques publiques, les violences, le féminisme, l'art, etc., en s'appuyant sur des recherches relevant autant de la sociologie que de l'histoire, l'anthropologie, la psychologie du travail et la science politique. La revue permet ainsi de saisir les similitudes et les différences des formes que prennent les rapports de genre, d'une société à l'autre et d'une époque à l'autre.*

La dimension internationale de la revue s'exprime dans la composition des numéros qui fait une large place à des articles émanant de chercheuses et chercheurs étrangers, reconnus par la communauté scientifique internationale. Une partie des textes resteraient hors de portée du lectorat français si la revue n'en mettait pas la traduction à sa disposition.

L'HARMATTAN ITALIA
Via Degli Artisti 15; 10124 Torino
harmattan.italia@gmail.com

L'HARMATTAN HONGRIE
Könyvesbolt ; Kossuth L. u. 14-16
1053 Budapest

L'HARMATTAN KINSHASA
185, avenue Nyangwe
Commune de Lingwala
Kinshasa, R.D. Congo
(00243) 998697603 ou (00243) 999229662

L'HARMATTAN CONGO
67, av. E. P. Lumumba
Bât. – Congo Pharmacie (Bib. Nat.)
BP2874 Brazzaville
harmattan.congo@yahoo.fr

L'HARMATTAN GUINÉE
Almamya Rue KA 028, en face
du restaurant Le Cèdre
OKB agency BP 3470 Conakry
(00224) 657 20 85 08 / 664 28 91 96
harmattanguinee@yahoo.fr

L'HARMATTAN MALI
Rue 73, Porte 536, Niamakoro,
Cité Unicef, Bamako
Tél. 00 (223) 20205724 / +(223) 76378082
poudiougopaul@yahoo.fr
pp.harmattan@gmail.com

L'HARMATTAN CAMEROUN
BP 11486
Face à la SNI, immeuble Don Bosco
Yaoundé
(00237) 99 76 61 66
harmattancam@yahoo.fr

L'HARMATTAN CÔTE D'IVOIRE
Résidence Karl / cité des arts
Abidjan-Cocody 03 BP 1588 Abidjan 03
(00225) 05 77 87 31
etien_nda@yahoo.fr

L'HARMATTAN BURKINA
Penou Achille Some
Ouagadougou
(+226) 70 26 88 27

L'HARMATTAN SÉNÉGAL
10 VDN en face Mermoz, après le pont de Fann
BP 45034 Dakar Fann
33 825 98 58 / 33 860 9858
senharmattan@gmail.com / senlibraire@gmail.com
www.harmattansenegal.com

L'HARMATTAN BÉNIN
ISOR-BENIN
01 BP 359 COTONOU-RP
Quartier Gbèdjromèdé,
Rue Agbélenco, Lot 1247 I
Tél : 00 229 21 32 53 79
christian_dablaka123@yahoo.fr

Achevé d'imprimer par Corlet Numérique - 14110 Condé-sur-Noireau
N° d'Imprimeur : 131794 - Dépôt légal : septembre 2016 - *Imprimé en France*